EL CARTEL DE LOS SAPOS

ANDRÉS LÓPEZ LÓPEZ

LA HISTORIA SECRETA DE UNA DE LAS MAFIAS MÁS PODEROSAS EN EL MUNDO: EL CARTEL DEL NORTE DEL VALLE

Obra editada en colaboración con Editorial Planeta Colombiana – Colombia

Diseño de portada: Eduardo Rosaslanda Cabriales
Fotografía del autor: © Diego Cadavid

© 2008, Andrés López López
© 2008, Editorial Planeta Colombiana, S.A. – Bogotá, Colombia

Derechos reservados

© 2008, 2012, Editorial Planeta Mexicana, S.A. de C.V.
Bajo el sello editorial PLANETA M.R.
Avenida Presidente Masarik núm. 111, 2o. piso
Colonia Chapultepec Morales
C.P. 11570, México, D.F.
www.editorialplaneta.com.mx

Primera edición en esta presentación: septiembre de 2012
ISBN-13: 978-958-42-3251-9
ISBN-10: 958-42-3251-7

Primera edición impresa en México: septiembre de 2008
Primera edición en esta presentación: noviembre de 2012
Primera reimpresión: marzo de 2013
ISBN: 978-607-07-1468-9

Impreso en los talleres de Litográfica Ingramex, S.A. de C.V.
Centeno núm. 162, colonia Granjas Esmeralda, México, D.F.
Impreso en México – *Printed in Mexico*

1

Nacimiento del narcotráfico y su máximo exponente: Pablo Escobar

"Quien no conoce la historia corre el riesgo de repetirla", dijo alguien en un momento de reflexión. Desde aquel día la frase trascendió y se hizo célebre porque es cierta. El inconveniente radica en que al final muy pocas personas tienen acceso a la verdad..., a la cruda y descarnada verdad.

No estoy hablando de la versión callejera, modificada, maquillada y acomodada en beneficio de alguien. No, estoy hablando de una verdad reconstruida con base en las diferentes versiones de los grupos involucrados en el conflicto.

Al final ¿quién escribe la historia? Obvio: los vencedores, los sobrevivientes.

Con respecto a nuestra historia reciente, y al decir reciente me refiero a los últimos 30 años, no he podido encontrar una exposición medianamente acertada de la innegable influencia que han tenido la narcoactividad y sus carteles en el desarrollo de nuestra economía y, sobre todo, de nuestra gente.

Sólo los vencedores, los sobrevivientes de este maremágnum como es el mundo del narcotráfico pudiéramos tener un concepto un poco más claro de esta historia. El hecho de estar vivo, de haber caminado por las brasas de ese infierno y estar sentado frente a este escrito y con la totalidad de mis capacidades físicas —aunque sigo privado de la libertad— me convierte en vencedor, en privilegiado.

Sin embargo, esto no es suficiente para desenredar esa turbia madeja llamada historia del narcotráfico. Se necesita además tiempo suficiente, claridad mental, posibilidad de escuchar, de intercambiar ideas con nuestros antiguos enemigos y no despreciar ese gusanito interno que nunca descansa llamado sed de conocimiento.

El universo conspiró a nuestro alrededor y unió estos elementos en el único lugar donde esto podría suceder: la cárcel. Horas, días, semanas y meses de mascar, rumiar y digerir toda la información recogida en una prisión federal me permiten decir que ahora sí entiendo por qué, aunque esté vestido de verde, soy un ser afortunado y bendecido por Dios.

El dolor que producen las largas horas de la noche en una celda, las interminables horas de espera en un salón de visita y el letargo infinito de un día en un calabozo, me hicieron entender que al narcotráfico hay que conocerlo y comprenderlo para poder odiarlo con todas las fuerzas del corazón. No me importa confesar que me revolqué en las sucias entrañas de ese monstruo para ser vomitado por él mismo y al final convertirme en un afortunado sobreviviente, lleno de marcas y cicatrices, pero sobreviviente al fin y al cabo.

Por tanto, lo mínimo que puedo hacer en retribución con ese ser divino que me cuidó es contar mi propia verdad y esperar que las generaciones futuras capitalicen nuestras heridas en su beneficio y no repitan esa funesta historia.

Hagamos un pequeño viaje en el túnel del tiempo y regresemos a comienzos de los setenta, donde personajes de la talla de Ramón Cachaco, un reconocido contrabandista de cigarrillos y licor, enemigo número uno de las rentas departamentales, descubrió una sustancia química blancuzca llamada cocaína, que se producía en los vecinos países del sur y que era altamente apetecida por el vecino del norte. También sabía que el margen de rentabilidad era muchísimo mayor que el de la hierba, el tabaco y el alcohol.

Pero no fue sólo Ramón Cachaco. También lo hicieron otros personajes de la Costa Atlántica, La Guajira, Antioquia, Valle del Cauca y Bogotá, que no tardaron en conocer las ventajas de este naciente disparador de la economía. Estos oscuros personajes empezaron a aparecer en la sociedad como una clase emergente, muy valiente y astuta, que logró mantenerse con vida porque conocía perfectamente el significado de las palabras respeto y honor. Posteriormente, estos emergentes sociales, conocidos como mágicos por su habilidad para producir fortunas en un abrir y cerrar de ojos, se agruparon geográficamente y dieron paso a los temidos carteles de la droga.

Este poder creciente se sintió capaz de desafiar a la oligarquía clásica, a la clase política y al propio Estado. El primer episodio de este desafío frontal al Estado fue el asesinato del ministro de Justicia Rodrigo Lara Bonilla, el 30 de abril de 1984, a manos del cartel de Medellín. Este funcionario, enconado enemigo de la naciente estirpe narcotraficante, fue eliminado a balazos como demostración de que nada ni nadie podría atravesarse en los deseos de la máquina de muerte de este poderoso cartel liderado por Pablo Escobar.

Sin embargo, en sus orígenes los mafiosos interactuaban unos con otros y prueba de ello fue el arresto de Jorge Luis Ochoa —destacado integrante del cartel de Medellín— en compañía de Gilberto Rodríguez Orejuela —cabeza visible del cartel de Cali— el 21 de noviembre de 1984 en Madrid, España. Los dos libraron una batalla legal conjunta para evitar su extradición a Estados Unidos y finalmente lograron burlarse de los sistemas judiciales español y estadounidense y a finales de 1986 fueron repatriados a Colombia donde recobraron la libertad al cabo de un breve y amañado proceso legal.

La ambición sin límite y la sed de poder desmedido comenzaron a causar estragos entre estos personajes. Las leyes de la naturaleza indican que ciertos elementos no se pueden mezclar, como el agua y el aceite. Pero aquí sí ocurrió: se unieron faldas, orgullo, poder, dinero y traición. El resultado no pudo ser otro que la primera gran guerra entre los principales barones de la droga.

Sucedió cuando El Negro Pabón, un empleado de Pablo Escobar en Nueva York, compartía plaza con El Piña, quien trabajaba para Hélmer *Pacho* Herrera, uno de los principales socios de los hermanos Miguel y Gilberto Rodríguez.

En uno de esos ires y venires de la vida, El Piña terminó involucrado con la mujer del Negro Pabón que, ofendido e incapaz de limpiar su honor mancillado, le pidió a Escobar que intercediera ante Herrera para que este hiciera regresar a Colombia a su empleado.

En su conocido tono autoritario, Escobar hizo la petición, pero Herrera le dio una respuesta inesperada.

—Pablo, olvídate, yo no entrego a mi gente.

—El que no está conmigo está en contra mía y por lo tanto es mi enemigo —respondió Escobar, furioso.

—Pablo, te repito: yo no entrego a mi gente.

Hasta ese momento nadie había tenido la osadía de responderle a Pablo Escobar en esos términos y de inmediato llamó a los hermanos Rodríguez a Cali y los conminó a entregarles a Pacho Herrera.

—No hay problema, Pablo, déjanos tomar medidas al respecto y en menos de una semana te haremos saber nuestra respuesta —dijeron los hermanos Rodríguez, diplomáticos.

Luego de colgar la llamada con Escobar, los Rodríguez se comunicaron con Herrera.

—Pacho, ¿qué opinás? Pablo nos pide que te entreguemos.

—Muy bien, señores, vamos a hacerle saber nuestra respuesta —replicó Herrera en tono enigmático.

Ésta sería llevada a domicilio el 13 de enero de 1988 a las 2 de la madrugada. El objetivo fue el Edificio Mónaco en Medellín, donde Escobar vivía suntuosamente con su familia. Los encargados de la misión fueron hombres de esa ciudad al servicio de Pacho Herrera. Gabi, Chapola y El Pecoso encabezaron el grupo que dejó un carro bomba con 150 kilogramos de dinamita. La guerra estaba casada.

Las heridas causadas al oído de Manuela —su hija menor— y el honor mancillado, más que la destrucción y las pérdidas materiales, desatarían la furia sin límites de Escobar.

Paralelo a este nuevo conflicto, Escobar continuaba su guerra contra el Estado. Su siguiente gran golpe fue el asesinato, el 18 de agosto de 1989, del candidato presidencial Luis Carlos Galán, quien se perfilaba como seguro ganador de las elecciones y fungía como enemigo acérrimo de los carteles de la droga.

Escobar no olvidó el atentado de Pacho Herrera y muy pronto se vengó. La tarea fue ordenada a Brances Muñoz Mosquera *Tyson* y a Carlos Alzate Urquijo *El Arete*, quienes organizaron un ataque sorpresa en Candelaria, Valle, en una finca de Pacho Herrera, durante un partido de fútbol. Era el 25 de septiembre de 1990. La operación hacía necesaria la complicidad de alguien en Cali y para ello engañaron a un hombre identificado como Leonel, quien en forma inocente les prestó una finca donde guardaron las armas y escondieron a los sicarios.

La incursión comenzó de manera sorpresiva una vez confirmaron la información del partido de fútbol, pero los atacantes no tenían identificado plenamente a Herrera, quien estaba sentado en las graderías y no en el campo de juego, donde debería estar. El saldo fue de 13 bajas del bando de Herrera y dos del cartel de Medellín.

Una vez ejecutado el golpe, los sicarios se refugiaron en la finca de Leonel. Mientras tanto, la Policía local sacó encapuchado a Herrera y lo subió a un campero Trooper blanco para que los medios de comunicación no pudieran identificarlo. Sólo entonces Leonel comprendió la magnitud de su error. Pero ya era muy tarde. Sólo le quedó guardar silencio y fingir demencia, pero su suerte estaba echada porque la boca de los sicarios es más rápida y ágil que sus gatillos.

Los contactos de Herrera en las empresas de teléfonos interceptaron algunas llamadas en Medellín y en muy poco tiempo dieron con el nombre de Leonel, quien fue secuestrado de inmediato. El hombre sobrevivió a las torturas y no sólo confesó lo que sabía sino que entregó las armas utilizadas en el ataque. Con esa información, Herrera desarticuló la célula infiltrada por Escobar y dio la orden de asesinar a Leonel y arrojarlo al río Cauca.

La historia demuestra que la degradación de un conflicto es directamente proporcional a su duración. Por eso, mientras Pablo Escobar y su cartel se enfrascaban en una guerra contra el de Cali, optó por abrir otro frente de batalla simultáneo, pero no menos peligroso y desgastante: la guerra contra el Estado para tumbar la extradición.

Bombas contra civiles indefensos, asesinato masivo de policías, secuestro de miembros de la clase política y dirigente. En fin, entre 1989 y 1993, la población tuvo que soportar las peores barbaridades porque Escobar desató una época tristemente recordada como el narcoterrorismo. Con sus atentados, secuestros y asesinatos, Escobar contribuyó a estigmatizar y satanizar el narcotráfico alrededor del mundo. Pero, de todas maneras, no se puede desconocer que logró arrodillar al Gobierno colombiano y posicionó a los narcotraficantes colombianos como asesinos desalmados y monstruos sin principios.

Finalmente, tras un año de negociaciones secretas, la expedición y posterior modificación de decretos presidenciales como el 2047, el 3030 o el 2372, que tenían como único objetivo adaptar las leyes a los caprichos de Escobar, el Gobierno expidió el decreto final, el 303, que cumplía todas las exigencias del capo para su reclusión en una finca de recreo en total impunidad. Así, el 29 de junio de 1991, Escobar logró el triunfo total cuando la Asamblea Constituyente convocada por Gaviria modificó la Constitución y abolió en forma definitiva la extradición de nacionales.

Dos días después, el 1º. de julio, Escobar llegó en un helicóptero de la Gobernación de Antioquia a su club campestre —la mal llamada prisión de máxima seguridad de la Catedral— en las montañas de Envigado, en compañía de su séquito de lugartenientes. Ahora, desde allí, podía dirigir tranquilamente, y con la protección del Estado, las rutas del narcotráfico y la guerra contra el cartel de Cali.

Sin embargo, los hermanos Rodríguez, José Santacruz y Hélmer *Pacho* Herrera continuaron elaborando planes para volar por los aires a Escobar y sus secuaces, incluido su club privado de La Catedral.

Pero otro elemento inesperado aparecería en esta balanza para acabar de desequilibrar las cargas. Mientras la cúpula de Cali se concentraba en la guerra, muchos de sus antiguos servidores se habían dedicado a poner en práctica lo que habían aprendido al lado de sus ex patrones: construir rutas de tráfico de cocaína hacia México y Estados Unidos.

Por esa razón, en poco tiempo Orlando Henao, *Óscar 1*; Víctor Patiño Fómeque, *La Fiera*; Luis Alfonso Ocampo, *Tocayo*; Efraín Hernández, *Don Efra*; Hernando Gómez Bustamante, *Rasguño*; Diego Montoya, *Don Diego*; Iván Urdinola, *El Enano*; Juan Carlos Ramírez, *Chupeta*, y Juan Carlos Ortiz, *Cuchilla*, enviaron flotillas de aviones repletos de cocaína hacia Centroamérica, Bahamas y México, con destino final Estados Unidos.

Así se convirtieron en los nuevos barones de la droga y muy pronto en capos más importantes que los otrora poderosos jefes de los carteles de la mafia de Medellín o Cali. Y aunque fueron calificados como traidores, estos personajes fundaron el cartel del Norte del Valle, un sanguinario y poderoso aparato que superó al cartel de Cali en astucia militar, poder de corrupción y capacidad económica. A nadie le interesaba si eran o no cultos o tenían modales refinados.

Esta nueva organización criminal pasaría a la historia no sólo por su poder destructor sino por haber permanecido en el anonimato durante muchos años gracias al ingenio y sagacidad de su jefe máximo, Orlando Henao Montoya, quien utilizó todos los medios a su alcance para comprar el silencio de un sector de la Policía, la Fiscalía, la clase política y los medios de comunicación.

No obstante, el naciente cartel sufrió la primera gran baja el 26 de abril de 1992 en la hacienda La Porcelana, en La Uribe, Valle, donde fue arrestado Iván Urdinola Grajales, socio, cuñado y amigo del alma de Henao Montoya. Allí también cayeron sus lugartenientes Óscar Uribe, Octavio Pabón y Nelson Urrego.

La operación fue encabezada por Cruz Helena Aguilar, una mujer conocida como la fiscal de hierro. En realidad, a Urdinola le avisaron con media hora de anticipación a la llegada de las tropas y los helicópteros de combate, pero él decidió enfrentar lo que se venía. Diez años después la muerte lo visitó en su lugar de reclusión en Bogotá, sin darle la oportunidad de cumplir su viejo sueño de correr libremente por las calles de El Dovio, Valle, su amado pueblo natal.

Simultáneamente, en Medellín la situación se hacía insostenible porque Escobar les daba demasiadas libertades a los miembros de su círculo cercano para no perder el control de las calles. Al mismo tiempo, su ambición era tan desmedida que desde La Catedral siguió traficando, extorsionando, robando, secuestrando y matando a diestra y siniestra a propios y extraños, a amigos y enemigos.

Su locura era tal que incluso llegó a traicionar a la columna vertebral de su organización, la que desde hacía años le suministraba el soporte financiero para la guerra, y prefirió apoyar a su ala militar, a su ejército de sicarios.

Uno de los socios incondicionales de Escobar era Fernando Galeano, *El Negro*, quien controlaba el funcionamiento del cartel desde su natal Itagüí. Era uno de los narcotraficantes más adinerados de la época y podía darse el lujo de tener depósitos de dinero en efectivo.

Una de esas caletas, con 20 millones de dólares, era custodiada por un hombre de avanzada edad, que vivía con su hija en un barrio de Itagüí. Diariamente, el viejo sacaba a asolear los bultos de dólares para que no se dañaran, pero de vez en cuando su hija robaba uno que otro billete de alta denominación, que luego cambiaba por pesos para comprarle regalos a su novio, un conocido sicario de la ciudad. Pero pudo más la curiosidad y un día el joven enamorado se las arregló para preguntar por el origen del dinero y ella, ingenua, respondió que lo había obtenido en su casa, donde estaba guardada una fortuna.

Poco después, el novio de la joven le reveló el secreto a Tití, el jefe de la banda, y este a su vez a Mario Castaño, *El Chopo*, un sanguinario asesino que por aquella época gozaba de la confianza de Escobar. Este episodio sólo podía tener un final: el viejito y su hija muertos y los delincuentes de fiesta con 20 millones de dólares de las arcas de Fernando Galeano.

Con el botín en las manos, El Chopo visitó a su jefe en la cárcel de La Catedral y le entregó la mitad del dinero. Entonces, todos se prepararon para enfrentar el inevitable reclamo del dueño de la caleta. Galeano tardó muy poco en descifrar la identidad de los autores de la afrenta y de inmediato se dirigió a La Catedral, acompañado por Francisco *Kiko* Moncada —otro adinerado narcotraficante que hacía parte del cartel de Medellín —a quejarse ante Escobar por lo que habían hecho sus hombres.

—Pablo, esta rata me robó 20 millones de dólares y necesito que le exijas que me los devuelva —dijo Galeano señalando a El Chopo.

—Señor, a este maricón no tengo que devolverle nada. Además, hace un mes usted les pidió un aporte para la guerra contra la extradición y contra la gente de Cali y este mentiroso le mandó infelices 200.000 dólares con el cuento de que no tenía más, que las cosas estaban duras. Y mire, usted poniendo el pecho para que ellos vivan bueno, con toda la plata guardada, pudriéndose. Quién sabe cuántas caletas más de esas tendrán guardadas este par de maricones que dicen llamarse sus amigos —respondió El Chopo.

—En eso tienes razón, Chopo —intervino Escobar—. Estos se me están torciendo y yo aquí, frenteando todas las broncas a nombre del cartel.

Galeano, desconcertado, se descompuso y comenzó a insultar y vociferar. Pero la suerte ya estaba echada, y El Chopo, que se sintió respaldado por su jefe, no tuvo inconveniente alguno en sacar su arma y descargar el proveedor contra los dos visitantes, que recibieron una docena de disparos.

El doble asesinato se convirtió en una bola de nieve que ya no dejó de rodar. Luego, los otros hermanos de Galeano y Moncada, así como sus contadores, fueron citados amigablemente a La Catedral con el único fin de hacer inventario del botín de guerra y eliminar a los posibles dolientes. Ejecutada la primera parte de la operación y con los contadores bajo su control, Escobar y sus hombres iniciaron la expropiación de bienes raíces y efectivo de sus antiguos socios.

Pero no todo sería tan fácil. Algunos de los hermanos Galeano que no cayeron en la trampa de La Catedral y luego sobrevivieron a varios ataques, como Rafael y Mireya y su jefe de escoltas, Diego Murillo Bejarano, *Don Berna* —hoy conocido como Adolfo Paz, uno de los jefes de las Autodefensas Unidas de Colombia, AUC— tuvieron el valor de enfrentar a los sicarios enviados por el jefe del cartel. Por el otro lado, Martha y Dolly, hermanas de Kiko Moncada, prefirieron ir a la Fiscalía a entregar sus bienes, antes de que Escobar se los expropiara.

De todas maneras, el daño ya estaba hecho. Entonces, la poderosa mafia de Medellín se preguntó: si Escobar asesinó a Moncada y Galeano, que eran sus amigos y socios de toda la vida, ¿qué pasará con nosotros? La inquietud también rondó a algunos otros narcos independientes, como Fidel Castaño, *Rambo*, y sus hermanos Vicente, *El Profe*, y Carlos, *El Fantasma*.

La barbarie desatada por Escobar desde La Catedral dejó al descubierto lo inocultable: que el capo y sus secuaces habían convertido la prisión diseñada por él en un nido de ratas que hacía de las suyas, sin control alguno del gobierno de César Gaviria.

Arrinconado por las evidencias, el presidente ordenó trasladar a Escobar a una guarnición militar pero este, hábilmente, secuestró al director de la prisión y al viceministro de Justicia,

Eduardo Mendoza, quien había viajado desde Bogotá a notificarle .
la decisión. Como era apenas obvio, Escobar escapó con diez de
sus lugartenientes y sólo a la mañana siguiente el Ejército tomó
por asalto la prisión.

Con Escobar libre, la guerra renació en todos los frentes: ahora
la pelea era a muerte: Pablo contra Cali, Pablo contra el Gobierno,
Pablo contra Estados Unidos… Pablo contra todo el mundo.

2

Los Pepes

Por cuenta de su desbordada capacidad de hacer daño, Pablo Escobar se convirtió en enemigo público número uno y fue catalogado como un asunto de seguridad nacional. Para enfrentarlo, el Gobierno creó el Bloque de Búsqueda y recibió asistencia estratégica y tecnológica de la DEA, el FBI y la CIA.

En forma paralela, el cartel de Cali, los desertores del cartel de Medellín, los hermanos Fidel y Carlos Castaño y todo el que de alguna manera pudiera verse amenazado por Escobar, dieron origen a la temible organización de Los Pepes, Perseguidos por Pablo Escobar.

A estas alturas del partido, a casi nadie le importaban las minucias. El objetivo de recapturar vivo o muerto a Escobar hizo que surgieran alianzas entre Dios y el diablo. Por eso se volvieron frecuentes las reuniones en la Escuela Carlos Holguín —desde donde operaba el Bloque de Búsqueda —de policías, agentes extranjeros, sicarios y narcotraficantes. Allí discutían y analizaban toda la información que habían obtenido.

Las agencias estadounidenses grababan conversaciones, el Bloque de Búsqueda hacía los allanamientos y Los Pepes, las ejecuciones. Si Escobar ponía una bomba, Los Pepes ponían tres en sus propiedades; si Escobar ordenaba matar a un miembro de Los Pepes, éstos asesinaban un abogado, una secretaria, un mayordomo... La idea era mostrarle a Escobar que ya no había reglas y que ahora alguien podría ser más despiadado que él: Los Pepes.

El grupo clandestino se fortaleció poco a poco. Cali los alimentaba con ríos de dinero, algunos policías suministraban todo tipo de permisos y salvoconductos, las agencias americanas aportaban información de inteligencia y todos comían sentados en la misma mesa, al tiempo que el Gobierno miraba para otro lado, sin hacer ni decir nada. La moral, los principios, los derechos humanos y cualquier rasgo de conciencia fueron archivados durante 16 intensos meses de persecución sin tregua.

Finalmente, el 2 de diciembre de 1993, a las 2 de la tarde, el Bloque de Búsqueda, dirigido por los coroneles Danilo González y Hugo Aguilar, acompañados por algunos miembros de Los Pepes, abatieron en el techo de una casa del barrio Los Olivos de Medellín a un arrinconado, disminuido y desdibujado Pablo Escobar. La pesadilla había terminado.

Ese personaje que se había convertido en leyenda terminó con tres tiros en su cuerpo y sin zapatos, con la barba mal cuidada, un sobrepeso notable y un sólo escolta apodado El Limón. A su lado, sin disparar, quedó la pistola Sigsauer que tanto daño hizo.

Una vez logrado el objetivo, Los Pepes desaparecieron. La alianza perdió sentido y cada quien regresó a sus quehaceres habituales. Los policías recibieron medallas los oficiales americanos, ascensos; los sicarios, algo de dinero; los narcos se repartieron el botín de guerra y un síndrome extraño se apoderó de todos: fingieron demencia y una pérdida selectiva de la memoria porque sólo recordaban lo que les convenía.

3

Llora Andrés

Terminada la cruenta guerra, los capos de Cali se preguntaron: sin Escobar en el panorama nacional ¿quién sería el centro de atención de las páginas judiciales y el próximo objetivo de Estados Unidos? La respuesta era aterradora: ellos mismos, los jefes del cartel de Cali.

Entonces, decidieron aprovechar la relativa cercanía que tenían con el fiscal general Gustavo de Greiff —el hombre de la pipa, como era conocido en el mundo de la mafia— para ofrecer un sometimiento voluntario y general de los narcotraficantes que sobrevivieron a la guerra y el desmonte total de la narcoactividad en Colombia. A cambio, estaban dispuestos a recibir sentencias de cinco años de cárcel, que pagarían en sus casas.

Para la cúpula de Cali esa fórmula era su salvación y De Greiff había enviado señales en el sentido de que estaba de acuerdo y que el gobierno de César Gaviria no pondría mayores objeciones. Sin embargo, varios episodios futuros convertirían la iniciativa en un rotundo fracaso.

El presidente Gaviria estaba dedicado a hacer *lobby* para obtener la Secretaría General de la OEA después de terminar su mandato en agosto de 1994. Por eso no le convenía otro escándalo que lo relacionara con algún tipo de beneficios para los narcotraficantes. A duras penas había logrado reponerse del desgaste que le produjo el sometimiento voluntario de Escobar, que sólo remedió en buena parte con su muerte.

Pero volver a abrir esa caja de Pandora a nombre del cartel de Cali era algo a lo que no estaba dispuesto y menos a poner en juego su credibilidad y perder el influyente puesto en la OEA.

Pero no sólo esto influiría en el fracaso. La cúpula del cartel de Cali citó a una reunión general y extraordinaria en una mansión de Hélmer *Pacho* Herrera en el barrio Ciudad Jardín de Cali. Era el 22 de enero de 1994 y el encuentro tenía un objetivo: anunciar el desmonte general de la narcoactividad en Colombia, para un sometimiento voluntario y masivo al fiscal De Greiff. La reunión era encabezada, además de Herrera, por los hermanos Miguel y Gilberto Rodríguez, José *Chepe* Santacruz y Fidel Castaño, entre otros.

Pero la sorpresa de los capos de Cali fue grande cuando comprobaron que el 80% de los asistentes pertenecían al Valle del Cauca y sólo había unos pocos miembros de los carteles de la Costa, Medellín y Bogotá.

Aún así, Gilberto, Miguel, Hélmer y Fidel hablaron por largo rato y luego les cedieron la palabra a algunos jóvenes y a antiguos trabajadores del cartel de Cali.

—Don Gilberto, los mexicanos me deben 18 millones de dólares. Si vamos a parar ¿usted me los paga? —dijo uno de ellos.

—Don Pacho, yo le debo a los cocineros casi 8 millones de dólares. Entonces quedamos en paz ¿o qué? Preguntó un jovencito que no pasaba de los 25 años.

—Señores, acabo de comprar seis aviones para trabajar. ¿Qué se supone que hago con ellos? —preguntó un ex empleado de Miguel Rodríguez.

—Mi rutica está llevando 12.000 kilogramos. ¿Ustedes me dicen que tengo que pararla? —preguntó inquieto un morenito de Buenaventura.

En la cumbre reinaron el caos y la confusión y los asistentes comenzaron a retirarse. Al final, lo único que obtuvieron los jefes del cartel de Cali fue el compromiso de que los laboratorios, las pistas y las bodegas de almacenaje de droga serían sacadas de los límites del Valle del Cauca.

Los jefes del cartel de Cali debieron resignarse a comprobar que, mientras peleaban contra Escobar, sus ex empleados y unos muchachitos nuevos habían tomado tal vuelo que ya eran incontrolables y, peor aún, no los veían a ellos como sus patrones naturales. El cartel de Cali empieza a sentir pasos de animal grande y es claro que el naciente cartel del Norte del Valle desconoce el poder absoluto de la llamada vieja guardia de la mafia.

Con este panorama nada halagador, pero aún saboreando las mieles de la victoria por la muerte de Escobar y el sometimiento sin condiciones de sus lugartenientes en una cárcel de máxima seguridad, los jefes del cartel de Cali comenzaron a fraguar un plan B. Si en el gobierno de Gaviria ya no había nada qué hacer, pues habría que negociar con el nuevo presidente de la República y qué mejor lazo de unión con este que financiar su campaña.

La oportunidad se presentó en bandeja de plata. La primera vuelta electoral entre Ernesto Samper y Andrés Pastrana había arrojado un escaso margen de diferencia y se requería ir a una segunda votación. Como había que moverse con rapidez, los Rodríguez aceitaron la maquinaria y activaron sus contactos con la clase política. Por eso buscaron a Ignacio Londoño, *Nacho*; Alberto Giraldo, *El Loco*; Elizabeth Montoya de Sarria, *La Monita Retrechera*, y Guillermo Villa Alzate, *Súper Ratón*.

A través de ellos, los Rodríguez le hicieron saber a Santiago Medina, tesorero de la campaña del candidato liberal Ernesto Samper, que podían dar un empujoncito para que lograran el objetivo de llegar a la Presidencia. Así, entre varios carteles de la mafia los Rodríguez recogieron más de seis millones de dólares y contribuyeron a la elección de Samper como presidente. Otra vez los jefes del cartel levantaban los brazos, jubilosos.

Pastrana lloró su derrota y el 7 de agosto de 1994 Samper se posesionó como nuevo jefe del Estado. Pero los Rodríguez y sus socios sólo pudieron cantar victoria por poco tiempo debido a la filtración de los narcocasetes, unas cintas de grabación que dejaban en evidencia de manera directa el aporte en dinero y la conexión entre el cartel de Cali y la campaña de Samper.

Es innegable que las agencias estadounidenses de inteligencia pusieron un granito de arena en este escándalo, que muy pronto sería conocido como el Proceso 8.000. La verdad es que una casualidad fue la razón por la que esta investigación fuera identificada así.

Todo empezó el día en que el Ejército allanó la oficina del contador del cartel de Cali, Guillermo Palomari, en el edificio Siglo XXI del barrio Centenario. El fiscal encargado del caso entendió la magnitud de la información que tenía en sus manos y decidió trasladar a Palomari a la sede de la Fiscalía, en el centro de la ciudad, para una ampliación de indagatoria.

Hacia las 11 de la noche, cuando terminó la diligencia, el fiscal le entregó varias copias a Francisco Malaver, jefe de la secretaría común de la Fiscalía Regional, para que procediera a enumerar el nuevo expediente. No obstante, el funcionario intentó sin éxito localizar a la persona encargada de enumerar y radicar los procesos y por ello se dirigió a la sección de archivos con el fin de identificar el número del último proceso abierto.

En medio del desorden reinante descubrió que los expedientes pasaban del 7.640 al 7.865 y de ahí al 7.916. Cansado y con el convencimiento de que no rompería el orden consecutivo, giró la perilla del sello hasta llegar al número 8.000. Así quedó radicado esa noche el interrogatorio de Guillermo Palomari.

Los casetes y el escándalo posterior no le dejaron otra opción a Samper que declararles la guerra a sus benefactores. Nuevamente, plan B: encargar al jefe de la Policía, el general Rosso José Serrano, la tarea de encabezar esa dura cruzada. Lo único que podría lavar el nombre del presidente era la obtención a corto plazo de resultados positivos y contundentes. Había que disipar las dudas. Luego, la ropa sucia se podría lavar en casa.

Las cosas empezaron a complicarse porque Santiago Medina no soportaba la presión y continuaba reclamando la prometida Embajada en España. En tres ocasiones, Nacho Londoño, el emisario de los Rodríguez, visitó a Fernando Botero, ministro de Defensa, y le dijo que era urgente cumplir el compromiso con el tesorero de la campaña. Pero pudieron más la soberbia de Botero y la indiferencia del Gobierno, que desconocieron el peligro que implicaba hacerle conejo a Medina. Por eso, en poco tiempo, la mazorca comenzó a desgranarse.

El primer gran golpe al cartel de Cali ocurrió el 9 de junio de 1995 en una casa al oeste de Cali, donde el coronel Carlos Barragán capturó a Gilberto Rodríguez Orejuela; y unas semanas después, el 4 de julio siguiente, la Policía detuvo a José Santacruz Londoño, *Chepe*, cuya presencia en el restaurante Carbón de Palo en Bogotá fue delatada por un informante.

Pese a estas aparentes victorias contra el narcotráfico, el 20 de julio empeoró la situación del Gobierno luego de que Santiago Medina, que había sido abandonado y se sentía traicionado y utilizado, decidió contar toda la verdad en la Fiscalía y aceptar que los millones enviados por el cartel de Cali entraron a la campaña de Samper.

Pero sólo 15 días después, el 6 de agosto de 1995, en el edificio Normandía, al oeste de Cali, fue capturado Miguel Rodríguez Orejuela. Es en ese momento cuando el general Serrano empieza a perfilarse como el mejor policía del mundo porque ninguna autoridad en el globo terráqueo había podido dar tantos golpes y tan contundentes en muy poco tiempo. El cartel de Cali agoniza. Ya están tras las rejas Phanor Arizabaleta Arzayuz, Víctor Patiño y Henry Loaiza, quienes se entregaron después de la captura a cuentagotas de sus antiguos socios.

Mientras Samper sacaba pecho con la vertiginosa destrucción del cartel de Cali, el mundo de la narcoactividad fue sacudido por dos episodios que de alguna manera le ayudaron al Gobierno.

En enero de 1996, la muerte en extrañas circunstancias de Elizabeth Montoya de Sarria, esposa de Jesús Amado Sarria, *El Brujo*, integrante de primera línea del cartel de Cali, además de amiga personal y patrocinadora de la campaña de Samper. Ocurrió cuando Hélmer *Pacho* Herrera —entonces único fugitivo de la cúpula del cartel de Cali— organizó un encuentro con La Monita en la casa de una pitonisa en Bogotá. La ingenua mujer esperaba a un emisario de Herrera que la conduciría hasta el lugar donde el capo estaba oculto, pero no contaba con que él le reportaría su localización al mayor de la Policía Germán Osorio, edecán de Samper en la campaña presidencial. El resultado fue la muerte a tiros de la célebre Monita Retrechera.

Luego, el 5 de marzo de 1996, se produjo la muerte del fugitivo José *Chepe* Santacruz, quien se había fugado espectacularmente de la cárcel La Picota en enero anterior. El capo se desplazaba hacia Medellín para reunirse con su socio y amigo Hélmer *Pacho* Herrera, pero de repente recibió una llamada del coronel Danilo González, quien le dijo que Carlos Castaño lo esperaba junto con Herrera.

Sin embargo, cuando salía a cumplir la cita, Herrera recibió una llamada de Castaño, quien le dijo que por razones de seguridad no era conveniente asistir juntos a la reunión. Pacho Herrera aceptó la recomendación y envió en su representación para el encuentro con Santacruz a Gaby, su secretario y compañero, quien años atrás hizo parte del grupo que activó la bomba en el edificio Mónaco contra Pablo Escobar.

Gaby y Chepe se encontraron a las 10 de la mañana y a las 7 la noche sus cadáveres fueron presentados en los noticieros de televisión como el nuevo gran golpe contra la mafia. Fueron abatidos en un enfrentamiento con la Policía cuando se desplazaban en un campero rojo en la vía a Las Palmas.

Luego de este episodio, a Pacho Herrera le quedó claro que Castaño le había salvado la vida y que no había podido o querido interceder por la de Chepe Santacruz y que la muerte de Gaby era circunstancial. Además, Herrera comenzaría a entender, por fin, que Danilo González era el factor desequilibrante que estaba aniquilando al cartel de Cali.

La muerte de uno de los jefes de la narcoactividad en Cali desencadenó las entregas de Juan Carlos Ramírez Abadía, *Chupeta*, y de Juan Carlos Ortiz Escobar, *Cuchilla*. Por esos días de marzo el general Serrano le daría un nuevo golpe al cartel de Cali al capturar a Luis Alfonso Maquilón Amaya, esposo de Rafaela Rodríguez y cuñado de los hermanos Rodríguez.

Lo que mucha gente del narcotráfico no entendió hasta mucho tiempo después era que el cartel del Norte del Valle sí existía, que era un cartel silencioso y poderoso, que crecía en forma desmesurada. Por esta razón todos los integrantes de Cali eran capturados tan fácilmente. Era lógico. ¿Quién conocía mejor que nadie sus movimientos y sus círculos de seguridad? Danilo González, que hizo parte de ellos y fue su colaborador en la guerra contra Pablo Escobar. A su vez, el oficial protegía y cuidaba de no subir el perfil del nuevo cartel, el del Norte, del que nadie hablaba por aquella época. La prensa sólo se refería a unos narcos sueltos sin organización definida.

4

Turbulencia extrema

Las tribulaciones del primer semestre de 1996 estaban lejos de terminar y el enorme poder de las mafias quedaría una vez más de manifiesto tras el secuestro de Juan Carlos Gaviria, hermano del ex presidente César Gaviria y el atentado contra William Rodríguez Abadía, hijo de Miguel Rodríguez Orejuela.

El plagio del hermano del secretario general de la OEA se produjo en Pereira el 2 de abril de ese año, al mismo tiempo en que el narcotraficante Víctor Patiño compartía patio en La Picota con Hugo Antonio Toro Restrepo, *Comandante Bochica*, jefe de una pequeña célula guerrillera denominada Comando Jorge Eliécer Gaitán, JEGA.

En una infidencia propia de los presos, Bochica le confesó a Patiño que él había sido autor del plagio del hermano del ex presidente. Entonces el capo capitalizó ese dato a su favor y se lo transmitió a su socio y amigo Hernando Gómez Bustamente, *Rasguño*, y éste a su vez al coronel Danilo González. Todos vieron en esa información una oportunidad para sacar provecho en beneficio propio y por ello pusieron en marcha un maquiavélico plan.

Patiño hizo que una célula de su organización montara estrecha vigilancia a la salida de la cárcel durante el fin de semana en que estaban autorizadas las visitas familiares. Muy rápido fueron secuestradas la esposa, la hija y la hermana de Bochica que, desesperado, le refirió el hecho a Patiño, a quien le pidió ayuda. El capo, condescendiente, le prometió una reunión urgente con el coronel González en uno de los patios de La Picota.

Al día siguiente, el coronel, que tenía fama de bien informado, le dijo al desconcertado Bohica:

—Yo sé quién tiene a su familia… pero también sé que usted tiene a Juan Carlos Gaviria. así que lo único que puedo prometerle es un trueque equitativo.

Sorprendido por la afirmación de su interlocutor, Bochica comprendió que había sido víctima de su propio invento y esclavo de sus palabras. Estaba al descubierto y sólo le quedaba negociar: la devolución de su familia y su salida del país a cambio de la liberación del secuestrado.

Desde su secuestro, Juan Carlos Gaviria había sido sometido a todo tipo de vejámenes y estaba muy bien escondido en algún lugar del Cañón de Garrapatas en el Valle del Cauca. Los hombres de Bochica se lo entregaron a Richard Martínez, un colaborador de Varela, quien a su vez se lo entregó a Danilo González y este a sus superiores.

El general Serrano viajó a Roldanillo y recogió al secuestrado, al tiempo que la familia de Bochica salió rumbo a Cuba. Poco tiempo después, el 31 de diciembre de 1997, el comandante Bochica, su segundo en el Jega, Freddy Llanos Moncayo, y Luis Fernando Acosta, *Ñangas*, ex miembro del cartel de Medellín, escaparon de La Picota sin que nadie se explicara la manera como rebasaron todos los controles.

El segundo hecho importante de 1996 ocurrió el 26 de mayo en el restaurante Rodizzio Río de Enero en el barrio Santa Mónica al norte de Cali.

Todo empezó poco después de las 12:00 p.m. cuando Wílber Varela y Luis Alfonso Ocampo, *Tocayo*, estaban reunidos con un joven rutero del cartel de Medellín con el que habían logrado coronar con éxito un cargamento de 2.000 kilogramos de cocaína. Hablaban de la manera como asumirían la pérdida de 36 kilogramos que se mojaron cuando sus enlaces los ingresaron por las costas de España, pero de repente sonó el teléfono celular de Varela, quien habló en clave con alguien y luego se dirigió a Tocayo:

—Cosa fea, ahí encontraron a la pecueca esa que estamos buscando —dijo Varela.

—¿Dónde está? —preguntó Tocayo.

—En el restaurante Rodizzio, y está como con siete u ocho personas.

—¿Y nosotros cuántos somos? —indagó Tocayo, inquieto.

—Tenemos como 15 y están listos —respondió Varela.

—¿Y entonces? —preguntó Tocayo.

—No lo van a dejar ir —dijo Varela, confiado.

La reunión terminó abruptamente y Varela y Tocayo se dirigieron al restaurante El Chileno, donde ocuparon uno de los reservados. Una hora más tarde el teléfono de Varela volvió a repicar. Era alguien a quien identificó como El Chamizo y portador de buenas noticias.

—Coronamos, cosa fea, ya viene El Chamizo a tirarnos el comercial completo —explicó Varela, radiante.

Quince minutos después llegó un muchacho joven, grueso, moreno, algo canoso, y se sentó en la mesa. Hizo a un lado dos cocteles de ceviche y empezó su relato.

—Coronada la vuelta, señor. Todo al ciento. Quedó vuelto mierda y nosotros limpiecitos —dijo El Chamizo.

—¿Cómo fue? Contame bien —indagó Varela.

—Ellos tenían dos hombres abajo en el parqueadero, esperándolos. A esos dos los cogimos quietos, les quitamos los radios y luego nos colamos calladitos por la escalera hasta el segundo piso del restaurante. Pasamos la barra y nos repartimos bien. Cuando los ubicamos, Comba comenzó a boliarles con el fierro largo y acto seguido Sancocho, Edward, Fofe, Cachama, Lagartija y don

Richard prendieron al resto hasta que no quedó nadie parado. Luego Comba se le fue encima y lo remató. Salimos y en la retirada matamos a los dos de abajo y nos llevamos los radios.

—¿Dónde están los radios? —interrumpió Varela.

—Los tiene Don Richard, son dos o tres, no estoy seguro —respondió Chamizo.

—Ok, perfecto. ¿Usted les avisó que se fueran para la finquita donde estuvimos jugando fútbol hace como tres días?

—Sí, señor, ya van en camino para la finquita de La Flor. Eso ya estaba hablado —explicó El Chamizo.

—Muy bien, ya le digo a Óscar 1 que le avise a La Flor para que los atienda. Él no debe saber qué pasó. Coronamos, cosa fea, matamos a esa pecueca y ahora se va a prender la guerra —finalizó Varela mientras celebraba con sus brazos en alto.

Poco después los noticieros de radio y televisión hicieron avances informativos en los cuales dieron a conocer el brutal atentado contra William Rodríguez, el hijo de Miguel Rodríguez Orejuela, jefe del cartel de Cali.

William había recibido cuatro impactos de bala, pero su jefe de seguridad, Nicol Antonio Parra, lo cubrió con su cuerpo y con ello evitó que recibiera más impactos. Al final, William y uno de sus escoltas sobrevivieron con heridas de gravedad y cuatro cadáveres quedaron a su alrededor, entre ellos el de Nicol Parra, Óscar Echeverri —hermano de Martha Lucía Echeverri, esposa de Miguel Rodríguez— y dos hombres más que los acompañaban.

Lo que el país no sabía era que el objetivo del atentado era en realidad Nicol Parra y no William Rodríguez, quien había sido un invitado de última hora. Los sucesos de los dos días siguientes lo confirmarían.

Al día siguiente de la balacera, El Capi, un importante jefe de sicarios del cartel de Cali, y su escolta cayeron abatidos cuando cumplían una cita frente a la discoteca Village Game de la avenida Roosevelt de Cali. Horas más tarde una nueva emboscada del cartel del Norte en la vía a Palmira cobró otros siete muertos. Los dos carros en que se desplazaban los hombres del cartel de Cali fueron interceptados por los sicarios de Varela que los esperaban en ambos sentidos de la autopista después de pagar el peaje.

La ofensiva del Norte era avasalladora y parecía no tener límites. Los enlaces del cartel en la Policía reportaron que José Alcides Loaiza, *Cejo*, el hombre que había ayudado a escapar a Chepe Santacruz de la prisión, estaba escondido en Barranquilla tratando de reorganizar la estructura de su difunto patrón. El 3 de junio de 1996 llegaron hasta allí los tentáculos del cartel del Norte, que encargó a un hombre conocido como Combatiente para asesinar al Cejo en un supermercado.

Miguel Rodríguez sentía pasos de animal grande porque ya eran demasiadas las bajas y la violencia había tocado su círculo familiar más cercano. Era el momento de moverse rápido y no podía continuar con los brazos cruzados mientras la máquina de la muerte arrollaba todo a su paso. Por eso decidió escribirles una carta a los integrantes del cartel del Norte y hacerla llegar por medio de uno de sus abogados, que se la entregó a Rasguño, uno de los más irracionales miembros de este cartel y quizás el más peligroso.

El mensaje de Rodríguez era claro y decidido: si el cartel del Norte persistía en su intención de atacarlo, eliminarle sistemáticamente su gente y, sobre todo, si se repetía cualquier tipo de agresión contra su familia, no le quedaría otra salida que denunciar la realidad de los atropellos y denunciar con nombres propios las identidades de los funcionarios y miembros de la Fuerza Pública que colaboraban con el Norte del Valle.

Cuando terminó de leer el mensaje, Rasguño dijo que no podían menospreciar el poder de los Rodríguez y en respuesta envió un emisario a la cárcel La Picota, donde sostuvo una charla corta pero tirante con Miguel Rodríguez. El mensajero fue directo al grano.

—Ustedes saben que Javier Baena ordenó que Capulina viniera a hablar con Chepe. Y ¿qué hizo el hijueputa?; lo mató a la salida. Habíamos quedado en que no violaríamos las entregas ni permitiríamos que la gente se fugara de las cárceles porque eso se podía volver en contra. Y ¿qué hace Chepe? Se vuela y calienta todo y luego sale a organizar las milicias de Medellín para boliarnos. Ahora, ustedes, con ese maricón del Nicol, estaban organizando bandidos en Cali para arrancarnos. ¿Les parece poquito esto?

—Las explicaciones que tenga que dar las daré. Lo de Chepe Santacruz fueron cagadas de él y ni siquiera contó con nosotros. Lo que no me parece es que hayan atentado contra William, mi hijo, que no tiene nada que ver —replicó Miguel Rodríguez.

—La intención no era matarle a su hijo porque si así hubiera sido de ahí no sale vivo. Al que queríamos matar era a ese hijueputa de Nicol.

—Lo que menos queremos ahora es una guerra. Hablando se entienden los hombres —terminó Miguel Rodríguez.

Vientos de paz circularon por La Picota ese día y estos llegaron de inmediato a las calles de Cali y los pueblos del Valle durante los siguientes 16 meses. Las agresiones entre los carteles de Cali y del Norte del Valle disminuyeron notablemente y sólo persisten de manera ocasional algunos roces y rivalidades callejeras entre los integrantes de los niveles inferiores, como escoltas, estafetas y personal de seguridad, que, exacerbados por el licor, unos senos protuberantes y sus pistolas nueve milímetros, se desafían en los parqueaderos de las discotecas de Cali.

El ambiente de paz que reinaba por aquellos días fue complementado el 20 de agosto de 1996 con la entrega a las autoridades en una iglesia de Yumbo de Hélmer *Pacho* Herrera, el más invisible de los jefes del cartel de Cali. El capo, acompañado por su abogado Gustavo Salazar, se sometió a la justicia con la condición de que su lugar de reclusión fuera la cárcel de Palmira, cerca a su Cali del alma, donde tenía organizada toda su estructura de seguridad. Y lo más importante: separado de los hermanos Rodríguez Orejuela para evitar un atentado que dejara a la deriva al cartel de Cali.

5

Purga interna

Efraín Hernández, *Don Efra*, era uno de los cuatro jefes naturales del cartel del Norte de Valle. Los otros tres eran Hernando Restrepo, *HR*, de Medellín; Javier Baena, *J*, de Cali; Orlando Henao, *Óscar 1*, de El Águila, Valle del Cauca; y Don Efra, de Buenaventura.

Los lugares de origen de estos cuatro poderosos personajes indican que el cartel del Norte del Valle no tuvo raíces geográficas sino políticas. Estos cuatro hombres terminaron alineados en una nueva organización porque no siguieron las directrices de la cúpula del cartel de Cali y por ello fueron calificados como disidentes, ruedas sueltas.

Don Efra era un hombre inmensamente rico, con grandes inversiones en negocios comerciales y en construcción, en Cali y Bogotá. Su mano derecha, su secretario, su protegido, su consentido, era Fernando Cifuentes, el menor de tres hermanos de una familia de Medellín. Al lado de Fernando, Don Efra siempre contaba con Jorge, su principal socio, quien desarrollaba sus actividades en México, y con Pachito, que vivía en Medellín y se encargaba del trabajo de campo y de los traslados internos de cocaína.

Pero Don Efra tenía una especial predilección por Fernando Cifuentes, un personaje brillante, carismático e inteligente que se ganó el cariño y el respeto del capo que, para retenerlo, lo hacía socio en sus proyectos y le prestaba dinero al 1% mensual. De esta manera, Cifuentes le llegó a deber 20 millones de dólares a Don Efra, pero no podía pagarle porque este no le recibía abonos parciales.

Esta situación era aprovechada por Don Efra para insultar constantemente a Cifuentes y cuando estaba de mal genio le daba cachetadas en la cara o lo golpeaba en las espinillas sin importar quién estuviera presente.

Orlando Henao fue testigo de excepción de las agresiones de Don Efra con Cifuentes y un par de veces lo vio llorar, en silencio. En una de esas ocasiones, Henao se quedó a solas con Cifuentes y no desperdició la oportunidad de hablar con él.

—Mijo, yo sé lo que usted está pensando. Lo que tenga que hacer hágalo, usted también es un hombre y merece respeto. Nadie se meterá en esto. Es usted y Don Efra, solos. Él es mi amigo, pero usted también es un hombre, es un problema de honor y usted tiene derecho a hacerse respetar.

Las palabras de Henao retumbaron por varios días en la cabeza de Fernando Cifuentes, hasta que sólo aguantó tres insultos más y decidió actuar. El 7 de noviembre de 1996, después de calcularlo milimétricamente, llegó a la oficina de Don Efra con vestido, corbata y zapatos negros, perfectamente afeitado, peinado y engominado. En el centro comercial Santa Bárbara ningún vigilante se dio cuenta de que Cifuentes llevaba una pistola nueve milímetros en la pretina de su pantalón y el silenciador en el bolsillo de su saco.

Poco después de las 11 de la mañana Cifuentes ingresó a la oficina de Don Efra pero se encontró con que en el lugar también estaban German Wezzler, uno de sus colaboradores, y Alfredo Hadad, un importante lavador de dólares del cartel.

En ese momento, Don Efra hablaba con un instructor de buceo de Miami al que le pedía el envío de un equipo completo para su próxima aventura en las islas del Caribe. Luego de colgar el teléfono se paró de su escritorio y se sentó en un sofá al lado de Wezzler y Hadad.

Cifuentes se llenó de paciencia y también se sentó en otra silla a esperar que Don Efra se quedara sólo. Pero los visitantes no tenían ninguna intención de irse pronto. Cifuentes entró tres veces al baño y empezó a impacientarse. Hasta que en la cuarta ocasión conectó el silenciador a su pistola, respiró profundo y tomó la decisión definitiva.

Cifuentes era un experto tirador y sin pensarlo más se abalanzó sobre los tres contertulios y le disparó en dos ocasiones a Don Efra, que cayó al suelo. Uno de los proyectiles le dio en la cara y el otro en el abdomen. Luego dirigió el cañón de su arma al pecho de Hadad y de un sólo disparo lo arrojó a dos metros de distancia. También hizo lo mismo con Wezzler.

Una vez vio los tres cuerpos en el piso desarmó el silenciador, guardó el arma, regresó al baño, se peinó, se arregló la corbata, salió de la oficina, cerró con seguro por dentro para que nadie pudiera ingresar, se despidió de la secretaria, caminó al sótano del centro comercial, subió a su vehículo, tomó su celular y llamó a Orlando Henao.

—Señor, ¡lo hice!, ahora que venga lo que venga; estoy en sus manos.

—Mijo, váyase con un sólo escolta, no le diga a nadie dónde va a estar, escóndase las primeras 24 horas mientras tanteo la situación y luego lo saco para donde su hermano en México mientras acabo de cuadrar todo. Apague los teléfonos y no le conteste a nadie, no se preocupe que todo va a estar bien —respondió el jefe del cartel.

Con un escolta de confianza, Cifuentes se dirigió a una bodega blindada de su propiedad en el norte de Bogotá, a la que le había instalado un anillo de seguridad con explosivos. Mientras tanto, el teléfono de Henao repicó de nuevo. Era alguien de la oficina de Don Efra.

—Señor, tenemos un problema. Imagínese que Fernando Cifuentes se enloqueció y mató a Don Efra y a Alfredo. Germán Wezzler está herido, sobrevivió porque se hizo el muerto y cuando Fernando salió contó todo lo que había pasado. ¿Qué hacemos? —dijo el desconocido al otro lado de la línea.

—Véngase a mi oficina y acá tomamos decisiones —respondió Henao, desconcertado porque había quedado un testigo de la matanza. En las siguientes tres horas su teléfono no dejó de timbrar porque los demás membros de la organización querían escuchar una señal, una explicación. Por un largo rato meditó, calculó sus movimientos y como buen estratega decidió actuar y el primer paso consistió en llamar al escolta de Cifuentes.

—Mijo, habla Orlando, ya sabemos lo que pasó. No quiero que se involucre en esto, este no es su problema. Usted sabe que lo conozco hace tiempo, lo mismo que a su familia y no quiero ver a ninguno de ellos afectado. Dígame dónde están.

El escolta entendió el mensaje amenazante y de inmediato le suministró la dirección de la bodega.

—Mijo, un último favor, Julito y mi gente van para allá. Cuando los vea llegar no le avise a Fernando. Sólo ábrales la puerta —instruyó Orlando Henao.

Poco después, Julio López Peña, *Julito* y su jauría rabiosa llegaron a la bodega ubicada al norte de la ciudad, y como habían pactado, el escolta les abrió la puerta y les señaló el lugar donde Cifuentes descansaba medio adormilado. Dos tiros acabaron con el homicida de Don Efra.

En escasas seis horas, Orlando Henao vengó la muerte de su socio y amigo Don Efra y quedó como jefe único y solitario del cartel del Norte del Valle. Rápidamente se convirtió en héroe de la jornada y fue reconocido como el verdadero capo que mantuvo el orden y la unidad en su organización.

El trabajo de carpintería vendría luego. Los contadores de Henao, encabezados por Carlos Pérez, organizaron las cosas de tal manera que Don Efra apareció con una gran cantidad de deudas con el jefe del cartel y de las cuales sólo ellos dos eran testigos.

Pero ¿quién iba a poner en duda la palabra del gran jefe? En los siguientes días, Henao se acercó a los sobrevivientes de Cifuentes y se presentó con un sentido pésame. Definitivamente, Orlando Henao era un digno portador de su cargo, el gran jefe pluma blanca del cartel del Norte del Valle.

6

Vientos de guerra

Con los jefes del cartel de Cali tras las rejas, la suerte pareció sonreírle a Orlando Henao, *Óscar 1*, jefe del cartel del Norte del Valle, porque de manera inesperada se produjo la captura en Venezuela de otro de sus fuertes rivales en la narcoactividad: Pastor Perafán, capo del cartel de Bogotá.

Una de las novias del narcotraficante fue rastreada con cuidado y muy pronto los llevó a su escondite en Venezuela, donde fue arrestado 17 de abril de 1997 y extraditado a Estados Unidos una semana después.

Con sus principales enemigos en la cárcel, Henao y sus asesores consideraron que era el momento de entregarse a la justicia porque estaban convencidos de que sus enlaces en la Fiscalía, en la Policía y en algunos círculos del Gobierno le harían más llevadera su permanencia en prisión. Finalmente, el 29 de septiembre, Henao se sometió voluntariamente a la justicia para, según él, pasar un corto período vacacional de tres años en el pabellón de máxima seguridad de la cárcel Modelo de Bogotá.

Pero todo indica que esa movida fue equivocada porque el cartel de Cali tomó un segundo aire y se aventuró a eliminar a su más enconado enemigo y detractor en el ala militar del cartel del Norte del Valle: Wílber Varela, *Jabón*.

Pacho Herrera fue el encargado de organizar un comando que sus secueces reclutaron en Medellín. La idea era sorprender a Varela en un momento de descuido. Ese instante ocurrió el 23 de noviembre de 1997 cuando tres vehículos alcanzaron en la vía Rozo, cerca de Cali, un automóvil Renault 18 blanco, con blindaje nivel tres, en el que se desplazaban Varela y sus escoltas. Atrás, cubriendo la retaguardia, iba un campero Toyota.

La caravana alcanzó al Renault de Jabón y los hombres de Herrera sacaron sus fusiles por la ventanilla e impactaron los vidrios, que volaron por los aires. Algunos proyectiles entraron al vehículo e hicieron blanco en el abdomen de Varela. Pero los escoltas del Toyota respondieron con rapidez y lograron sacar de la carretera el vehículo agresor. Los otros dos automotores en los que se desplazaban los hombres de Herrera no pudieron reaccionar a tiempo y se quedaron atrás.

Al final, dos de los sicarios del cartel de Cali y tres escoltas de Varela murieron, pero el capo sobrevivió. Dos de los agresores fueron capturados y luego de ser sometidos a torturas confesaron que Herrera y un misterioso hombre conocido como Trompa de Marrano promovieron el ataque.

Lo más grande estaba por venir. Fuentes fidedignas de Orlando Henao le reportaron en la cárcel que Pacho Herrera había sostenido dos reuniones con un conocido mediador entre las agencias antidrogas estadounidenses y los narcos que de una u otra manera querían cooperar y cambiar de bando. Se trataba de Baruch Vega, conocido en la mafia como *El Fotógrafo*.

Según le dijeron a Henao, las intenciones de Herrera no eran otras que revelar sus secretos en Estados Unidos y lo que sabía del cartel del Norte del Valle, que por aquellos días parecía intocable.

Las fuentes de Henao también le revelaron que Vega recibía instrucciones desde Miami de David Tinsley, supervisor del grupo 43 de la DEA y conocido por ser el más fuerte, enconado y documentado enemigo del Norte del Valle. Ese agente fue quien recopiló la totalidad del acervo probatorio contra Iván Urdinola e intervino varias veces para evitar que recuperara su libertad.

Henao entendió el peligro y por ello se vio forzado a tomar una decisión que siempre quiso posponer: liberar a Varela de la restricción que le había impuesto para matar a Pacho Herrera. Para hacer saber su determinación, el jefe del cartel utilizó a su hermano Fernando, quien no tardó en localizar a Varela.

—Varelita, mi hermano le manda decir que tiene vía libre para que se saque el clavito con Pacho Herrera desde el atentado de la vía Rozo. Pero que tiene que ser ya porque el maricón está que se va y de pronto nos deja viendo un chispero.

Varela tomó cartas en el asunto de manera inmediata y sólo tuvo que hacer una llamada porque de tiempo atrás tenía en el pabellón contiguo al de Pacho Herrera a Ángel Uribe Serna, *Babasa*, uno de sus hombres de confianza.

Babasa estaba preparado para cumplir su parte. Tenía el arma apropiada, los guardias necesarios para acceder a Herrera y el valor suficiente para realizar la tarea personalmente. Lo que ninguno de ellos imaginó fue que la oportunidad se presentaría más fácil de lo esperado.

Ocurrió el 5 de noviembre de 1998. Como era habitual, Herrera salió con los demás presos de su patio a jugar un partido de fútbol en la cancha común de la prisión. Informado por los guardias, Babasa se dirigió al lugar con su arma escondida debajo de la camisa.

Pacientemente, Babasa esperó que Herrera jugara 15 minutos y pidiera su relevo acostumbrado mientras tomaba aire para un segundo ingreso al partido. Sin saberlo, Herrera se sentó en la gradería a cinco metros del sicario, que de inmediato se abrió paso entre los asistentes al partido, metió su mano en la camisa, empuñó la pistola y descargó el proveedor completo sobre la humanidad de uno de los máximos capos del cartel de Cali. Los tres escoltas de

Herrera intentaron reaccionar y golpearon en repetidas ocasiones a Babasa, pero ya la suerte estaba echada.

Enterado de la noticia, Orlando Henao sintió una vez más que era el jefe máximo, único y verdadero de todos los carteles porque su máximo enemigo había sido abatido un día después de que él autorizara su muerte. Indiscutiblemente era el mejor, el más grande, el más sanguinario y el más poderoso. Paso a seguir: impartió instrucciones para que la mayoría de sus lugartenientes se atrincheraran y esperaran una oleada de retaliaciones de parte del restante clan Herrera.

Como si fuera poco, en la mafia era conocido que, en una demostración más de su formación maquiavélica, Orlando Henao se había hecho cargo del cuidado de José Manuel Herrera, *El Inválido*, uno de los hermanos de Pacho Herrera. Los dos compartían el mismo patio de la cárcel Modelo.

El Inválido, que se desplazaba en una moderna silla eléctrica con controles especiales que Henao le había regalado, era un indefenso personaje que sólo podría mover el brazo derecho porque sus otras tres extremidades estaban completamente inmóviles.

En el colmo del cinismo, el día del asesinato de Herrera, Henao consoló a José Manuel y le dijo que Varela estaba fuera de control y que él no habría autorizado romper de esa manera la paz pactada meses atrás. Prometió confrontar a Varela y si era el caso lo castigaría de manera ejemplar.

José Manuel Herrera estaba disminuido física pero no mentalmente. Y con el paso de los días Henao quedó convencido de que tenía control sobre el más inválido de los Herrera. Pero estaba equivocado y eso sería mortal para él.

El 13 de noviembre de 1998, una semana después del asesinato de su hermano, José Manuel se levantó notablemente deprimido. Era un día frío y húmedo, más de lo acostumbrado dentro de la cárcel. Se dirigió a la habitación de Henao y le pidió un buen trago de whisky para mejorar su estado de ánimo. El capo sacó una botella de sello azul, se la regaló y le dio una palmada de apoyo en la espalda.

El Inválido regresó a su celda y se encerró a oír música vieja. Bebió la mayor parte de la botella y se armó de valor para vengar la muerte de su hermano. Entonces puso en marcha su silencioso plan. Sacó de su nochero una pistola calibre 9 milímetros, revisó el magazín y con mucha dificultad logró montar una bala en la recámara. Luego bajó el percutor de la pistola con el pulgar de su única mano, miró el arma de un lado a otro y luego la puso bajo su pierna derecha.

Acto seguido sacó un revólver calibre 38 de un hueco hecho en la pared. Abrió el tambor y lo puso a girar mientras revisaba que las seis balas estuvieran en su sitio. Puso el arma a la altura de su frente para calcular imaginariamente sus disparos y luego la puso sobre sus muslos y la cubrió con la vieja cobija de lana que usaba todo el tiempo.

Herrera estaba a punto de poner en marcha el plan que urdió desde el día en que sus enemigos del cartel del Norte del Valle asesinaron a su hermano. Pese a su enfermedad, se las había arreglado para ingresar las dos armas de fuego a la cárcel, las mismas que ahora tenía listas para ejecutar su solitaria venganza.

El Inválido respiró profundo y tomó un último trago de whisky. Salió de la celda y se dirigió a la habitación de Henao, quien trabajaba en su escritorio en la impresión de algunos lapiceros. A su lado estaba Édgar Fernández, *Noño*, compañero de desventura y escolta personal del capo, quien estaba a un lado de la mesa, comiendo.

Después de un corto saludo, Henao aprovechó el reflejo del sol en la ventana para mostrarle a Herrera cómo le estaban quedando los lapiceros marcados. El Inválido aprovechó que en ese momento Henao le dio la espalda y sin pensarlo dos veces metió su mano bajo la cobija, sacó el revólver y disparó cuatro veces seguidas. Las tres primeras balas impactaron en la espalda del capo, que giró sobre su cuerpo y recibió otro impacto en la parte baja de la oreja derecha.

Henao se desplomó a los pies de José Manuel. Noño reaccionó tarde y sólo atinó a saltar con su tenedor sobre el homicida y se lo clavó en el antebrazo que aún estaba en alto. Pero era tarde. El jefe del cartel del Norte del Valle yacía en el piso, muerto. Poco después, cuando los médicos de la prisión trataban de contener la hemorragia, El Inválido metió su mano bajo la pierna derecha, sacó la pistola que no usó y se la entregó a un guardia.

—Esta ya no la necesito. Ahora sí puedo morir tranquilo porque ya vengué a mi hermanito.

De repente el cartel del Norte del Valle quedó acéfalo. En adelante todo serían confusión, luchas internas y una decadencia sin precedentes. El cartel se fraccionó irremediablemente. A un lado quedaron Varela, su inseparable amigo Tocayo y los restantes hermanos Henao, posibles sucesores de Orlando. En el otro, Rasguño, Víctor Patiño, Juan Carlos Ramírez Abadía, *Chupeta*, y Diego Montoya, todos ellos severos críticos de las acciones de Varela. En la otra esquina quedaron los demás miembros del clan Herrera, encabezados por Tony, uno de los más beligerantes miembros de esa familia.

Dos semanas después de estos episodios, los sobrevivientes del clan Herrera y el propio Varela ascendieron por las escarpadas montañas de Córdoba hasta el campamento central de las Autodefensas Unidas de Colombia, AUC, donde han empezado y terminado las principales guerras de la historia reciente del país.

Desde un lugar conocido como La Gallera ejercía como juez y parte el poderoso Carlos Castaño Gil, quien fue buscado por los Herrera y Varela para buscar apoyo en la guerra que se avecinaba. Curiosamente, ese mismo día habían estado en el campamento paramilitar otros dos grandes grupos que acababan de firmar la paz después de un año y medio de guerra sin cuartel. Eran Leonidas Vargas, *El Viejo*, y Víctor Carranza, *El Esmeraldero*.

Una guerra acababa de terminar sin vencedor alguno y otra apenas empezaba. En esta nueva confrontación todos serían perdedores. Tal parece que los únicos que no aprenden de la historia son los carteles colombianos, cuyo único objetivo para tener éxito es destruir al cartel vecino.

7

Tocó calentarlo un poquito

Aun cuando las divisiones internas y las rencillas en la cúpula del cartel del Norte del Valle eran inocultables, entre ellos prevalecía un objetivo común: arrasar cualquier vestigio de supervivencia del cartel de Cali.

Por eso, 1999 sería determinante en la reorganización y creación de una nueva estructura de mando en el tormentoso mundo de la narcoactividad. La estrategia consistió entonces en atacar las alas financiera y productiva de los hermanos Rodríguez Orejuela y Hélmer Herrera, las tres cabezas visibles del cartel de Cali.

El hombre de confianza de los Rodríguez era Orlando Sánchez Cristancho, quien controlaba las rutas más importantes de la organización. Por los lados de Herrera, su segundo a bordo era Juan Carlos Velasco, *Trompa de Marrano* —quien participó en el atentado contra Varela.

Recordemos que en los inicios del conflicto se produjo la muerte de Elizabeth de Sarria, *La Monita Retrechera*, una de las primeras bajas de Cali, en enero de 1996. En marzo fue eliminado

Chepe Santacruz, a finales de mayo Nicol Parra y a comienzos de junio José Alcides Loaiza, *Cejo*.

Estos cuatro crímenes ejecutados por el Norte del Valle contra el poderoso cartel de Cali dejaron al descubierto a Orlando Sánchez Cristancho, un personaje desconocido en el país pero con una amplia trayectoria en el mundo del narcotráfico del Valle, donde era identificado como Martín y como uno de los principales colaboradores de los hermanos Rodríguez.

Su habilidad era tal que manejaba con éxito las operaciones aéreas de la organización de Cali y obtenía sin problema aviones tipo Caravelle, Antonov y DC-3 en los que cargaba entre cuatro y nueve toneladas de cocaína con destino a diversos aeropuertos de México. Con inmensa osadía, utilizó potentes jets 727 de una línea aérea comercial en los que llegó a transportar 14 toneladas en vuelos directos al aeropuerto internacional de Cancún.

Sánchez Cristancho logró trabajar por años a la sombra de los hermanos Rodríguez, pero su vida cambió de repente en mayo de 1996 tras el atentado a William Rodríguez donde murió Nicol Parra. Luego del ataque, los organismos de seguridad interceptaron una conversación telefónica entre Miguel Rodríguez, recluido en la cárcel La Picota de Bogotá, y Hélmer Pacho Herrera, quien en ese momento no se había sometido a la Justicia.

—Oíste, pero este sí nos salió más malo que Pablo —dijo Rodríguez.

—Pero ¿quién decís vos? —preguntó Herrera.

—Pues O, este O, el de la O —explicó Rodríguez en clave.

—¿Cuál de la O? —replicó Herrera.

—Pues el de la O, el del Overol —insistió Rodríguez.

—¡Ah! ¡Sí, claro!, nos salió más peligroso que todos juntos —exclamó Herrera.

Cuando se vio forzado a explicar a quién se refería, Miguel Rodríguez no tuvo el valor suficiente para decir que el misterioso hombre del overol, el autor del atentado contra su hijo, era su archienemigo Orlando Henao y por eso optó por mencionar al desconocido Orlando Sánchez Cristancho.

Con esa declaración, Rodríguez puso en peligro a su hombre de confianza y de paso a toda su familia. Y luego trató de enmendar su error con una disculpa: "Disculpe, mijo, tocó calentarlo un poquito porque si no el otro Orlando ahí sí me mata. Así que escóndase mientras esto se calma".

Como era previsible, Sánchez se convirtió en objetivo del cartel del Norte del Valle y por eso no tuvo otra opción que buscar refugio en sus socios de los carteles mexicanos. El primero en darle protección fue Amado Carrillo, *El Señor de los Cielos*, pero no tardó en entender que su vida estaría en peligro porque el poderoso capo también tenía buenas relaciones personales con los jefes del Norte del Valle y especialmente con Rasguño.

Para curarse en salud, Sánchez Cristancho prefirió buscar la protección de Manuel Aguirre, *El Promotor*, un joven capo que se abría paso al margen de los dos grandes carteles mexicanos. Allí se sintió más seguro.

Sin embargo, en Colombia Wílber Varela, *Jabón*, seguía al frente de la operación para localizar a Sánchez Cristancho en cualquier lugar del planeta. En octubre de 1996 recibió informes que creyó confiables en el sentido de que Juan Carlos Velasco, *Trompa de Marrano*, hombre cercano a Hélmer Herrera, sabía el paradero de Sánchez Cristancho y por eso ordenó interrogarlo.

Varela le encomendó la tarea a su lugarteniente Richard Martínez, pero no tuvo en cuenta que él y Trompa de Marrano eran buenos amigos.

—Mompita, vea que Varela me mandó a recogerlo porque él dice que usted sabe dónde está Martín y por ahí derecho le quiere dar su patadita en las huevas a Pacho cascándole a usted. A mí me queda muy duro hacerle algo a usted, así que por lo menos ayúdeme a encontrar a Martín y ábrase del parche que está como poroso. Yo le digo a Varela que usted me va a ayudar con lo de Martín y le doy unos días para que usted se pierda. Lo mejor es que corra —le dijo Martínez a Trompa de Marrano en una compraventa de vehículos en Cali.

—Ok, mompita, muchas gracias. Mañana le tengo el datico concreto de Martín.

Esta fue la última vez que Martínez creo que vio a Trompita, porque este salpicó inmediatamente, desempolvó su pasaporte y compró un tiquete a Miami de una sola vía, sin regreso próximo. Sabia decisión ante la inminencia de un ataque de Varela y su combo.

Al llegar a Miami, lo primero que hizo Trompa de Marrano fue avisarle a su amigo Orlando Sánchez Crisancho, *Martín*, que la búsqueda exhaustiva estaba dirigida contra él y que ni de fundas regresara a Colombia o a México.

A finales de 1996, Martín y Trompa de Marrano, los jefes operativos del cartel de Cali, montaban a caballo plácidamente en el rancho del primero en el sector de Kendall en Miami. Sin embargo Martín sabía que esa situación no era sostenible por mucho tiempo y que en cuestión de días los largos tentáculos del cartel del Norte lo localizarían o que las autoridades de Estados Unidos descubrirían quién era realmente en las entrañas del cartel de Cali.

Así que contra todos los consejos, Martín decidió regresar a México, donde descubrió que su antiguo amigo, Manuel Aguirre, *El Promotor*, ya era un narco cotizado y poco confiable.

Martín entendió que tenía pocas opciones de vida y por eso decidió buscar a su viejo amigo colombiano Román Suárez, un ex convicto del sistema judicial estadounidense que ya conocía a fondo el esquema de colaboración e infiltraciones de las agencias de investigación. Inmediatamente, Suárez lo conectó con agentes del FBI de Houston, Texas, que lo acogieron sin pensarlo. En la segunda semana de enero de 1997, Orlando Sánchez Cristancho encontró en el FBI el mejor aliado que hubiera podido tener en su guerra personal contra el Norte del Valle.

Una vez concretado el esquema de colaboración, Martín cambió las balas por dardos de información e inteligencia y por primera vez en mucho tiempo los investigadores estadounidenses empezaron a comprender cómo había evolucionado el narcotráfico en Colombia y el funcionamiento de la mafia en una región conocida como el norte del Valle.

Al tiempo que Sánchez se había establecido en Houston, Trompa de Marrano soñaba con regresar a su querida Cali porque no estaba a gusto en Miami. Pero también sabía que él y Varela no cabían en la misma ciudad.

Así fue como Trompita activó desde allí una de las células militares que él y su patrón Hélmer Herrera tenían dormidas, mas no desactivadas, en la ciudad de Medellín. Ese grupo especial fue el que ejecutó el atentado contra Varela en la vía a Rozo en noviembre de 1997, con tan mala suerte que el capo sobrevivió.

Trompa de Marrano y Herrera se convirtieron en objetivo prioritario del vengativo Varela, que una vez recuperado de sus lesiones se enteró de que tanto Trompa de Marrano como Sánchez Cristancho se paseaban como Pedro por su casa por las calles, centros comerciales y restaurantes de Estados Unidos y que desde allí no sólo tenían la capacidad para organizar ataques contra él sino que estaban socavando la estabilidad del sólido cartel del Norte del Valle con la información que le suministraban a las agencias federales.

Pero Varela también tenía su hombre en Miami: La Flor, que para ese entonces ya se movía como pez en el agua en el país del norte y con seguridad le podía dar la ubicación exacta de sus dos archienemigos, especialmente la de Trompa de Marrano, el hombre que se atrevió a atentar contra él y por el cual tenía que desplazarse con algún grado de cojera en su pierna izquierda. Ya Pacho Herrera había pagado su precio pero Trompa aún gozaba de la impunidad que su dinero y la protección americana le daban en Estados Unidos.

Para La Flor, localizar a esos dos personajes era tan sencillo como conseguir una mesa en el VIP de la mejor discoteca de South Beach. Pero no estaba tan seguro de colaborar con Varela porque Trompa de Marrano era su amigo y porque sentía que esa pelea no era suya. Si en Colombia querían matarse los unos con los otros, ese no era su problema. Para él este negocio era netamente cerebral y nada visceral. La idea era comprar, transportar y vender cocaína en grandes cantidades sin importar el cartel al que pertenecía; la suya era una empresa comercial, no un campo de batalla.

Por estas razones La Flor se hizo el de las gafas y optó por mirar hacia otro lado y continuar su política de buena vecindad con todo el mundo. Y a su modo así se lo hizo saber a Varela.

—Varelita, estoy en eso, no se preocupe, lo que pasa es que no es fácil, esto es muy grande, esta no es la sexta ni el tontódromo de Cali. Acá uno no se encuentra con nadie, pero sin embargo déjeme yo sigo buscando, buscando, buscando —le dijo un día al capo, pero éste siguió llamando con insistencia.

El despreocupado informante de Varela tenía una línea telefónica exclusiva en su casa, habilitada para esos menesteres, que aparecía registrada en otro lugar. A ese número llamaba Varela:

—Aló —contestó una mujer en la casa de La Flor.

—Buenas noches, el señor, por favor —dijo Varela con su inconfundible voz.

—Sí, un momento —respondió la mujer y le dijo a La Flor que apurara porque parecía una llamada de larga distancia.

—Aló —dijo La Flor.

—¿Qué hubo, patroncito? —dijo Varela.

—¿Qué hubo, mijo? Qué bueno escucharlo. Acá todo bien. ¿Por allá cómo va todo? ¿En qué le puedo servir? —preguntó La Flor.

—Pues la verdad, lo de siempre —respondió Varela. Usted sabe que yo acá bregando con mis animalitos en la finca y siempre pendiente de comprar animalitos nuevos. Pero me enteré de que el de los marranitos ya no anda por ahí en su QTH, entonces voy a tener que esperar otra feria. Si no pudimos por ahí, usted de pronto sí me puede colaborar para localizar al vendedor de los caballos finos, pues yo ando interesado en comprar unos buenos taparitos. Tal vez ese muchacho tiene algo bueno y barato para mí, ¿sabe cuál?

—Ya le copié, perfecto. ¿El de los caballitos? —intervino La Flor.

—Sí, patroncito, ya que me quedé sin los marranitos pues unos caballitos no me caen mal —insistió Varela.

—Ok, déjeme trato de hablar con ese amiguito en una feria y le mando el catálogo para que usted vea bien los caballos y escoja —explicó La Flor.

Después de que La Flor se despidió de Varela, la mujer que lo acompañaba se acercó, curiosa.

—Niño, ¿quién era ese que llamó?

—Varela, Marielli, era Varela desde Cali —respondió La Flor.

—Me lo imaginé. La vida es muy irónica porque él no tiene idea de quién le contestó el teléfono. ¿Cierto que estaba preguntando por el de los caballos, por Orlando Sánchez?

—Sí, es eso lo que me está preguntando hace días. Varela sabe que Martín se pasó para Miami y tiene la gente lista para matarlo. Los he visto en la cancha de fútbol de Brian Piccolo en Broward, pero no saben dónde buscarlo, son sólo un grupo de sicarios. Varela me pide que se lo localice, pero la verdad yo no he querido. Si quisiera, Marielli, sé que hay un muchachito de Cali que está saliendo con la hija mayor de Orlando. La otra noche fuimos a llevarla a la casa después de rumbear y ella no sabía quién era yo. Ahí estaba Orlando, lo sé, pero yo no estoy para esas guerras.

—Niño, yo te creo —replicó Marielli—pero quiero que sepas algo: la vida da muchas vueltas. Mira nada más esta situación. Soy tu niñera, cuido tus hijos, vivo a dos cuadras de tu casa en un apartamento que tú me pagas y le contesto el teléfono a Varela sin que él sepa quién soy yo. ¿Te acuerdas quién era yo hace tres años? La hermana de Elizabeth de Sarria. Teníamos todo y ¿quién iba a pensar que esas ratas que antes nos limpiaban los zapatos iban a matar a mi hermana, nos quitarían todo y tendríamos que salir corriendo de nuestras propias casas, de nuestra ciudad y del país? ¿Quién iba a pensar que esos infelices nos iban a arrinconar como lo han hecho? Si no fuera por ti, por la relación de amistad que de tiempo atrás te une con mi hija Sandra, si no fuera porque ella fue la estrella de tu equipo de raquetball profesional y te llevaba las bolitas cargadas a Colombia con tus primeros dolarcitos, cuando apenas empezabas este duro y desagradecido camino, si no fuera por eso, yo estaría limpiando casas o haciendo quién sabe qué para ganarme la comida.

Pero mira cómo es la vida, mira que sí hay un Dios en el cielo. Yo, la hermana de Elizabeth, tengo que contestarle el teléfono al sicario de Orlando Henao que llama para preguntarte por Orlando Sánchez. Lo único que te puedo decir es que estoy segura de que ese señor no tuvo nada qué ver en la muerte de mi hermanita, que todo ese montaje es obra de Chucho Sarria para quedarse con todas las propiedades de mi hermana, por vengarse de ella, porque él y todos sabían que ella era 70 veces más berraca que ellos. Por eso, sólo por eso te pido, te ruego que no le vayas a ayudar a Varela con lo de Orlando. Te lo suplico —terminó Marielli visiblemente afectada.

—Marielli, tú me conoces hace mucho tiempo, sabes que he trabajado con ese grupo pero a la vez soy muy distinto a ellos. Eso no es lo mío, yo estoy en otra cosa, yo no me presto para eso y mucho menos sabiendo que ese señor es inocente y además tu amigo —respondió La Flor.

—Niño, te agradezco. Es más, te voy a contar algo: le quiero ayudar a Orlando de alguna manera con esa acusación que tiene en Colombia. Entre tu señora y yo hemos estado pensando cómo elaborar una carta firmada por mí para enviarla a la Fiscalía en Colombia y explicar la verdad de todo esto que está pasando y de paso limpiar el nombre de Orlando Sánchez, para evitar que Chucho desvíe la atención de la investigación por la muerte de Elizabeth cuando el verdadero culpable es él.

—Marielli, una cosa es que yo no les ayude a localizar ni a Juan Carlos Velasco (*Trompa de Marrano*) ni a Orlando acá; pero otra cosa muy distinta es que ustedes se pongan en esas, en esa mierda de mandar cartas de acá para allá y de allá para acá porque ahí sí que Varela me arranca hasta las huevas. Ni se les ocurra una mierda de esas, ni por el putas ¿entendido? —dijo La Flor subiendo el tono de la voz.

Pero su consejo no fue escuchado porque en la segunda semana de abril de 1999, cuando estaba sentado en la sala de su casa, recibió la revista *Semana* y cuál sería su sorpresa al encontrar en las páginas interiores la noticia de que una supuesta hermana de Elizabeth de Sarria le había enviado a la Fiscalía una carta desde Miami.

—Hijueputa, Marielli, Socorro, vengan acá, ¿Qué es esta maricada?

8

Todo está bien

El teléfono de La Flor no dejaba de sonar. Con mucha frecuencia a su casa en Miami llegaban noticias buenas y noticias malas relacionadas con el mundo del narcotráfico... especialmente desde Colombia. Una de esas comunicaciones corrió por cuenta de Salserín, estafeta del narcotraficante Jorge Eliécer Asprilla Perea, *El Negro.*

—¿Qué hubo, señor? Lo estoy llamando de parte del Negrito —saludó Salserín a La Flor.

—Salserín, ¿dónde putas anda El Negro?; no me contesta hace dos días. ¿Es que anda estrenando novia y está de luna de miel en la finca o qué? ¿Por qué ese marica no me contesta ningún teléfono?

—Lo que pasó fue que acá llegó la Fiscalía. La verdad el negrito sí andaba por fuera, evadido, de paseo en el lago con unas amigas y con la colombinita (Chupeta) —respondió el emisario de Asprilla.

—¿Y los pescaron? —indagó La Flor.

—No, señor, de chiripa habían llegado la noche anterior caga-
dos de la perra y El Negro estaba enguayabado. En ese momento
le llegó la Fiscalía de Bogotá a su celda —explicó Salserín.

—Y si ya había llegado ¿cuál es el problema? —insistió La
Flor.

—El problema no es que anduviera de fiesta, lo malo era que
lo buscaban a él no más y traían dos órdenes, una de traslado a la
Dijin en Bogotá y otra dizque de extradición a Estados Unidos.

—¿Extradición? ¿Cómo así que extradición? —indagó La
Flor cada vez más inquieto.

—Lo que pasa es que esas letras eran como en inglés y usted
sabe que el negrito a duras penas entiende español. Cuando se lo
fueron a llevar sólo alcanzó a decirme que le avisara a dos personas, entre ellas a usted. La razón es que esté tranquilo, que es una
equivocación, que ya está arreglando todo, que no se preocupe y
que no pare nada de lo que hay pendiente y que apenas termine
las cositas venga a Colombia para que hable con él personalmente
—respondió Salserín, más tranquilo.

Después de colgar el teléfono y de decirle a Salserín que se-
guiría las indicaciones de Asprilla, La Flor se recostó en su sofá
preferido y empezó a mirar descuidadamente los visos amarillos
que la lámpara de su estudio dibujaba sobre la marquesina del
techo. Estaba seguro de que las figuras eran diferentes pese a que
el lugar siempre era el mismo y por eso pensó que se avecinaba
una gran tormenta. No sabía qué, pero su intuición nunca lo
había engañado.

Aún así decidió moverse con rapidez para finiquitar lo pendiente porque estaban por entregarles a los clientes habituales de
Miami 200 kilogramos de perico (cocaína) que quedaban de un
cargamento de 800 que había coronado exitosamente en la Ciudad del Sol. Y de las costas colombianas había zarpado diez días
atrás un barco con siete toneladas de coca para Nacho Coronel,
el mejor de los socios mexicanos de Asprilla. Al mismo tiempo,
los empleados de Coronel seguían despachando hacia Colombia
pasajeros con maletas cargadas con el último millón y medio de

dólares recibidos como pago del barco anterior. En fin, trabajo era lo que había y no era el momento de presagios de mal agüero.

Pasarían dos meses para que La Flor pudiera visitar al Negro, lo que ocurrió a finales de abril. En ese momento Asprilla ya era amo y señor del pabellón B de máxima seguridad de la cárcel La Picota de Bogotá. Por eso no tuvo problema alguno para autorizar el ingreso de La Flor con el procedimiento de siempre: cédulas falsas y visita a nombre de otro preso.

—¿Qué hubo, negrito? ¿Cómo va todo? ¿Qué es lo que pasa? —preguntó La Flor después de sobrevivir al conocido abrazo quiebrahuesos de Asprilla, que es un negro de dos metros de estatura.

—Nada, panita, todo eso es pura bulla. Es sólo un cambio de hotel porque me pasaron al clima frío pero todo está exactamente igual. Usted sabe que yo estaba preso en Villahermosa desde octubre de 1997, cuando me arrestaron en Cali con María Fernanda. Esa vez me la cantaron pero yo ya estaba mamado de estar corriendo y por eso me quedé a frentear a ver si cuadraba ese tropel de una vez y al final me fui de canasto. Eso fue lo mejor que me pudo pasar porque en Villahermosa empaté bien con Víctor y con Chupeta y mire en esos 16 meses cuántos barcos mandamos a México. Que pa' Vicente Carrillo, que pa' los Beltrán, que pa' Nacho Coronel, mejor dicho, lo que hicieron fue centralizarnos la oficina y ahí sí fue que traficamos bien duro —respondió Asprilla, confiado.

—Pues claro, panita, cómo se me va a olvidar ese susto tan hijueputa si yo estaba con Fernandito Henao y Loma Pelada en el restaurante Ilusiones, en Kendall, en Miami, viendo el partido de la Selección Colombia en las eliminatorias del Mundial cuando vi el avance informativo: capturado en Cali, Colombia, Jorge Eliécer Asprilla Perea, cabecilla del cartel del Norte del Valle. Hasta ahí llegó el partidito a Fernando, que casi le da un infarto porque en ese momento usted le llevaba una merquita a él y a Miguelito Solano para México. Fernando ni siquiera pensaba en usted sino en la merca que se había caído —respondió La Flor mientras se acomodaba en un confortable sofá que Asprilla tenía en su celda de máxima seguridad.

—Acuérdese de que en ese entonces Milton Perlaza era amigo mío y a cada rato me visitaba en Villahermosa y me decía: "Campeón, usted es el único que me puede ayudar, no me deje botado que estoy colgado de la brocha y en cambio usted anda ganando, campeón. Acá vive con los patrones y lo que le sobra es camello. No se le olvide que somos del mismo barrio y nos criamos con la misma hambre. No me vaya a decir que no, campeón, sólo necesito que me preste 300 kilitos para mi vueltecita de Panamá que va derecho a Nueva York. Tengo todo listo, sólo me falta la merquita, préstemela, por favor, que 300 kilitos para usted no son nada", explicó Asprilla.

—Sí, recuerdo que no fue una, sino que tres o cuatro veces usted me dijo que le iba a prestar una merquita a Milton. Pero eso ¿qué tiene qué ver? —indagó La Flor.

—Pues, panita, que efectivamente el maricón de Milton hacía la vuelta con negritos de Buenaventura a los que les decían Los Niches. Los kilitos llegaban derechito a Nueva York. La ruta era buenísima. Pero había un problemita: que el que le recibía en Nueva York era la DEA —concluyó Asprilla con una sonora carcajada.

—¿Pero usted no tenía nada que ver con eso, verdad? —volvió a preguntar La Flor.

—No, Florecita, yo no tenía nada qué ver en eso, pero como de marica yo le prestaba la merca y como lo tenían infiltrado, le dejaban entrar la droga para pegarle a todo el mundo. En sus grabaciones ese maricón del Milton siempre decía que el "Campeón" era el que daba la merca, o sea yo. Cuando los tombos armaron todo el numerito, pues me pusieron a mí arriba de jefe de todos los negritos, de los tales Niches. ¿Cómo la ve pues, florecita? De gancho ciego me gané ese puto muerto sin tener nada que ver —explicó Asprilla con cierta pesadumbre.

—Negrito, pero entonces la cosa no está tan fácil. ¿Por qué decís que no pasa nada?

—Panita, no se preocupe. A Milton lo tienen acá en otro patio y yo le mandé a mis abogados, que por 500.000 dólares van a conseguir declaraciones juradas de los tales Niches en las que limpian mi nombre. Además, yo no salgo en ninguna grabación, son ellos quienes me mencionan, así que esas son sólo conversaciones de terceros —insistió Asprilla un poco más confiado.

—¿Usted está seguro de que eso es así de fácil?

—Pues claro, panita, no se preocupe que esto está mamao. Ya hablé con Víctor y con Chupeta y todo sigue igual, vamos a seguir camellando como hasta ahora. Póngase las pilas a camellar en lo suyo que yo cuadro todo lo mío acá.

—Negrito, y ¿si algo sale mal con esos abogados? —preguntó escéptico La Flor.

—Pues, mi pana, usted sabe que yo no soy ningún marica y ya tengo el plan A, el plan B y el plan C. Con decirle que el C, el último, el de emergencia, es que si veo que la cosa se está poniendo muy de pa'rriba, pues les mando una razón a los tombitos de la DEA. Acuérdese que en el 84 ya pagué cárcel allá. Yo sé cómo es la vuelta con ellos: les entregamos información de uno o dos barquitos y arreglamos esa vuelta facilito. Si no, pues me les abro de este parche y listo, pero eso lo hablamos después. Más bien póngase a hacer su trabajo que lo veo muy lento. Truchas, pues, truchas. Florecita, a camellar.

—Ok, Negrito, la verdad me voy más tranquilo. Hagámosle así como usted dice, seguro que todo va a salir bien. Mañana viajo a México a cuadrar a Vicente Carrillo, que anda como arisco con usted por tanto chisme y runruneo.

De esta manera La Flor partió a coordinar los cargamentos que desde la cárcel de máxima comodidad, perdón de máxima seguridad, Asprilla les transportaba desde las costas colombianas hasta las mexicanas a los grandes capos del norte del Valle como Víctor Patiño, Chupeta, Carlos Alberto Rentería, *Beto*; Luis Alfredo Guzmán, *Maracuyá*; Miguel Solano, *Miguelito*; Fernando Henao, *Arcángel Henao El Mocho*; Diego Montoya y un innumerable etc..., etc.

Es forzoso reconocer que el Negro Asprilla tenía razón en un punto: las prisiones en Colombia sirven para centralizar y facilitar las sociedades non sanctas e ilícitas entre los grandes capos de la droga.

9

Fuera de circulación

La guerra estaba más que declarada y los bandos plenamente identificados: a un lado, Los Pachos, apoyados por debajo de la mesa por los hermanos Rodríguez, que suministraban apoyo financiero y de inteligencia. En el otro lado, el Norte del Valle en pleno, con sus facciones activas para el combate.

El eje operativo y cabeza del ala militar era Richard Martínez, aguerrido y valiente delincuente fiel a los mandatos de Varela, jefe máximo de la ofensiva del norte del Valle. Los Pachos tenían muy claro el organigrama y el modus operandi de Varela y sus labores de inteligencia no eran nada despreciables porque también chuzaban teléfonos, interceptaban radios e infiltraban y volteaban a algunos de los hombres más cercanos al mando superior del cartel del Norte.

A mediados de junio de 1999, cuando estaba acuartelado en alguna de las fincas de los capos del Norte del Valle entre Buga y Roldanillo, Martínez recibió una llamada de Varela, que lo necesitaba para una misión importante. La conversación fue interceptada, pero Los Pachos necesitaban confirmar los datos.

La esposa de uno de los escoltas de Martínez era pariente de un mando medio de Los Pachos, que aprovecharon esa cercanía para convertirla en informante a cambio de una jugosa cantidad de billetes de 100 dólares que le entregaron en una caja de cartón. La mujer se comprometió a dar un reporte puntual y detallado de los movimientos de Martínez.

Una vez le hicieron escuchar la conversación de la supuesta cita en Cali, la informante reveló que Martínez se dirigía al barrio Siloé a bordo de un automóvil Mazda Matsuri blanco con blindaje 3 y que iba acompañado por tres de sus escoltas, que sólo portaban armas calibre 9 milímetros y fusiles cortos de asalto M-P5.

Tal como dijo la informante, el carro entró a Siloé cuando de repente aparecieron dos carros y tomaron posición a lado y lado del Matsuri blanco. Martínez iba en el puesto de adelante contiguo al conductor. Los cañones de los fusiles AK-47, y R-15 asomaron simultáneamente por las ventanillas y los primeros impactos destruyeron el endeble blindaje del Matsuri. No obstante, la cercanía de los disparos disminuía la efectividad del ataque porque la bala de fusil necesita distancia para cobrar mayor velocidad y capacidad de destrucción.

Martínez y sus escoltas repelieron el ataque como pudieron. Uno de los carros de los atacantes perdió el control y chocó y en ese instante el experimentado conductor de Martínez tomó la delantera y huyó del lugar. El saldo del ataque fue de dos heridos de gravedad, entre ellos Richard Martínez y un escolta muerto en el puesto de atrás. El chofer recibió una esquirla en el pie derecho.

Una vez dejaron atrás a sus atacantes, el conductor de Martínez logró llegar a la Clínica de Occidente, desde donde le reportaron la novedad a Varela, quien de inmediato montó un cordón de seguridad con lo más granado de su ejército privado. La clínica se convirtió desde ese momento en una fortaleza impenetrable.

Martínez permaneció durante dos días en el centro asistencial hasta que una caravana de carros blindados salió rumbo a un lugar desconocido del norte del Valle. Sin embargo, él salió horas más tarde en un automóvil Mazda Milleniun blindado con destino a una casa en el barrio Granada de Cali donde lo esperaban tres de sus escoltas y su familia.

Allí se mantuvo oculto por una semana mientras sus enemigos lo buscaban en alguna finca del norte del Valle. Martínez seguía en Cali al frente del cañón, recopilando información sobre sus agresores y planeando el contraataque. Desde allí llamó a La Flor a Miami.

—¿Qué hubo, Richard, qué le pasó? —indagó La Flor, que ya estaba enterado del ataque.

—Patroncito, esos hijueputas de Los Pachos me cogieron descuidado y me desplumaron. Pero todo bien, patroncito, ya estoy mejor, me estoy recuperando y estoy ubicando a esos perros. Ahora sí van a ver lo que es bueno, les voy a levantar hasta la chimba; a todos esos malparidos les va a saber a mierda haberme tirado así —contestó Martínez, enfadado—. Esos hijueputas no tienen idea de dónde estoy. Los tengo más despistados que un putas, no se preocupe. Además, Varelita también está en la juega pa' arrancarles la chimba a esos hijueputas.

Pero Martínez no sabía que Los Pachos habían recibido datos de su informante sobre la ubicación exacta de la casa donde se recuperaba, acompañado de dos escoltas durante el día y seis más que llegaban en la noche para cuidar su sueño. Aún así, Los Pachos tenían que resolver un problema: las puertas y ventanas eran blindadas y por eso era necesaria una ayuda extra para garantizar el éxito de la operación.

Para resolver el impasse, el Secre, un conocido sicario al servicio de Pacho Herrera, convenció a la informante de participar en el ataque y le entregó un teléfono celular prepago que sólo sería usado para hacer una llamada de última hora.

Las manecillas del reloj marcaban el medio día. Martínez estaba en la vivienda con sus dos escoltas y en la calle esperaban los sicarios de Herrera, que vestían uniformes de la Policía y sólo les faltaba la llamada de la informante para atacar. La mujer cumplió su parte y llamó a su esposo, uno de los escoltas de Martínez.

—Anota este número que es nuevo —dijo la informante. Lo importante es una razón del patrón. Varela mandó una gente de él para darle una información a Richard (Martínez) sobre el atentado. Son unos policías que están afuera en un carro rojo. Abriles rápido que están que se abren del parche.

El escolta miró por una ventana, vio los policías que se dirigían hacia la casa e inmediatamente abrió la puerta blindada que protegía la fortaleza. Tres uniformados ingresaron primero y el cuarto, que llevaba una 9 milímetros con silenciador, eliminó al escolta con un certero disparo en la frente.

Sin hacer ruido, los cuatro falsos policías coparon la planta baja de la vivienda y al final, en la última sala, encontraron a Martínez sentado frente al televisor, en pantaloneta y sin camisa. Aún tenía las gasas en el estómago que cubrían las heridas en proceso de cicatrización. Estaba desarmado y en su mano derecha maniobraba el control remoto del televisor. Su escolta, el único que quedaba, preparaba sánduches de pernil de cerdo.

Martínez y el hombre que lo acompañaba prácticamente no se dieron cuenta de nada. Fueron abatidos en cuestión de segundos. Cuando terminaron su tarea, los uniformados subieron a la segunda planta de la casa donde encontraron a la esposa de Martínez y a sus dos hijos, pero no los atacaron, sólo los amarraron y los encerraron en un baño.

Cuando la gente de Varela llegó a la escena del crimen recuperaron el teléfono celular que el escolta muerto en la entrada de la casa tenía en su mano. La última llamada era de un teléfono desconocido que a esas horas ya bajaba por las aguas del río Cali. No hubo rastro alguno… golpe perfecto.

Varela no sólo sintió pasos de animal grande sino que entendió que a él también lo podían infiltrar y traicionar y que él también tenía un Judas en sus filas. Por semanas se le notó bajo de moral y por primera vez contempló con alguna seriedad la posibilidad de viajar a Estados Unidos para negociar con las autoridades que lo perseguían y entregarles la información que había recopilado por años sobre los Rodríguez y los Herrera. La idea no era del todo mala. Pegar el brinco hacia Norteamérica era una opción que debía explorar más detenidamente.

10

Crossover o cambio de bando

Los frescos vientos de julio de 1999 traerían consigo nuevas y renovadoras opciones para algunos de los grandes capos porque una pequeña ventanita de esperanza se abría de nuevo. ¿Por qué de nuevo? Porque esa ventanita estuvo abierta anteriormente para la crema y nata de los principales carteles de Colombia. La lucecita que aparecía en ocasiones en el oscuro túnel de la narcoactividad era un secreto compartido única y exclusivamente en las primeras líneas de mando de los carteles: el *crossover* o cambio de bando definitivo.

La única diferencia era que antes era permitido para el top 5 del narcotráfico, pero no era un *crossover* total sino un doble espionaje selectivo y camuflado que gozaba de grandes comodidades y ventajas.

En julio de ese año tres grandes protagonistas del narcotráfico del Valle deambulaban plácidamente por las calles de South Beach, en Miami, bajo la mirada atónita y desconcertada de algunos de sus trabajadores, que por simple casualidad se encontraban con sus patrones en la entrada de una discoteca o de un restaurante de moda.

Mientras éstos hacían fila y se apiñaban frente a una cadena de terciopelo rojo a la espera de que el portero se apiadara de ellos y autorizara su entrada, sus jefes entraban raudos y veloces con sólo mencionar una palabra mágica: permiso, permiso, VIP.

—¿Oíste, ese no es Marroco? Ellos no pueden venir por acá, imposible —preguntó un caleñito a la entrada de una discoteca.

Esa misma pregunta se la hicieron cinco típicas exponentes del gremio, es decir, hermosas mujeres con pelo largo rubio con extensiones, pechos a reventar cubiertos con una diminuta camisa ombliguera, cintura de avispa y pantalón intravenoso o una microminifalda que dejaba claro que el *derrière* sólo podía ser fruto de cuatro horas diarias de gimnasio o de una corta sesión de 2.000 dólares con Angie, la gran maestra de la prótesis de silicona para las nalgas en Cali.

—Se parece, pero yo no creo. ¿Cómo va a estar ese man por acá? —respondió una de ellas, incrédula.

—Oí, marica, mirá a Miguelito; velo, velo —dijo otra.

—No, mija, ese no puede ser, imposible; sí se parece, pero no, imposible.

—Cómo que no, mirá. Sí, ahí va con su sombra, Chepe Puello.

—Huy, sí míralos. Qué calentón.

Pues sí. Eran nada más y nada menos que Édgar Marroquín, más conocido como *Marroco* o *Versace*, capo del ala financiera de Pacho Herrera, y Miguel Solano, gran capo del Norte del Valle y en su momento uno de los tres más grandes narcotraficantes del mundo, acompañado de José Manuel Puello, *Chepe Puello*, su inseparable gerente general de asuntos sin importancia.

Marroquín ya conocía las ventajas del *crossover* desde dos años atrás, cuando su gran amigo Juan Carlos Velasco, *Trompa de Marrano*, le reveló sus secretos para manejar a su favor el difícil sistema judicial americano. Marroco se reunió con agentes federales y después de resumir su pasado y hacer una gran lista de promesas, regresó a Colombia en calidad de *undercover* a abrir nuevas y promisorias rutas de narcotráfico con cuanto narco incauto se cruzara en su camino.

Claro, las rutas fracasaban en el último momento por algún detalle menor, pero ¿quién pondría en duda la palabra del gran Marroco? Nadie. Además, todo lo solucionaba de manera muy simple: "Tranquilo, mijitico, estuvimos de malas esta vez, pero así es el juego, unas veces se gana y otras se pierde. Desquitémonos, vamos con la segunda vuelta que esa sí la coronamos. Así hayamos perdido unos centavitos celebremos con estas indiecitas que le traje para que lo atiendan. Déjese atender, mijitico, tranquilo".

Durante dos años, de manera muy hábil, Marroco ganó indulgencias con avemarías ajenas. De un lado, era un exitoso *undercover* para la agencia americana y del otro manejaba sus verdaderas y exitosas rutas con su sanedrín.

Sin embargo, a finales de julio de 1999 las tensiones con el cartel del Norte del Valle eran crecientes por los rumores de que había infiltrados en las altas esferas de la organización. Nadie se explicaba los sucesivos fracasos. Por eso Marroco tomó la decisión de radicarse en Miami. Años después viajó a Venezuela a continuar con su exitoso *crossover*, pero fue descubierto y ejecutado a balazos por el ala sicarial del cartel del Norte.

Mientras tanto, Wílber Varela y Luis Alfonso Ocampo, *Tocayo*, hermano medio de Víctor Patiño, decidieron darse su paseíto por Miami. Desde hacía más de tres años, Varela y Tocayo les hacían contrainteligencia a los hermanos Rodríguez, sus archienemigos y como producto de ello habían acumulado cajas y cajas de casetes y videos.

Como en el mundo de la narcoactividad todo se sabe, muy pronto entraron en escena el abogado colombiano Horacio Luna, de quien decían era muy cercano a Varela, y el agente del servicio de aduanas Edward Kaserosky, quienes se enteraron de que el cartel del Norte podría tener pruebas de que los hermanos Rodríguez continuaban delinquiendo desde la cárcel. Y lo más importante: que lo hacían desde diciembre de 1997 y por lo tanto podrían ser extraditados.

Luna convenció a Varela de que esa sería la mejor arma contra los viejitos Rodríguez para precipitar su extradición. Una vez organizados los detalles con Kaserosky, Varela y Tocayo volaron desde Venezuela a Miami, donde los esperaban agentes especiales que les facilitaron el ingreso a Estados Unidos.

Sin embargo, fue imposible mantener en secreto la visita de tan refinados personajes porque las demás agencias federales reclamaron hablar con Varela y Tocayo para sacarles información. Para Kaserosky, los dos mafiosos colombianos eran narcos de poca monta que según sus investigaciones nunca habían enviado a Estados Unidos más de 50 kilos de cocaína.

Algo muy distinto pensaban la DEA y el FBI, que conocían a la perfección sus andanzas en el tráfico de drogas y la estela de muerte que habían dejado a su paso en las entrañas del cartel. Los organismos de inteligencia americanos querían exprimir a Varela y a Tocayo para sepultarlos luego en una prisión de muy alta seguridad. Sin embargo, Kaserosky conoció a tiempo las intenciones de sus colegas y debió hacer uso de todo su poder para respetar la inmunidad que les había conseguido a sus honorables huéspedes.

Presionado, Kaserosky no tuvo otra opción que decirles a Varela y a Tocayo que tenían 24 horas para salir de Miami y que a partir de ese momento ya no podía responder por su seguridad. El agente de aduanas fue leal y aunque no pudo recibirles la evidencia porque se trataba de un procedimiento ilegal, sí obtuvo la información necesaria para atacar de nuevo a los Rodríguez. Ya sabía dónde hurgar para cumplir el sueño de su vida: extraditar a los hermanos Rodríguez, como en efecto lo logró años después.

A Varela y a Tocayo el intento fallido de cooperar con el gobierno estadounidense les dejó en claro que si querían ver el *downtown* de Miami, tendrían que hacerlo desde una celda del Federal Detention Center, FDC, con uniforme anaranjado que encandila a cualquiera y tres tallas más que las camisas Versace que solían vestir en Cali. Sin opción alguna regresaron a Colombia vía Buenos Aires y juraron que en adelante el que lograra conseguir lo que ellos no pudieron se convertiría en su enemigo a muerte.

De otro lado, Miguel Solano y su gran amigo Chepe Puello encontraron un camino diferente para acceder a South Beach. Lo hicieron de la mano de un regordete y retorcido investigador cubano-americano que les explicó su versión *light* de cómo podía ser su *crossover*.

"Únicamente —les dijo— hay que reconocer uno que otro cargamento, decir que pertenecieron a un grupito independiente de narcos, que hacían sus propias vueltecitas de 200 y 300 kilos, que nunca se metieron en guerras y que no conocían a nadie realmente importante". Y les aclaró: "Eso sí, dos o tres veces al año tumban una vueltecita grande de un enemigo y le dan dedo a quien no sea su amigo. Así quedan bien con la agencia y pueden vivir tranquilos en Estados Unidos sin que nadie los moleste".

Solano y Puello cumplieron las indicaciones y por un tiempo realmente breve gozaron de las mieles de la impunidad haciéndoles creer a las agencias americanas que eran narcos de quinta categoría arrepentidos de haber participado de ese sucio negocio.

Mientras se ufanaban de su desenfrenada libertad en Miami —apartamentos, casas, yates, rumba, licor y por supuesto mujeres —asistían a una que otra reunioncita de 2 a 5 de la tarde en el *headquarter* de la DEA en Doral, donde decían algunas mentiras para acabar con algún enemigo o competidor. En esas charlas elegían un objetivo a conveniencia.

Por ejemplo, Solano sabía que La Flor trabajaba con El Negro Asprilla y que acababa de coronar un barco en las costas de México con ocho toneladas de cocaína y que debía pagarle al Negro en México. Solano también estaba enterado de que la persona que debía recibir el dinero en México era La Flor y por eso calculó que era la oportunidad perfecta para sacar del camino a un elemento que en el futuro podría convertirse en una piedra en el zapato.

Así que a la vez que organizó la cita en Ciudad de México para entregarle el dinero a La Flor como contraprestación por el deber cumplido, Solano le reportó a la DEA que tenia información de una entrega de dinero en las calles del D.F. para pagar cuentas de narcotráfico.

La Flor delegó como emisario de la recepción del dinero a un amigo cercano y este a su vez envió a su amigo El Sardino. Pero el tiempo pasó y el emisario, preocupado porque El Sardino no aparecía, llamó a La Flor y le reportó la demora. Siguiendo instrucciones de La Flor, el emisario bajó del carro, dobló la esquina y vio que El Sardino caminaba hacia el automotor con varios desconocidos, que resultaron ser agentes federales. Afortunadamente, El Sardino no miró al emisario y este tampoco.

El sardino purga aún una condena de diez años por narcotráfico en la prisión de Almoloya de Juárez en México. El emisario compró boleto de avión de regreso a Colombia y Miguel Solano perdió la oportunidad de quitarse de encima a La Flor.

Miguelito continuó sus planes y más adelante convenció a su socio Fernando Henao, quien vivía en Colombia, de enfilar baterías contra La Flor. En poco tiempo y por cuenta de las cosas que ellos decían, La Flor se convirtió en el mayor narcotraficante del continente americano. La cúpula del Norte del Valle y los carteles mexicanos eran unos simples boy scouts al lado de la peligrosa y poderosa Flor.

Mientras La Flor se las arreglaba para sobrevivir en Miami, Solano regresó a Colombia y no tuvo que hacer mucho esfuerzo para convencer a Henao de las ventajas de su nueva vida.

Henao estaba cansado de la guerra en Colombia y aburrido de que la confrontación le tocara el bolsillo, un lugar sagrado al que sólo se debía acceder para guardar, no para sacar. Seguir vivo y ser el chacho de la película costaba mucho dinero y por eso Henao consideró que la propuesta de Solano era perfecta: brinco a Miami y adiós guerra, adiós Iván Urdinola, adiós familia Herrera, adiós Varela y adiós aportes económicos. Playa, rumba y sol. Nueva vida.

No contentos con haber logrado beneficiarse de la versión *light* del *crossover*, Solano, Henao y Puello no dejaron su gusto insaciable por el dinero y de vez en cuando organizaban una que otra vuelta a México sin levantar muchas sospechas. Pero ahí fue Troya porque las huellas de sus actos aflorarían en breve y como si fuera poco en su contra jugaría la estampida de narcos que Baruch Vega atrajo a Estados Unidos con su versión Hollywood del *crossover*.

La carrera criminal de estos tres jóvenes prospectos del narcotráfico terminó cuando los agentes federales les preguntaron a los amnistiados de Vega por los nombres de los seis narcotraficantes más grandes del mundo

—Rasguño, Diego Montoya, Miguelito Solano, Varela, Chupeta, Fernandito —respondieron sin titubear.

—¿Cómo? ¿Cuál Miguelito, cuál Fernandito? —indagaron los federales.

Cuando confirmaron que entre los seis narcotraficantes más importantes estaban Migue Solano y Fernando Henao, a quienes ellos habían acogido en Estados Unidos, los investigadores no tuvieron otro remedio que reconocer que los habían engañado.

Esa es una ofensa que el FBI no perdona. Al terminar 2001, el FBI y la Fiscalía de Nueva York abrieron un nuevo proceso contra Fernando Henao, lo que desencadenó en su captura y la fuga de su socio y amigo Miguel Solano a Colombia. Puello también huyó. Pero así como en Norteamérica no los querían, en Colombia tampoco: Varela. Al poco tiempo, sus nombres aparecerían en los obituarios de las salas de velación de sus respectivas ciudades.

Al final, estos narcos del Valle no demostraron mucha habilidad para asimilar lo que implica pasar la línea entre un narcotraficante activo y un ex narco que coopera con las agencias americanas. Quienes entendieron mejor el fenómeno fueron los primeros capos de los carteles, que a la vez fueron pioneros de este *crossover*. Está muy equivocado quien piense que este tipo de cooperación es nuevo. Básicamente demuestra el desconocimiento de la historia del narcomundo.

Desde los años ochenta las estructuras de Rodríguez Gacha, Escobar, los hermanos Rodríguez y Pacho Herrera fueron víctimas silenciosas de hombres que luego de su arresto han sido liberados única y exclusivamente con la tarea de infiltrar y desmantelar estas organizaciones. Lo que pasaba en esas épocas era que los agentes federales protegían y cuidaban al máximo al infiltrado para no dejarlo en evidencia y evitar futuras venganzas colectivas.

Con el paso del tiempo y con el incremento notable de este tipo de reinsertados de las mafias, las agencias federales se han descuidado y no se preocupan por ocultar la identidad de sus informantes. Son tantos que no importa quemar uno que otro y permitir que la selección natural en los carteles haga su trabajo y que sobreviva el más fuerte.

Sin embargo, en los años noventa, con el inicio de la guerra contra Pablo Escobar, la conformación de los Pepes y las alianzas non sanctas entre narcos del Valle y Medellín con agentes de la DEA y el FBI, entró en escena el agente doble, una categoría que sólo estaba reservada para jefes-jefes, el *top ten* del narcotráfico.

Es así como cada uno de ellos utilizaba de manera directa o indirecta los contactos que había conseguido en la guerra con Escobar para lesionar al enemigo. Para no ir muy lejos, el maestro de maestros en este arte era el coronel Danilo González, miembro importante del Bloque de Búsqueda en la guerra contra Pablo Escobar y con buenos amigos y contactos claves en las agencias norteamericanas. González se hizo célebre porque utilizó sin escrúpulo alguno sus contactos para aliarse con el cartel del Norte del Valle y acabar con el cartel de Cali.

Un ejemplo de este secreto a voces en el *top ten* del narcotráfico eran las relaciones entre Efraín Hernández y las agencias estadounidenses con la bendición de Danilo González. Don Efra tenía información privilegiada y por ello sus rutas personales eran exitosas, a la vez que destruía fácilmente las de sus enemigos.

El brillante manejo que Don Efra les daba a sus relaciones internacionales sería la causa principal de su muerte porque cada vez era más evidente su ventaja sobre Orlando Henao en el aspecto financiero. Cualquier elemento que atentara contra la estabilidad de su poder como cabeza del Norte del Valle era una amenaza. Henao quería ser él y sólo él en la cúpula del Norte del Valle.

Henao consideró que Don Efra debía salir de circulación y por eso optó por capitalizar a su favor las conexiones que lo enriquecían desmesuradamente. Si alguien trataba de oponerse a su eliminación, qué mejor explicación que una sospecha de vínculos con las autoridades americanas.

Como caído del cielo apareció en ese momento Fernando Cifuentes y sus crisis de esquizofrenia y sus problemas de identidad. Cifuentes no tenía valor para atentar contra su mentor; necesitaba el apoyo y la seguridad que le brindaba Orlando Henao para asesinar a Don Efra, y lo hizo. Nunca contó con que Henao lo ejecutaría pocas horas después para no levantar sospechas y quedar como un héroe y único dueño del botín de Efraín Hernández.

Otro que gozó y aún goza de su cuarto de hora es Jorge Cifuentes, el encargado de las operaciones en México del grupo de Don Efra. Aún así, surgieron ciertos problemas cuando uno de sus trabajadores se convirtió en el más buscado por el FBI. Se trataba de Julio César Correa, *Julio Fierro*, considerado en 1995 como uno de los fugitivos más buscados por las autoridades estadounidenses.

Pese a que el caso de Fierro era muy sonado, Don Efra y Jorge Cifuentes lo autorizaron a acercarse a Baruch Vega —conocido en la mafia como *El Fotógrafo* y reconocido intermediario de este tipo de negociaciones —para que solucionara sus problemas con la justicia americana.

Fierro cumplía su parte en el trato, pero la muerte de Don Efra y el retiro voluntario de Cifuentes del mundo del narcotráfico y su pronta metamorfosis en un exitoso inversionista mexicano, hicieron que empezara a comportarse como una rueda suelta.

Hábil como era, Fierro no tardó en degenerar el *crossover* porque en el mundo de la narcoactividad se sabía que en 1996 era el cuarto entre los diez delincuentes más buscados del planeta. Ese puesto fue superado años más tarde por Osama Bin Laden y Diego Montoya, primero y segundo, respectivamente, en las listas del FBI, lo que demuestra el gran espíritu de superación de nuestra raza.

11

El cartel de los sapos

En 1998, Julio Fierro se paseaba orondo por los lugares más exclusivos de Miami, acompañado de bellas modelos y en especial de su famosa esposa Natalia París, la más reconocida modelo colombiana de esa época. Ambos sucumbieron a la tentación del jet set de South Beach y muy pronto el cerrado mundo del narcotráfico empezó a preguntarse cómo era que Fierro salía con Natalia en Colombia y Estados Unidos.

Fierro no era muy brillante y sus explicaciones dejaban mucho qué desear. ¿Es un sapo?, se preguntaban con insistencia en Miami. En realidad Fierro desacreditó el acuerdo que suscribió con los federales y violó el sagrado principio de la discreción. Por eso cometió el grave error de comentar su situación personal e invitar a la peor ralea de los carteles a participar en las negociaciones.

Raúl Castro, *Jimmy Aloha*, y Nicolás Bergonzoli, *Gato Negro*, no dudaron en ingresar a la pequeña cofradía secreta y con ello se perdió el misterio que debía rodear el asunto. De un momento a otro, más narcotraficantes conocían la verdad del acuerdo. Y para rematar, Bergonzoli y Fierro sacaron provecho de las negociaciones, manipularon a Baruch Vega y empezaron a venderles franquicias y amnistías a los criminales.

Entre 1997 y 1998 cambiaban perdones por sumas que oscilaban entre cuatro y diez millones de dólares por narco. Más tarde, a finales de 1999, luego de la Operación Milenio en la que cayó Fabio Ochoa Vásquez, Bergonzoli y Fierro hicieron su agosto porque vendieron perdones por docenas en Panamá y convirtieron el original, exclusivo y elegante *crossover* en un bazar que la prensa bautizó como el cartel de los sapos.

Mientras tanto, en Colombia los vientos de guerra habían vuelto a aparecer y nada hacia pensar que la tormenta amainaría. Por el contrario. El intento fallido del *crossover* de Varela y Tocayo acentuó más las diferencias y la guerra total parecía la única salida. Fernando Henao y Miguel Solano habían logrado colarse en el sistema americano con su versión *light* del asunto, pero Varela y Tocayo debían resignarse a mantener su poderío a sangre y fuego.

La arremetida contra el clan Herrera comenzó a producir frutos pese a que Rasguño, Víctor Patiño, Diego Montoya y Juan Carlos Ramírez, *Chupeta*, se apartaron de la confrontación y dejaron sólo a Varela. Sin embargo, este contó con el apoyo de Tocayo y a última hora se sumó a la causa el coronel Danilo González, quien terminaría por ladear la balanza.

El 21 de septiembre de 1999, Álvaro Herrera, hermano menor de Hélmer *Pacho* Herrera, fue asesinado en un falso retén de la Policía. De nada sirvió la discreta camioneta pick up blindaje 5 porque Herrera atendió la orden de pare, quitó el seguro, abrió la puerta y acto seguido fue baleado de manera inclemente.

El segundo golpe contra Los Pachos ocurrió muy pronto. A comienzos de octubre de 1999 el abogado Vladimir Illich Mosquera, *Don Vla*, jugaba en los dos bandos porque no sólo les hacía pensar a los Herrera que era su defensor y testaferro, sino que le hacía sentir a Varela que podría ser su aliado en la lucha contra los Herrera.

Mosquera se desplazaba por Cali sin escoltas, convencido de que era necesario para los dos bandos y que ninguno de los dos lo tocaría. Pero nunca sospechó que Varela se las arreglaría para localizar a José Fernando Lopera, otro de los abogados del clan Herrera, a quien le sacaría dos datos valiosos: el primero, que los Herrera ya no confiaban en Mosquera y, el segundo, que Mosquera no era depositario de todos los secretos de los Herrera y por lo tanto ya no era útil para Varela. Lopera confesó que él y no Mosquera tenía en su poder la base de datos de buena parte de las propiedades de sus enemigos.

Varela confirmó la información y se aseguró de que en efecto Lopera era su llave al botín de escrituras, bonos y cuentas en el exterior de los Herrera. Sólo en ese momento tomó la decisión de cumplir un deseo reprimido hacía mucho tiempo: eliminar al prepotente Vladimir Mosquera. Para cumplir su propósito, Varela le pidió a Lopera que le ayudara a localizar a Mosquera.

—Doctor, ¿cómo está?, soy yo, José Fernando —dijo Lopera luego de sacar un celular de su maletín ejecutivo.

—Sí, mijo, ¿cómo anda? —respondió Mosquera en su conocido acento grave.

—Don Vla, es que necesito contarle una cosita personalmente. ¿Dónde está?

—Estoy en el restaurante Los Girasoles; iba a almorzar. Si quiere lo espero.

—Sí, señor, en 15 minutos le caigo allá.

Mosquera hizo una pausa y pidió un whisky para esperar a Lopera, pero quien llegó al lugar fue Carlos Calle, *Combatiente*, que no tuvo inconveniente en descargar el proveedor de su pistola Sig Sauer sobre la humanidad del indefenso abogado.

Como era de esperarse, los Herrera dedujeron que Lopera era el traidor porque sólo él y Mosquera conocían sus secretos. Dos días después de la muerte de Mosquera, los sicarios de los Herrera eliminaron a Lopera, que de todas maneras estaba sentenciado por Varela, quien les dijo a sus colaboradores que de todas maneras lo habría mandado matar porque no confiaba en él. "Si vendió a sus patrones igual nos habría vendido a nosotros en la primera curva", comentó el capo por aquellos días.

Mientras tanto, en Bogotá, el coronel Danilo González aprovechó el ruido producido por la Operación Milenio, en la que fueron capturados 31 extraditables, para golpear de nuevo a los Herrera. Era la segunda semana de octubre de 1999.

La idea era secuestrar a William Herrera, el segundo del clan y para ello fueron utilizados falsos policías que lo siguieron con la intención de detenerlo en un retén, como habían hecho con Álvaro. Sin embargo, William sospechó, aceleró su automóvil blindado y llamó por celular a su casa para que le abrieran la puerta del garaje.

La vivienda está situada en un barrio común y corriente de Bogotá y su fachada daba una apariencia normal. Pocos minutos después de entrar a la casa, llegaron los falsos policías, que no tardaron en descubrir que estaban ante una verdadera fortaleza.

Herrera sabía que las puertas y vidrios blindados no aguantarían más y por ello llamó a la Policía real para anunciarle que alguien trataba de matarlo. La telefonista del 911 le aseguró que enviaría ayuda inmediata. No conforme, Herrera se comunicó con varios medios de comunicación.

Los atacantes, que estaban a punto de derribar los vidrios blindados de la casa donde estaba refugiado Herrera, se vieron forzados a huir por el arribo de un teniente y ocho agentes que llegaron después de oír el reporte de la radio policial. Poco después llegaron algunos periodistas y Herrera aprovechó para entregarse al teniente Villamizar, que al cabo de varias horas de inspección encontró una sofisticada caleta con cinco millones de dólares en efectivo.

Finalmente, William Herrera sobrevivió al atentado y fue procesado en la Fiscalía por enriquecimiento ilícito. Al mismo tiempo, el teniente Villamizar fue llamado a calificar servicios.

Seis meses después, Villamizar cayó en el aeropuerto de Miami con un kilogramo de heroína que le entregó un amigo que lo convenció de usar su fuero de policía para engañar a los agentes de aduanas. Sin esperanza alguna y ante la posibilidad de enfrentar una sentencia de 10 a 15 años de prisión, el oficial aceptó reunirse con un agente de la DEA dispuesto a escuchar su historia en la policía colombiana.

Sus rezos debieron ser escuchados porque pocos días después llegó a su celda, la número 16 del centro de detención federal de Miami, un sobre de manila de la Corte Federal que contenía una aplicación de solicitud de ingreso al cartel de los sapos.

Por meses, la guerra pareció amainar y las cabezas visibles de los carteles en contienda optaron por una discreta retirada. Por unos meses, porque en los primeros días de septiembre de 2000 Varela recibió informes de sus contactos en la Guardia Nacional de Venezuela en el sentido de que William Herrera, que había recobrado su libertad tras el fallido atentado de octubre de 1999, se escondía en Caracas con un pasaporte falso.

De inmediato, Varela envió a Caracas a Jorge Botero, *Fofe*, con su banda de perros rabiosos para confirmar que en efecto Herrera estaba allí. El 6 de septiembre los oficiales venezolanos llevaron a los sicarios de Varela hasta el edificio donde Herrera vivía desde julio anterior.

En los siguientes días, Fofe siguió a su víctima para identificarlo plenamente porque se había pintado el pelo, usaba barba y lentes oscuros. El 9, después de confirmar que en efecto era William Herrera, los asesinos esperaron que este ingresara al edificio y lo siguieron hasta el parqueadero, donde fue abordado violentamente. Pero no lo mataron ahí mismo porque Varela necesitaba mucha información de él. El sorprendido Herrera fue subido hasta su apartamento y luego de abrir la puerta con sus llaves, encontraron a su esposa, que estaba acostada en pijama en la cama.

Tras los golpes de costumbre, las amenazas de rigor y uno que otro irrespeto con la señora, Herrera reveló la existencia de una caleta con seis millones de dólares. Acto seguido Fofe y sus hombres llevaron a Herrera y a su esposa a otro lugar en Caracas para interrogarlos. Una vez allí, los golpes, la bolsa en la cara, la toalla húmeda y demás oprobios, hicieron que Herrera contara con lujo de detalles los nombres de sus aliados en la guerra, sus caletas, sus abogados, sus testaferros, sus bandidos... En fin, lo que en la mafia se conoce como un botín de guerra.

Pero la tarea no había terminado y lo peor estaba por venir. Fofe sintió que a Herrera le faltaba algo por contar y para presionarlo autorizó a sus secuaces a violar a su esposa. El indefenso Herrera accedió a contar sus más recónditos secretos. Una vez saciada su curiosidad, Fofe degolló a la joven mujer y luego a Herrera, cuya cabeza fue introducida en una moderna nevera portátil para llevarla hasta Cali para probarles a sus patrones el éxito de su operación.

Dos días después, el 11 de septiembre, Fofe llegó a una finca en Yotoco, cerca a Cali, donde estaban Chupeta, Tocayo, Varela y Arcángel Henao, la plana mayor del cartel del Norte y con gran parsimonia abrió la nevera y exhibió su trofeo de guerra. Chupeta miró hacia otro lado, Henao se retiró del salón y Varela y Tocayo se acercaron con curiosidad para confirmar que su archienemigo estaba muerto.

—Viéndolo bien, este perro no parece tan bravo como decía —dijo Varela en tono socarrón.

Después de recibir el reconocimiento de sus patrones, Fofe se dirigió al centro comercial Pasoancho donde se encontró con el ex teniente Jorge Rodríguez, *El Mono* o *Cincuenta*, y le contó su proeza en Venezuela.

Rodríguez tampoco se había quedado quieto en ausencia de Fofe. Según relató, su amigo Juan Carlos Castaño, *El Engendro*, conocía a Andrés González, un hombre común y corriente ennoviado con una abogada llamada Sandra Fúquene Torres, quien trabajaba para Los Pachos y ya estaba enterada de que su jefe William Herrera había sido asesinado.

Lo interesante del dato era que la abogada tenía en su poder cientos de escrituras de propiedades del clan Herrera y estaba muy asustada porque no sabía qué hacer en adelante. Según Rodríguez, el novio de la abogada y El Engendro ya le habían aconsejado pasarse al bando de Varela antes de que este la localizara. Sin embargo, la abogada Fúquene empezó a dudar de la propuesta porque el sucesor de Herrera era El Secre, que seguramente la iba a buscar.

La presión de su novio Andrés y su cercanía con El Engendro prevaleció y muy pronto la abogada les entregó la lista de propiedades, varios álbumes con fotos y los nombres de algunos abogados y testaferros. Con el trofeo de los Herrera en sus manos, González y El Engendro se dirigieron raudos a la oficina del ex teniente Rodríguez en una compraventa de carros en la avenida Vásquez Cobo de Cali, administrada de tiempo atrás por el famoso viejito Amado.

Después de evaluar los documentos recibidos de la abogada, Rodríguez recibió instrucciones de Tocayo para dirigirse a la cancha de fútbol del municipio de Yumbo donde lo esperarían Platanote, La Guala y El Chamo. Allí compartieron los datos y acordaron una nueva reunión a finales de septiembre para organizar una nueva ofensiva contra Los Pachos. El encuentro se produjo y a él acudieron representantes de las tres cabezas del cartel del Norte: el teniente, por Chupeta; Platanote por Tocayo y Fofe por Varela.

Octubre fue funesto para el clan de Los Pachos porque gran parte de sus abogados, testaferros y principales gatilleros cayeron abatidos en todo el país. Además, en las dos semanas siguientes perdieron más de 2.000 escrituras de propiedades. En medio de la repartición, el teniente Rodríguez llamó a Chupeta para entregarle su parte pero este se negó y los autorizó a que se repartieran todo entre ellos.

El mochito Arcángel Henao sí pidió su porción y para cobrarla envió a la oficina del teniente a Tortuga, su empleado de confianza, con 150 millones de pesos en efectivo. A cambio recibió tres cajas de cartón repletas de escrituras y títulos valores, todos ellos del clan de los Herrera.

Entre tanto, El Secre decidió apersonarse de la situación y ver con sus propios ojos qué pasaba en Cali. En la primera semana de noviembre ingresó a la ciudad en una caravana de nueve camionetas Toyota Prado blindadas. El teniente Rodríguez se enteró de inmediato y les dio la orden a sus aliados de salir a la calle para enfrentarlo y darlo de baja.

La caravana de El Secre fue interceptada por un retén en la avenida Tercera frente al supermercado Ley del Norte, pero los uniformados los dejaron pasar después de recibir una buena tajada. La gente de Chupeta llegó tarde y las camionetas se esfumaron en la bulliciosa noche pachanguera de Cali. Aún así, El Secre tampoco logró muchas cosas. El golpe del cartel del Norte estaba dado y no pudo recuperar mayor cosa de lo que se había perdido. A El Secre sólo le quedaba la satisfacción de cazar a algunos de los traidores.

El primero en sucumbir fue El Engendro. Fue el 14 de diciembre de 2002, cuando salía del garaje de su apartamento en el edificio Sol del Oeste del barrio Santa Rita. Hizo la parada obligada para entrar a la calle, miró a la izquierda, luego a la derecha y comprobó que no venía ningún auto en la vía para tomar su camino. Pero cuando giró nuevamente sobre la izquierda y levantó el pie derecho del pedal del freno, vio de repente el cañón de una pistola. Instintivamente volteó la cara hacia la derecha y vio a otro hombre que le apuntaba a la frente. Luego las detonaciones.

El segundo en caer fue el viejo Amado, el encargado de la compraventa de la avenida Vásquez Cobo. Sólo tres semanas después del entierro de El Engendro, dos jóvenes bien vestidos, con acento de otra ciudad, se presentaron en el negocio y después de mirar varios vehículos se inclinaron por un Mercedes Benz CLK 430, convertible. Luego de preguntar por el precio y discutir la forma de pago, los compradores requirieron la presencia de Amado, quien llegó raudo después de dejar servida una taza de café.

Amado se acercó, dio su nombre con amabilidad y se puso a la orden de los dos clientes, que preguntaron detalles de la cojinería del vehículo. El viejito, desprevenido, dio la espalda, abrió una de las puertas y empezó a explicar las ventajas del cuero negro. Sobre ese mismo cuero negro, don Amado encontró la muerte. Los asesinos abordaron un carro que los esperaba en frente y los demás empleados de la compraventa huyeron presurosos del lugar.

La última víctima de esta tanda fue Andrés González, cuyo homicidio se produjo dos años después, en agosto de 2004. Este hombre llegó a pensar que El Secre se había olvidado de él porque tras la muerte de El Engendro y del viejo Amado había escapado a España con Sandra Fúquene, la abogada. Pasaron cerca de dos años y después de derrochar dinero sin límite empezó a hacer algunos viajes esporádicos a Cali bajo la protección de su nuevo padrino, el teniente Rodríguez.

En marzo de 2004, Rodríguez murió en extrañas circunstancias en Medellín, pero a González no le pareció que el fallecimiento tuviera que ver con la guerra de los carteles. Por eso se tomó confianza y sus viajes desde Madrid se hicieron muy frecuentes. En más de una ocasión la abogada se mostró cautelosa y retrechera y decía con insistencia: "Por allá no se me ha perdido nada. A Cali no vuelvo ni a deshacer los pasos. El Secre aún no me olvida".

Tenía razón. El Secre aún no la olvidaba, como tampoco a González, a quien calificaba como un traidor. Hasta que ese agosto de 2004, cuando la llamó en el instante en que salía de una compraventa de carros en el barrio Alameda para anunciarle su pronto regreso a España.

Después de colgar, a González lo inquietaron los ocupantes del carro de al lado que lo miraron varias veces y dieron la sensación de que hablaban por radio. Se tranquilizó un poco porque se detuvieron en la luz roja del semáforo y ni siquiera lo miraron. Falsa alarma, pensó. La luz cambió a verde, pero notó que el carro de adelante no se movía como tampoco los hombres que le habían parecido sospechosos. Tocó la bocina y de repente bajaron dos hombres con fusiles AK-47. Instintivamente miró al lado y observó que los ocupantes del vehículo de al lado lo miraban con el radio en la mano y una sonrisa de satisfacción que más bien parecía una despedida. Acorralado, hundió su cabeza entre los brazos tratando de protegerse. Pero ya la suerte estaba echada.

La abogada que traicionó a Los Pachos aún deambula errante por pueblos y ciudades de España. El pánico no la deja permanecer más de un mes en una ciudad y siempre tiene la extraña sensación de que la siguen. Aún está con vida, pero llora cuando escucha Cali Pachanguero, su canción preferida.

12

Carta de presentación

La Operación Milenio partió en dos la historia del narcotráfico pues mostró la vulnerabilidad de los narcos colombianos. Nada sería igual al interior del mundo de la narcoactividad después de ese 13 de octubre de 1999.

Otro tipo de consecuencias se desprendieron de esta operación, que planteó dos escenarios simultáneos: el primero, con 32 detenidos en Cali, Medellín, Bogotá y México, de los cuales 30 fueron recluidos en los estrechos e incómodos calabozos de la Dijin en Bogotá y dos más en la prisión de Almoloya de Juárez, en México.

El segundo, nueve fugitivos que evadieron la justicia. Unos se escondieron cerca a Medellín y otros en la frontera entre México y Estados Unidos. Los detenidos y los prófugos tenían algo en común: de una u otra manera todos habían participado en alguna actividad relacionada con el narcotráfico. Ninguno lo podía negar. Pero tampoco eran, como decían las autoridades, los grandes barones de la droga que despachaban mensualmente 30 toneladas de cocaína hacia Estados Unidos.

Entre todos los comprometidos en la operación no había más de ocho personas de real importancia en el narcotráfico; los demás se podían catalogar, por su bajo perfil, como miembros del cartel de los Tintos Fríos. No hay duda de que el informante que dio origen a los seguimientos, así como la cúpula de la Policía de aquel entonces, sobredimensionaron la importancia de los capturados.

Una vez terminó la Operación Milenio los narcos se preguntaban: ¿Por qué en ese momento no se adelantó algún operativo hacia Chupeta, Víctor Patiño, Arcángel Henao o cualquiera de sus hermanitos? ¿Por qué nadie se fue contra Rasguño, Miguel Solano o Diego Montoya? ¿Será que nunca tuvieron en la mira al más escurridizo de todos: Wílber Varela? Ellos sí eran los verdaderos capos que enviaban 30 y más toneladas al mes hacia las costas mexicanas, con destino final Estados Unidos. A todos los protegía el cartel de los Diablos, como en ese momento el grupo HIDTA (Highy Intensity Drugs Trafic Area) adscrito a la DEA en Miami, catalogaba a ex miembros de la Policía Nacional, liderados por el coronel retirado Danilo González, que habían dejado el uniforme para irse a trabajar al lado de quienes antes perseguían.

Aprovechando que los oficiales de la Dijin pusieron micrófonos en su celda, los detenidos comenzaron a lanzar comentarios venenosos, a sabiendas de que éstos llegarían a oídos del ex coronel González. En ellos despotricaban de todo el mundo y en especial del ex oficial o sus amigos del cartel. A algunos como Víctor Patiño lo asociaban sentimentalmente con la ex reina Lady Noriega. Las conversaciones dentro de las celdas de la Dijin fueron demasiado ofensivas y al parecer a los presos se les fue la mano en su intención de irritar al ex coronel González, quien les dejó ver su irritación: en la última semana de octubre de 1999, sicarios asesinaron en la carrera 15 con calle 85 al norte de Bogotá a Diego Cuadros, *Luigi*.

El mensaje para los detenidos era claro: si persistían con sus comentarios venenosos empezarían a caer uno a uno los narcos que habían escapado a la Operación Milenio.

Algunos medios de información publicaron que González había pasado de cazador a cazado y que ahora era *target* del grupo 43 de la DEA en Miami, encabezado por David Tinsley y su agente estrella Larry Castillo, quienes llevaban un buen tiempo recogiendo evidencia en contra del Cartel de los Diablos y en especial del coronel Danilo González.

La campana casi salva a González después de que a mediados de febrero de 2000 Tinsley y Castillo fueron suspendidos de sus cargos a raíz de una investigación interna por parte del FBI contra los miembros de la DEA por supuesta corrupción. No se puede negar que ellos sí la tenían clara y estaban muy cerca de conseguir su objetivo: demostrar los vínculos que por años han sostenido ciertos sectores de la Policía y el Ejército de Colombia con el cartel del Norte del Valle.

Esta convivencia y protección fueron la causa principal por la cual ese cartel tuvo el poder tan desmedido que hoy ostenta ante las autoridades colombianas y americanas.

Después de una ardua investigación interna de la agencia federal, llevada a cabo por el FBI con el apoyo de algunos informantes, los dos oficiales de la DEA fueron absueltos y al poco tiempo regresaron a su lugar de trabajo.

Sin embargo, esta historia aún no termina porque entre cielo y tierra nada queda oculto. El cartel del Norte del Valle ha comenzado a desmoronarse poco a poco y uno a uno los sobrevivientes han comenzado a desfilar por las cortes americanas. Aún es posible que a algún fiscal inquieto le dé por armar ese rompecabezas y cumpla el sueño de muchos de los narcotraficantes: ver a los corruptos que dejan mal el nombre de la institución con el uniforme de preso de una prisión americana.

13

La versión Hollywood del asunto

El escenario para los nueve fugitivos de la Operación Milenio era diferente. Su prioridad consistía en evadir los continuos cercos militares sobre sus zonas de influencia donde sus movimientos ya no eran desconocidos para las autoridades locales y americanas.

El grupo se abrió en desbandada y lo más seguro era andar solos, cada cual por su lado; finca acá, finca allá, movimientos en la noche, cero teléfonos, cambio de ciudad en tractomulas o en camiones de la leche, en fin, todo tipo de artimañas antinaturales e ilógicas para despistar al enemigo.

En uno de esto ires y venires, Julio Correa y Nicolás Bergonzoli, dos de los narcotraficantes del cartel de Medellín que fungían como los mejores exponentes del *crossover* versión Hollywood, descaradamente le enviaron un mensaje a tres de los fugitivos de la Operación Milenio, que ellos merodeaban de finca en finca, cerca de su hacienda en Montería, departamento de Córdoba. La invitación era sencilla: un almuerzo con sancocho de gallina y un mensaje que podría considerarse interesante, por decir lo menos. Julio era de toda la confianza de los fugitivos y no hubo problema para cumplir la cita en su hacienda el 19 de octubre, sólo seis días después de estar catalogados como fugitivos.

Una vez allí, luego de los saludos de rigor, llegó el momento de las confesiones y por ello Fierro y Bergonzoli terminaron confesando que de tiempo atrás habían solucionado sus problemas con la justicia americana a cambio de la entrega de entre seis y ocho millones de dólares y el compromiso de que el Tío Sam los dejaría a paz y salvo, sin récord, sin cárcel, sin cargos y, lo más importante, sin delatar a nadie y con la opción de vivir en Estados Unidos.

Eso era realmente una versión Hollywood de cómo solucionar todos los problemas. ¿Podía existir algo mejor que esa opción? Claro que no, única y exclusivamente por unos cuantos millones de dólares. Era una maravilla. Si querían aclarar alguna duda al respecto y concretar la negociación, podían hablar por teléfono con Baruch Vega, el mago artífice de toda esta propuesta.

Efectivamente la comunicación se hizo y luego de hablar unos minutos, Baruch invitó al grupo sin ningún tipo de compromiso a una reunión cara a cara en un país neutral, dejando claro que él no podía ir a Colombia.

Hubo dudas por parte del grupo de fugitivos, pero finalmente Julio y Nicolás se ofrecieron para viajar con ellos como garantes de que nada extraño, como un arresto, pudiera suceder. Las diferencias se zanjaron en un punto medio y Panamá fue elegido país neutral a donde sólo iría uno de los capos a negociar.

Así, el 20 de octubre de 1999, Fierro y Bergonzoli y El Médico, representante de los prófugos, viajaron a Ciudad de Panamá desde el aeropuerto de Barranquilla y se alojaron en el Hotel Miramar. Muy pronto arribaron Baruch Vega y su inseparable socio y amigo Román Suárez.

La reunión se realizó en la habitación de El Médico. Tras las presentaciones de rigor, Vega tomó la palabra.

—Señores, hay una comisión en Washington llamada la Blitz Commission, integrada por altos funcionarios de la DEA, FBI, CUSTOM, CIA, IRS, Secret Service, en fin, todas las agencias americanas, quienes estudian y analizan el perfil del narcotraficante propuesto y finalmente aprueban o niegan la incorporación de este al selecto grupo VIP. Una vez superado este paso, el cual ustedes han cumplido cabalmente, viene el contacto con las agencias, específicamente en el caso de ustedes, la DEA. Con ellos ustedes harán un exhaustivo resumen de sus actos delictivos relacionados con el tráfico de drogas, una especie de confesión personal de sus pecados que no tiene por qué involucrar a nadie que usted no quiera mencionar; lo más importante es que ustedes se comprometan a desmontar todas sus estructuras y rutas de narcotráfico o entregárselas con todo y la mercancía (cocaína) a sus agentes. De esta manera hacen suficientes méritos como para una rebaja sustancial de la pena ante una Corte americana. La tercera parte, contratar un abogado americano que se encargará de su representación ante la Corte, se entenderá con la Fiscalía y lo llevará ante el juez; así que usted inmediatamente recibirá una fianza y saldrá nuevamente de la Corte para poder terminar el trabajo con sus agentes. Finalmente, al terminar todo este proceso, que puede durar uno o dos años, usted va nuevamente ante un juez y recibe una sentencia de tiempo servido. No toca la cárcel y puede venir a vivir con su familia a los Estados Unidos, con sus papeles legales, bajo protección del gobierno y con el dinerito que haya quedado, ya legalizado después de todo el proceso.

—Y ¿eso es todo? —preguntó El Médico.

—Bueno, hay un último detallito que tienen que conocer y es que no todo el mundo puede acceder a este club VIP porque es un poco costoso.

—¿Cómo así que costoso? —inquirió El Médico.

—Mira, la Blitz Commission financia causas secretas del gobierno americano que se realizan alrededor del mundo, como la lucha anticomunista, los Irán-contras, las milicias en Angola y los paramilitares en Colombia. Por lo tanto hay que pagar una tarifa para subvencionar en parte estos compromisos; por ejemplo Julio Fierro pagó seis millones por su ingreso y Nicolás ocho. La Blitz Commission hace un estudio de la capacidad de cada uno y estipula una tarifa, que para el caso de ustedes es de 12 millones por cada uno de los integrantes de su grupo y ocho millones por el hermano menor de Juan Gabriel Úsuga, por Gustavo Úsuga, para un total de 56 millones —respondió Vega.

—Pero, Baruch, Gustavo no tiene nada qué ver con esto —interrumpió El Médico al tiempo que Vega sacó su computadora del maletín de mano, la puso sobre la mesa, la abrió, la encendió y lo primero que apareció en la pantalla del computador fue el águila del gobierno de Estados Unidos sobre fondo azul. Una imagen impactante. Luego metió el nombre de un integrante del grupo de fugitivos, presionó la tecla *enter* y apareció la lista completa de los familiares, allegados, colaboradores, amigos cercanos o no y en general toda la organización.

—Mire, Médico, tenemos todos los datos de inteligencia suficientes para judicializar a todos los integrantes de su familia y de su organización. Si no lo hacemos en una próxima y cercana operación Milenio II que viene en camino, es porque partimos de la base de que en esta reunión va a haber un entendimiento.

—Sí, Baruch, pero ese precio hay que negociarlo.

Después de una hora de argumentaciones de lado y lado y varias llamadas a un integrante de la supuesta Blitz Commission, hubo un acuerdo de palabra por 42 millones de dólares y un apretón de manos que sellaba el negocio.

—Baruch, en una semana comienzas a recibir el dinero, no te preocupes, el negocio es por el grupo completo y creo que queda claro que toda la familia queda blindada en el mejor sentido de la palabra —finalizó El Médico.

—¿Paso a seguir? —preguntó El Médico.

—¿Quieres conocer a los agentes de la DEA? —dijo Vega.

—Y ¿dónde están? —preguntó El Médico.

—En la habitación del lado —respondió Vega y de inmediato le pidió a Bergonzoli que llamara a los agentes estadounidenses.

—Médico, una última indicación y no la olvides. Conmigo tratas todo lo que es dinero de la Blitz Commission, con tu abogado tu proceso legal y con los agentes única y exclusivamente lo relacionado con tus rutas, cargamentos y desmantelamiento de la organización; además quiero que sepas que parte de ese dinero que nos vas a entregar será usado para ayudar en la construcción de algunos "positivos" para los agentes, pero ellos no tienen por qué enterarse; eso es entre nosotros y otra parte del dinero va a financiar la lucha que los paramilitares libran en Colombia contra la guerrilla, así que con ellos no hables de dinero, es mejor así. ¿Está bien? —resumió Vega.

—Ok, no hay ningún problema —asintió El Médico.

Minutos después entraron tres personajes rubios, altos, grandes... tal y como cualquier narcotraficante se había imaginado a un agente de la DEA.

—¡Dios mío, en qué me metí! —pensó El Médico pero se calmó al observar que la actitud de los americanos no era hostil. Por el contrario, la conversación transcurrió sin tensiones y en un tono informal y relajado. Por momentos El Médico olvidó que estaba al frente de simples policías que realizan su trabajo para sacar toda la información posible. Definitivamente todo eso era la maravilla.

Al cabo de dos días de amables conversaciones, El Médico, entusiasmado, propuso.

—Hombre, si esto es así como lo estamos viendo, la verdad Larry yo te puedo traer a 12 grandes narcotraficantes de Colombia; como están las cosas ¿quién no va a querer participar de este selecto club? Cualquiera que tenga dos dedos de frente va a querer estar sentado en esta misma mesa. Yo creo que la gente precisa para esto serían unos amiguitos míos del norte del Valle, con Rasguño a la cabeza.

—Médico, ¿de verdad tú crees que puedes convencer a Rasguño de venir a hablar conmigo? —preguntó entusiasmado el oficial Larry Castillo.

—Déjeme ir y explicarle todo esto; por lo menos creo que sí va a querer escucharlo de tu propia boca, Baruch.

Al cabo de varias reuniones en Panamá con la plana mayor de los fugitivos de la Operación Milenio, el proyecto iba tomando forma y se convertía en una realidad. El programa de resocialización de narcotraficantes colombianos no daba abasto y todos los narcos querían tener un carné de membresía de tan cotizado club. Este fenómeno quedó reflejado entre noviembre de 1999 y enero de 2000 en las maratónicas y concurridas reuniones en los hoteles Miramar y Marriot de la capital panameña.

Todo narco de categoría que se respetara asistía, enviaba un emisario o en su defecto hacía llegar cartas selladas y firmadas con sus huellas expresando su deseo de abordar el tren que conducía a la felicidad y libertad sin límites. Entre ellos estaban Chupeta, Víctor Patiño, Arcángel Henao, Rasguño, Carlos y Alfredo Tascón, Diego Montoya, Óscar Uribe, Jorge Asprilla, Orlando Sánchez, Carlos Castaño, Vicente Castaño, Salvatore Mancuso y Don Berna.

14

La versión *light* del asunto

Simultáneamente, otra pequeña facción de los fugitivos de la Operación Milenio encabezada por Mario Astaíza, Marciano, quien se escondía en México, optaron por una segunda vía por recomendación de Fernando Henao y Miguel Solano. Era otra versión *light* del asunto, muy similar a la hollywodense de Vega, pero con una pequeña diferencia: en vez de entregarle entre ocho y diez millones de dólares a la Blitz Commission, debían pagarle entre tres y cuatro millones al regordete y retorcido investigador privado cubano-americano Lief Hernández, quien se encargaba de contratar al abogado y de dirigir los hilos que había que mover para llegar al mismo objetivo de Baruch Vega: la impunidad y felicidad total.

Así comenzó el desfile de narcos hacia Estados Unidos con las versiones *light* y hollywoodense del *crossover*, al tiempo que surgió la franquicia pirateada por Bergonzoli y Fierro y conocida como la versión descarada de dicho *crossover*. Pasarían pocos meses para que este esquema de negociación les explotara en la cara a todos. Como diría un célebre pensador griego a orillas del mar Egeo: "No hay sueño que resista la descarnada luz del día, ni el frío estilete de la realidad".

Mientras tanto, la promoción que El Médico hizo del esquema de negociación planteado por Vega empezó a dar frutos. La opción pacífica de sometimiento voluntario era más valiosa con los capos del cartel del Norte del Valle que el sometimiento de 10 o 15 cabezas de carteles con importancia relativa. Por eso a El Médico no le quedó otra alternativa que informarle a Rasguño de las reuniones en Panamá. Pero conociendo su temperamento ¿quién sería capaz de decirle?

Decidieron lanzarse al agua en un almuerzo en la finca de Rasguño al que asistieron Julio Fierro, Nicolás Bergonzoli y algunos fugitivos de Milenio. Comieron, hablaron de ganado, de pastos, de narcotráfico, de política y de otros asuntos, pero nadie se atrevía a tocar el tema porque la reacción de Rasguño era impredecible. Al final de la tarde, sentados en un quiosco, recibiendo el fresco viento vespertino de la sabana cordobesa, Fierro se dirigió a El Médico y le pidió un relato de su viaje a Panamá.

El silencio fue tenso. El Médico tomó aire, se encomendó al Espíritu Santo, al Milagroso de Buga, a la Virgen de Guadalupe, a la Virgen de la Caridad del Cobre y a todos los santos. Pasó saliva y sintió que algo se le atoraba en la garganta.

—Señor, ¿supo que estuvimos en Panamá hablando con unos oficiales de la DEA y un tal Baruch Vega que trabajaba con ellos? —indagó El Médico sin ocultar su temor.

Nuevo silencio. Rasguño se acomodó en la mecedora, se quitó la gorra de beisbolista y se dirigió al Médico en tono amenazante.

—Algo oí de eso. Estaba esperando que alguien me contara lo que pasó. ¿O es que yo no puedo saberlo?

Absoluto silencio. Los acompañantes de El Médico miraban con desconfianza a los escoltas de Rasguño que deambulaban por los corredores cercanos. El Médico vio de reojo el fusil AK-47 que descansaba en la parte trasera de la mecedora de Rasguño.

—¿Cómo que no, señor?, si a eso vinimos precisamente, a contarle lo que pasó, a pedirle su opinión y si es posible pedirle que nos acompañe en la propuesta.

—¿Que los acompañe? Eso ya es mucho pedir, Médico.

—No, señor, por lo menos permítame contarle lo que pasó y usted sacará sus propias conclusiones.

—Ok, cuénteme a ver.

Mientras hablaba, El Médico no dejaba de mirar de reojo el fusil de Rasguño, pero se tomó confianza al ver que el capo no se descompuso ante el relato y, contrario a todas las suposiciones, se mostró atento e interesado en el tema. Incluso hizo aportes positivos mejorando la propuesta. El médico olvidó por completo el fusil y muy pronto empezó a revelar detalles de la reunión en Panamá.

Relajado, Rasguño se levantó de la mecedora, se acercó a la baranda del quiosco, fijó su mirada en un lote de novillas cebú, se volteó y dijo:

—Médico, ¿sabe algo? Si eso es así estoy dispuesto a pagar hasta cinco años de cárcel en Estados Unidos. Cinco añitos sí les pago.

—No, señor, usted no me está entendiendo. Escúcheme bien. No hay que pagar ni un día de cárcel si manejamos las cosas como dice Baruch Vega y hacemos un grupito bueno para ir a negociar; le aseguro que no tenemos que pasar ni un sólo día en la cárcel —explicó El Médico.

—Olvídese. Verá que hay que pagar un tiempito, pero dadas las circunstancias cinco añitos no son nada para salir de este hoyo negro en el que estamos metidos. Créanme que así va a ser. Lo que sí le digo es que si manejamos esto adecuadamente podemos darle un giro de 180 grados a la historia de este país. Usted sabe, mijo, que el Norte del Valle maneja el 60% de la cocaína que entra a México y Estados Unidos. Si yo hablo con mis amiguitos y los convenzo de que hagamos un solo grupo sólido y ustedes enfilan su gente, tenemos casi el 80% de la producción nacional. Y si le pedimos a Carlos Castaño que nos acompañe en esta misión, dándonos el apoyo y el aval de las autodefensas, podemos ofrecer en la mesa el desmonte total de la narcoactividad en Colombia. Si logramos eso, Médico, ahí sí creo que no pagamos ni un día de cárcel. Pero es una tarea difícil, mas no imposible. Hay que trabajar duro. ¿Qué le parece?

—Señor, esas ya son palabras mayores. Si usted convence a sus amiguitos y Castaño nos apoya, no es difícil que volteemos al resto de la gente. Eso suena buenísimo. De pronto ahora la gente sí está dispuesta a evaluar una opción diferente a la guerra o morir por ahí en un tejado, como le tocó a Pablo Escobar —dijo El Médico con confianza.

—Sí, es posible. Está interesante la cosa —replicó Rasguño, entre convencido y pensativo.

—Señor, ¿quiere hablar con Baruch Vega?, porque no es sino marcarle al celular, le da un saludito y le dice qué piensa.

—¿Ese señor Baruch habla español? —indagó el capo.

—Sí. Es colombiano. Nació en Bogotá pero vive en Estados Unidos hace 25 años. Hable con él —explicó El Médico y le pidió a Bergonzoli que marcara el celular de Vega.

Después de varios intentos en vano, Bergonzoli concluyó que la señal era muy deficiente y que de esa manera no sería posible la comunicación.

—Vamos al corral que ahí sí entra perfecta la señal —intervino Rasguño y señaló un lugar a donde el grupo se desplazó de inmediato. Era un corral de bestias lleno de polvo y boñiga en el que no tardaron en descubrir un enorme toro que los miraba con desconfianza. Allí, finalmente, lograron comunicarse con Vega.

—Baruch, por acá está un amiguito que lo quiere saludar... es el de la cicatriz, el del arañazo. ¿Me copia? —dijo Bergonzoli y le pasó el teléfono a Rasguño, que al cabo de varios minutos de conversación con Vega se animó a hacer una propuesta.

—Vea, señor, hagamos una cosa: esto hay que hablarlo personalmente y yo por allá no puedo ir. Hable con sus amigos y hacemos una reunioncita acá, en mi tierra. Le garantizo que a usted y a ellos no les pasa nada, yo les brindo toda la seguridad del mundo. Confíe en mí que yo soy el más interesado en que todo termine bien.

—Señor, esto no es tan sencillo porque es necesario conseguir unos permisos del Gobierno para que todo sea oficial. De todas maneras déjeme consultar y yo le envío una razón —intervino Vega y dio por terminada la conversación.

Al final de la tarde, el almuerzo en la finca de Rasguño fue todo un éxito porque no sólo respaldó la propuesta sino que ahora era el más ferviente seguidor del programa de resocialización de narcotraficantes.

De ahí en adelante el trabajo fue arduo y agotador: reuniones de promoción en la gallera de Córdoba con Carlos Castaño y Don Berna, en representación de las autodefensas; reuniones en El Vergel, la hacienda de Rasguño en las goteras de Cartago, con lo más granado del cartel del Norte; emisarios a la cárcel de Villahermosa para hablar con Chupeta y Víctor Patiño; reuniones en el perímetro de Cali con Tocayo y Varela; viaje a Panamá a reportar los avances y a pulir el proyecto; reuniones en Miralindo, la hacienda de Arcángel Henao, con el grupo del Mochito, compuesto por Dagoberto Flores, *Chuma*, Francisco Cifuentes y otros; reuniones en la hacienda La Loma de Medellín con los hermanos Jorge Luis y Juan David Ochoa; regreso a Panamá.

En fin, los aviones privados y los helicópteros no descansaban de una ciudad a otra y al aeropuerto de Tocumen en Ciudad de Panamá; el hotel Marriot estaba congestionado con la crema y nata del narcotráfico mundial.

Finalmente y después de semejante ajetreo, a mediados de diciembre de 1999, Baruch Vega y oficiales del grupo 43 de la DEA fueron autorizados a reunirse en Bogotá con Rasguño. La operación fue organizada milimétricamente. Danilo González se encargó del esquema de seguridad en un lujoso penthouse de Rasguño en el barrio La Carolina. Nadie sabía del sitio de la reunión.

Un día antes del encuentro, Eduardo Martínez, conocido como *El Costeño* o *Mamaburro*, hombre de confianza de Rasguño, citó a El Médico en el parque de la 93 en Bogotá y le dijo que partirían un día antes hacia el lugar de la reunión.

—Pero yo no le he avisado a Julio, ni a Nicolás. Nadie sabe cuándo o dónde es la reunión —interpeló El Médico, molesto.

—Esa es la idea. Hace mucho rato que el señor no le sale a nadie a la ciudad. Esta es una excepción gigantesca y él no confía ni en Nicolás ni en Julio, así que ellos son los que menos tienen que saber de esto. Usted les informa a Baruch y a los agentes federales dónde los recogemos nosotros. Es mejor para la seguridad de los gringos y del señor —replicó Martínez.

El Médico aceptó y poco tiempo después llegó con Martínez al penthouse donde se encontraron con Jaime Maya, *El Mono*. Al caer la tarde apareció Rasguño, quien después de saludar le pidió al Médico que se comunicara con Baruch Vega para sabe a qué hora llegaban.

—Hubo un inconveniente de última hora, un detallito pendejo pero todo está bien. Mañana estaremos allá temprano —le explicó Vega al Médico, que luego de consultar con Rasguño respondió que no había problema.

La noche transcurrió en medio de una amena conversación en torno al narcotráfico y al vertiginoso crecimiento del cartel del Norte del Valle. Al atardecer del segundo día Rasguño empezó a ponerse nervioso.

—Baruch, ¿qué pasa, viejo? Estoy quedando como un zapato con este señor. ¿Vos creés que es fácil tener a este personaje dos días en un sólo lugar esperando? —le dijo El Médico a Vega por teléfono.

—Médico, con seguridad mañana temprano estamos allá, se lo prometo —respondió Vega sin dudar.

Acostumbrado como estaba a andar de sitio en sitio, en la noche Rasguño propuso salir a dar una vuelta. El bloque de seguridad se movilizó lo más inadvertidamente posible al centro comercial Unicentro y luego a un restaurante de carnes del norte de la ciudad.

La tensión aumentó en la mañana del tercer día de espera porque Vega no contestaba el teléfono. El Médico, desesperado, habló con un contacto suyo en Miami y le pidió ayuda para localizar a Vega o a los agentes federales. A las 8 p.m. obtuvo una respuesta.

—Médico, ellos están en Miami. No han viajado, no sé qué pasó y nadie me da una explicación. A mí tampoco me contestan, pero, confirmado, siguen en Miami —explicó el contacto.

El Médico se dirigió a la habitación de Rasguño y le dijo que estaba muy apenado porque Vega y los federales continuaban en Miami.

—Médico, yo tampoco entiendo y déjeme le digo algo: espero que acá no haya nada torcido y menos que usted tenga que ver en eso. Llevo tres días esperando en un mismo lugar y eso me hace muy vulnerable, no me gusta nada. Le repito, aclare qué pasa porque esto no me está gustando —respondió Rasguño indispuesto.

—Señor, hoy no tengo explicación alguna, pero mañana haré todo lo posible por entender qué pasa, créame. Igual que usted, estoy desconcertado —respondió El Médico, que de paso sintió la mirada inquisidora de El Costeño.

—Vamos a dormir y mañana hablamos —terminó Rasguño y cerró la puerta de un golpe.

Poco después de las 7 a.m. del cuarto día y sin haber conciliado el sueño durante la noche, El Médico llegó al comedor y encontró a El Costeño, que sin levantar la mirada del plato expresó con sorna:

"El señor se fue desde anoche, ya llamó y dijo que llegó bien a su zona de seguridad. Él sabe que no era una trampa y por eso estaba alterado. Quiere que usted averigüe qué pasó", resumió El Costeño y El Médico dejó escapar un suspiro de alivio.

Pocas horas después, el oficial Larry Castillo se comunicó con El Médico y le explicó que la cita se frustró porque la embajada de Estados Unidos en Bogotá debía ser notificada del arribo al país de los agentes federales, así como de los motivos del viaje. Cuando revelaron que el objeto no era otro que una entrevista con Rasguño, algunos funcionarios y agentes de la DEA pidieron estar presentes. Castillo le explicó al Médico que de un momento a otro habían perdido el control de la situación y por eso decidieron no viajar a Bogotá a encontrarse con Rasguño.

El Médico viajó al norte del Valle y le contó a Rasguño los detalles del incidente. Al día siguiente llegó Danilo González, quien reveló que sus contactos en la embajada estadounidense habían presenciado la furia de los agentes de la DEA porque sus colegas de Miami prefirieron cancelar la cita a ponerles a Rasguño en bandeja de plata.

Resuelto el impasse, Baruch Vega propuso invitar a un emisario de Rasguño a Estados Unidos para demostrarle que el interés de las agencias en él seguía vigente. Como era obvio, el escogido fue Eduardo Martínez, *El Costeño*, pero surgió el problema de que este había sido extraditado a finales de los ochenta y luego de pagar una condena fue deportado. En otras palabras, no era elegible para otorgarle visa, pero Vega se las arregló a su manera para que este impedimento no frustrara de nuevo la opción de acercarse a Rasguño.

Vega les explicó que el mejor puerto de salida hacia Miami era Panamá y por eso les pidió que viajaran al aeropuerto de Tocumén, donde él los esperaría. Así ocurrió y el 21 de diciembre de 1999 El Médico y El Costeño aterrizaron en un vuelo privado en el aeropuerto panameño, donde los esperaba Pipo, un pintoresco personaje conocido como el tramitador oficial de los vuelos privados que en un abrir y cerrar de ojos resolvía todos los trámites aduaneros o de inmigración con las autoridades locales.

—Señores, los está esperando ese avión americano para hacer la conexión. Entréguenme los pasaportes para sellarlos en Emigración y a mi hijo el equipaje para que lo acomode en el otro avión —explicó Pipo, que de inmediato salió a hacer los trámites respectivos.

En efecto, el de al lado era un Jet Hawker de matrícula americana, con su tripulación uniformada. En la escalerilla de abordaje estaban Baruch Vega y Román Suárez, que agitaban los brazos en señal de saludo.

Pipo regresó 15 minutos después con los pasaportes sellados, con un nuevo plan de vuelo: Nassau, Bahamas.

—¿Nassau, luego no vamos para Miami? —preguntó El Médico, sorprendido.

—Tuvimos un pequeño percance con la visa de El Costeño, así que haremos una escala técnica en Nassau y mañana seguiremos hacia Miami. No se preocupen, todo está bajo control —respondió Vega, confiado.

En realidad nada estaba bajo control porque de ahí en adelante todo fue caos. Una locura que terminaría el 24 de diciembre en un bote de pesca cargado de niños y señoras fingiendo ser turistas que atracaban ilegalmente en el muelle de Bayside en el Downtown de Miami, proveniente de la isla de Bimini. En semejante grupo estaban camuflados El Costeño y El Médico, que olvidaron los sinsabores del viaje cuando llegaron a un apartamento de Brickell Avenue donde el Costeño se reencontró con su familia.

Al día siguiente de Navidad, el 25 de diciembre, el oficial Larry Castillo citó a El Médico y a El Costeño a su oficina en Doral, sede del grupo 43 de la DEA, y los recibió en una espaciosa y solitaria sala de reuniones llena de emblemas de las diferentes agencias americanas.

Convencido de que todo era cierto y que la DEA actuaba con seriedad, El Costeño sacó su celular, se sentó en la mullida silla de cuero en una de las cabeceras de la sala de conferencias y llamó a su jefe Rasguño.

—Señor, ¿cómo está? Le cuento que estoy finalmente en Miami, sentado al lado del oficial Larry Castillo y de El Médico, en las oficinas principales de la DEA. Lo único que le puedo decir es que todo es cierto, esta gente sí quiere hablar con usted y el interés es serio, señor. Como dice El Médico: ¡Esto es una maravilla!

El Costeño pasó unas cortas vacaciones en Miami con su familia. Fue a las playas, a los centros comerciales y hasta tuvo tiempo de visitar a Mickey Mouse en Orlando.

15

La Blitz Commission

El Médico no cesaba un segundo en su labor de promoción de tan espectacular proyecto. Y lo hacía acompañado por su gran amiga Cristina, quien lo acompañó a las reuniones en Ciudad de Panamá y Miami. El Médico vivía en el lujoso Portofino Tower, en ese entonces el edificio más lujoso de South Beach, cuando ella conoció a un narco del cartel del Norte del Valle que posaba de exitoso hombre de negocios que había conocido las mieles de la fortuna a temprana edad.

El Médico y el amigo de Cristina se habían cruzado en repetidas ocasiones en la piscina y en el *lobby* del edificio, pero ninguno se animaba a entablar conversación alguna para no quedar al descubierto. Cuando se cruzaban en el valet parking del condominio, uno en su Porsche Boxter en compañía de alguna modelito en su cuarto de hora de fama, y el otro en su Lexus 300 blanco, con una actriz haciendo sus primeros pinitos en la televisión internacional, se miraban con precaución y pensaban dentro de sí: "Este es un traqueto. Estoy seguro, no demora en venir a calentarme el edificio". Los dos hacían uso de ese olfato nato de los narcos con el que identifican a los especímenes de su misma calaña, por más camuflados que estos crean estar, aún en tierras lejanas.

Cristina tenía como objetivo conectar a estos dos personajes que por sí solos jamás se hubieran dirigido la palabra, así esta hubiera sido la llave para entrar al cielo. La cita fue pactada en un apartamento de Brickell Key, habitado por una hermosa joven que ambos compartían sin saberlo. Era el tipo de mujer que abunda en Miami: jóvenes, hermosas, agradables, independientes y dispuestas a todo, con tal de encontrar un voluntario y no necesariamente apuesto caballero que pague su renta, su celular, sus cuentas y una que otra visita a una tienda de ropa en el *mall* de Bal Harbour. No importa que sea por corto tiempo pues siempre hay un nuevo y adinerado incauto dispuesto a pagar el precio de una agradable compañía sin preguntar por su pasado.

—Cristina, ¿este no es el apartamento de Lina Rodríguez? —preguntó extrañado La Flor.

—Sí, ¿porqué? ¿Tú la conoces?

—No, exactamente —respondió La Flor. En ese instante El Médico salió de la habitación principal y se acomodó plácidamente en el sofá de colores de la sala. Actuaba con la seguridad que da pagar la renta de la dama.

—¿Qué hubo, viejo? —yo soy Florecita.

—¿Qué más, viejo? —yo soy El Médico.

—¿Vos vivís en el Portofino?

—Sí, y vos también, te he visto unas cuantas veces.

—Sí, al parecer tenemos algunas cosas en común, aparte de los negocios —respondió La Flor al tiempo que clavó su mirada en el sofá a colores de la sala del apartamento, porque se le hacía conocido.

—Sí, viejo, este mundo de la playa es muy pequeño —dijo El Médico dando a entender que había captado el mensaje de La Flor. Ambos sonrieron mientras Cristina intentaba descifrar lo que entre líneas se decían sus dos amigos.

—Cristina me dice que querés explicarme algo —interrumpió La Flor.

—Te voy a ser honesto. Cristina me ha explicado muy por encima quién eres y me imagino que ya debes saber quién soy. Creo que tenemos otro tipo de amistades en Colombia, específicamente en el norte del Valle —intervino El Médico.

—Sí, claro —respondió La Flor, interesado en las palabras de El Médico.

—Yo soy muy cercano a Rasguño y quiero que sepas que él y algunos de sus amigos más cercanos del norte del Valle, entre ellos Chupeta, Diego Montoya y Víctor Patiño, adelantan una negociación con agentes de la DEA en Miami. Esta negociación no implica delación alguna y menos en bloque, como lo estamos proponiendo. Lo que sí se necesita es billete porque la entrada a este VIP es costosa, más costosa que la entrada al VIP del Living Room (la discoteca de moda en aquel momento en Miami) —explicó El Médico.

—Me suena mucho, pero deme más detalles —respondió La Flor.

—Tu tarifa es de ocho millones de dólares. A propósito, Florecita, ¿has oído hablar de Baruch Vega, un fotógrafo de la playa? —preguntó El Médico.

—Me suena, pero no estoy seguro —respondió La Flor tratando de engañar al Médico porque él sí conocía en detalle a Vega.

—Ese señor es una especie de agente encubierto que trabaja para las agencias americanas y nos está haciendo *lobby* con la Blitz Commission.

Tras esa palabra vino la retahíla de explicaciones que El Médico ya repetía de manera casi mecánica alrededor del tema. Cuarenta minutos después de una amplia exposición y cuatro botellas de vino tinto terminó su ya aprendida perorata. La Flor se despedía de El Médico en la puerta del apartamento del Yacht Club donde vivía la amiga que compartían y que se utilizó para esta reunión.

—Viejo, me voy contento con esa explicación y creo que puede contar conmigo, yo tengo otros amiguitos acá que andan en algo parecido, pero ellos están un poco perdidos pues no tienen acceso a esa Blitz Commission que es lo bueno de este arreglo, porque así nos vamos por lo alto. Eso de mis amiguitos es mucho más barato pero creo que los están robando y ellos no tienen los contactos que tiene el fotógrafo; yo voy a hablar con ellos para ver si lo hacemos todos por este lado.

La Flor se refería a Miguel Solano, Chepe Puello y Fernando Henao, que por ese entonces seguían los consejos del investigador Lief Hernández en su versión *light* del *crossover* americano.

Cuando La Flor llegó al parqueadero del Yacht Club, tomó su Lexus 300 y mientras cruzaba el pequeño puente que separa Brickell Key del Downtown de Miami, pensaba: "Mi panita es un áspero; cómo es que el negro Asprilla desde la cárcel La Picota en Bogotá ya conocía al fotógrafo y yo acá en Miami no sabía nada de él. Ahora entiendo por qué El Negro me mandó a entregarle 200.000 dólares al fotógrafo hace diez días para que le averiguara unas cositas. El Negro ya sabe por dónde es que va la vuelta".

Efectivamente los oficios de promoción de El Médico habían trascendido todas y cada una de las prisiones de máxima seguridad en Colombia y ningún capo del narcotráfico que se respetara querría quedar por fuera del exclusivo club VIP, que se cocinaba en las calderas de los Headquarters o Cuarteles Generales de la DEA en Miami.

Apenas terminando las festividades de fin de año y el nuevo mileno, el Costeño volvió a Colombia para explicarle personalmente a Rasguño lo sucedido en Miami, su estadía en el Headquarter de HIDTA y sus reuniones en Brickell Key con abogados y agentes del grupo 43 de la DEA.

El 11 de enero de 2000, a las 5 p.m., sonó el teléfono celular de El Médico.

—¿Qué hubo, Médico?, soy yo, El Costeño. Lo estoy llamando hace rato porque ando en la casa del amiguito y él me dice que está listo para reunirse personalmente con sus amiguitos del gobierno.

—¿Ah sí? Qué bien y ¿cuándo quiere eso? —respondió El Médico aún asombrado.

—Él me dice que en dos días está llegando donde cambiamos de avión con el Fotógrafo. En la casa de Pipo, ¿me entiende?

—Claro, claro, ya le copié, pero vea, dígale que me confirme exactamente la fecha, porque tengo que prepararle todo para evitar una sorpresa, ¿me copia?

— ¡Sí, claro! confirme, confirme, el 13, pasado mañana.

—OK, ya mismo le digo a mis amiguitos para que arreglen todo, pues finalmente ellos son los que tienen que cuadrar la fiesta, las mujeres, el traguito, la música, todo.

—Médico, dos cositas importantes: no invite al peludito (Julio Fierro) ni a Gato Negro (Nicolás Bergonzoli), vaya solito. Usted sabe que el amiguito es muy desconfiado con ellos, mejor dicho, ni siquiera se tienen que enterar, ¿OK? La segunda cosita es que él va a ir, confiando en su palabra. Ojalá todo salga bien porque su palabra está de por medio. Que no vaya a haber una sorpresa, mejor dicho, que la visita no se complique y de pronto pongan a viajar a mi amiguito por allá bien lejos. Él lleva ropita pa' dos días y pa' ese clima, que no lo vayan a poner a viajar a otro lado, ¿me copia? —resumió El Costeño.

—Sí, claro, viejo, no se preocupe. Nos vemos allá en dos días; me está llamando al numerito de allá por si algo cambia ¿OK?

—Sí, yo tengo ese numerito anotado. Nos vemos y ya sabe: ¡mucho cuidado!

El Médico colgó, se volvió a recostar en la asoleadora junto a la piscina, se acomodó las gafas de sol y pensó en voz alta mientras llenaba de nuevo su copa vacía de Pinot Grigio, su vino preferido para esas situaciones: "Si algo sale mal y enredan a Rasguño, más me valdría no haber nacido porque los del Norte acaban conmigo, mis siete generaciones anteriores y me prenden la motosierra. ¡Dios mío, que sea lo que tú quieras!".

Dos días después Rasguño aterrizó en el aeropuerto de Tocumen en Ciudad de Panamá, donde lo esperaban el grupo 43 de la DEA de Miami y los agentes de la DEA de Panamá, quienes creían que el personaje central de aquella reunión era El Costeño. Ellos no tenían idea de quién era ese otro personaje cachetón, con gorra de beisbolista y una pequeña cicatriz en la mejilla. Es más, nunca lo supieron.

La reunión se realizó en la suite presidencial del hotel Marriot de Ciudad de Panamá, en el octavo piso. Había suficiente comida y sobre todo abundante café porque había mucho de qué hablar. El Médico, que se encontraba en la habitación contigua, decidió entrar repentinamente para cerciorarse por sí mismo de que Rasguño y los oficiales de la DEA estuvieran ahí y que efectivamente nada diferente a la reunión hubiera pasado. Al cruzar la puerta que separaba una habitación de la otra encontró a su protegido dando explicaciones sobre sus rutas, sus trabajadores y sus socios.

—¡Eh, señor! a usted sí lo anestesiaron rapidito, le aplicaron morfina pura directo a la vena. Al menos yo me demoré una semana, pero usted ni un día..., dijo El Médico con su sonrisa socarrona.

El Médico salió directamente por donde entró sin dejar que Rasguño le replicara. Unas horas después, este lo habría de visitar en su habitación mientras se entretenía con las noticias locales.

—Esto parece que va bien, esta gente es seria y tienen interés en lo que yo les estoy proponiendo (el desmonte total de la narcoactividad en Colombia, comenzando con el norte del Valle) —replicó Rasguño.

—Usted que no me creía —respondió El Médico apagando el televisor con su control remoto. Pa'que vea que con plata solucionamos cualquier problema.

—Pero me ha llamado la atención que esta gente sabe muchísimo de nosotros, conoce a todo el combo, están muy bien documentados y nos han hecho inteligencia de la buena. Quién sabe cuánta gente tenemos infiltrada hace tiempo y ni siquiera sabemos —contestó Rasguño.

—Quién sabe, señor, uno nunca sabe —respondió El Médico.

—Le cuento que los amiguitos de nosotros, los generales, tampoco se quedan por fuera. A ellos también les están siguiendo los pasos hace días y los tienen más que ubicados —explicó el capo.

—Señor, el Fotógrafo quiere hablar con usted de la platica de la Blitz Commission. ¿Qué le digo?

—Dígale que venga y lo atendemos en la habitación. Salgamos de eso de una vez —respondió Rasguño.

Minutos después, Baruch Vega llegó a la habitación e hizo una exposición amplia y detallada de la organización que recibiría el dinero, el uso que le darían y los beneficios de tomar ese camino. No sin antes recalcarle a Rasguño que la primera reunión de la tarde había sido todo un éxito y que los oficiales de la DEA se habían llevado una muy buena impresión de él. Luego vendría la parte dolorosa.

—Señor Baruch, cuénteme pues cuánto ha estipulado la Blitz Commission que debo pagar para acceder a estos beneficios —preguntó Rasguño.

—Don Hernando, después de un estudio muy detallado y teniendo en cuenta su posición y su capacidad económica, ellos han estimado un precio de 50 millones de dólares —respondió Vega sin inmutarse.

Hubo silencio total en la habitación, miradas nerviosas que se cruzaban de un extremo a otro de la sala; El Médico miraba a El Costeño, El Costeño miraba a Rasguño, Rasguño miraba a Baruch y Baruch permanecía sereno, tranquilo intercalando su mirada entre su copa de vino y don Hernando. Parecía como si le estuviera dando el precio del último modelo de Mercedes Benz.

—Baruch, ¿no cree que se les fue la mano? —indagó Rasguño.

—Usted sabe que no, señor. Eso no es nada para solucionar un problema de vida. Este señor recibió una tarifa de diez millones. ¿No cree usted que las tarifas son muy acordes con la realidad?

Yo sólo le puedo hablar de mi realidad, pero vea, vamos a hacer algo, comencemos con diez millones y cuando arriben mis demás amiguitos vamos cuadrando —propuso el narcotraficante.

—Me parece bien, señor, en el camino vamos cuadrando.

El día siguiente nuevamente fue extenso e intenso. Horas y horas de conversaciones sobre la trascendencia del programa de sometimiento masivo y voluntario por parte de los narcos colombianos. Cuarenta y ocho horas de diálogo fueron más que suficientes para abrir las puertas del entendimiento en ambos lados. Federales y mafiosos vislumbraban un futuro promisorio y lleno de éxitos en aras de un objetivo común: el desmantelamiento de la narcoactividad en Colombia.

16

Esto es una maravilla

No todos los miembros de la DEA en Miami pensaban lo mismo. En ese preciso instante el grupo 9 hacía cumplir una orden de arresto que un juez federal del Distrito Sur de la Florida había librado sobre todos los miembros de la organización de El Médico por la incautación en septiembre de 1999 de un cargamento de 500 kilogramos de cocaína en un *expressway* de North Miami Beach.

Lejos de allí, ignorando lo que sucedía en Miami, El Médico veía decolar el avión privado de Hernando Gómez Bustamente hacia un lugar desconocido de la selvática República de Colombia.

Vega y El Médico se dirigieron al aeropuerto de Panamá para volar a Miami, pero el itinerario estaba retrasado. El Médico llamó a Miami a dar el nuevo horario para que lo recogieran, pero en respuesta su esposa le contó que la DEA había capturado a todo su grupo.

—Pero cómo que la DEA si yo estoy con la DEA acá. Los de la DEA son mis amigos, debe ser un error —respondió El Médico y colgó presuroso.

Luego de confirmar la mala noticia con el agente Larry Castillo, El Médico entendió las rivalidades en el seno de la DEA y de todas las agencias federales americanas y los tropiezos que estas se causan constantemente. El grupo 9 de Miami no tenía ni idea de que El Médico estaba en Panamá con los agentes del grupo 43 haciendo un acercamiento con un capo del Norte del Valle.

—Sólo te puedo decir que algo está fuera de control. Mis compañeros en Miami me informaron lo sucedido y por ahora tú no puedes ir conmigo porque tienes una orden de arresto. Si llegas al aeropuerto ni siquiera yo lo podré evitar —explicó el agente federal.

—Larry, esa orden de arresto estaba sin vigencia desde noviembre del 99, cuando regresé con ustedes luego de la Operación Milenio —replicó El Médico, descompuesto.

—No, es una larga historia y ahora no te la puedo explicar. Vuelve a Colombia y llámame en cuatro o cinco días y yo te tendré alguna respuesta concreta. Lo único que te puedo decir es que me voy a encargar de que tu gente salga lo más pronto posible. Voy a hablar con mis jefes y ellos se van a encargar de todo, no te preocupes.

Así, cada cual volvió a su país con cara de pocos amigos, una gran preocupación y la corazonada de que algo andaba mal, muy mal.

Dos días después, El Médico llegó nuevamente a la hacienda de Rasguño en Cartago y le contó que nadie le había dado una respuesta satisfactoria.

—Lo único que tengo claro es que toda mi gente está arrestada en Miami. Son ocho en total y yo me salvé de chiripa porque llamé a mi casa antes de montarme al avión. Allá estaría preso con ellos —le explicó El Médico a Rasguño, que no entendía nada.

Rasguño le dijo al Médico que se acercara y en tono bajo, casi en secreto, le preguntó que si en el arreglo con los estadounidenses había entregado a su gente.

—¿Cómo? —respondió El Médico, desubicado.

—Es muy raro que usted haya sido el único que se salvó por estar en Panamá conmigo. Si es así dígamelo para ver qué podemos hacer.

—Señor, ¿cómo se le ocurre una cosa de esas? Mi gente es sagrada, no es negociable y jamás se me hubiera ocurrido una cosa de esas. Estoy igual de sorprendido que usted, créame que Larry me está averiguando qué pasó. Es más, usted puede hablar con Larry y que él mismo se lo diga.

—Yo le creo, mijo, pero la verdad sí me pasó por la cabeza esa idea. Y no sólo a mí. A más gente. Pero vea, cambiando de tema, ¿será que me querían coger preso a mí también en Panamá?

—No sé, señor, la verdad ya no sé ni qué decir. Cada vez entiendo menos esto y cada vez me tiene más preocupado lo que todo el gremio está pensando: que yo entregué a mis trabajadores.

El asunto quedó ahí hasta que dos semanas después Vega se comunicó con El Médico.

—Médico, le cuento que estoy con Larry, que quiere hablar con usted. Quiero que sepa que su gente tiene abogados y lo que necesitan. Están bien y sólo esperan que este malentendido se aclare —le dijo Vega a El Médico y le anunció a Larry Castillo.

—*Hello*, Médico, *¿how are you?* —saludó el agente.

—*Fine*, Larry. Cuéntame qué pasa con mi gente, qué pasa conmigo y con todo lo que planeamos. O es que todo era mentira —contestó El Médico en su inglés chapuceado, en el que los inmigrantes conjugan plurales con singulares.

—Mira, Médico, esto es una historia muy larga y complicada y no te la puedo explicar por teléfono. Sólo te puedo decir algo: la libertad y la seguridad de tu gente dependerán de ti. Hay un gran malentendido con el grupo 9 y el único que lo puede aclarar eres tú. Les prometí a mis jefes que tú te ibas a entregar para comprobar que todo está bajo control. Si no, esto va a lucir como que cada cual hace lo que le da la gana. Necesitamos que tú te entregues y continuemos con el plan original porque de lo contrario lo que hablamos se va al piso. Confía en mí.

El Médico le transmitió el mensaje a Rasguño esperando un consejo sabio.

—Pues, mijo, usted verá, finalmente es su decisión. Larry tiene razón en algo: si usted no se entrega, hasta aquí llegó todo. Ya es hora de que alguien se tire al agua. Usted lleva tres meses promocionando los arreglos. Acuérdese de la duda de su gente. Si usted no aclara eso va a quedar muy mal con todo el gremio y la duda siempre estará ahí.

Lo único que El Médico tenía claro era que las cosas estaban peor que al comienzo. Ahora no sólo los narcos de Colombia sabían que él iba y venía de la mano de los policías de la DEA sino que sus empleados estaban presos en Miami. No estaba entre la espada y la pared, estaba entre la espada, el cuchillo, el sable, la navaja, la motosierra y un muro lleno de clavos. El panorama no podía ser más desalentador. Le tocaba entregarse voluntariamente a los agentes del grupo 9 de Miami, cerrar los ojos y zambullirse en las turbulentas y desconocidas aguas que lo rodeaban, con la esperanza de llegar a una orilla sano y salvo.

El 9 de febrero de 2000, un Lear Jet 35 proveniente de Panamá aterrizó en el aeropuerto de Fort Lauderdale con El Médico y su abogado, donde lo esperaban los oficiales del grupo 43 de la DEA. Luego, El Médico abordó la camioneta Lexus 300 de Larry Castillo y mientras se dirigían a comer algo en South Beach, este le hizo un pequeño resumen de la situación.

—Médico, todo está bien, tranquilo. Lo que pasó es que el grupo 9 tenía un Indictment Sealed, un enjuiciamiento sellado contra toda su gente y no lo detectamos a tiempo. Ahora ellos quieren controlarte a ti, pero mis jefes están cuadrando todo para evitar eso. Te voy a llevar a donde ellos y te les vas a entregar oficialmente, te van a hacer unas preguntas simples sobre tu caso y luego te van a llevar a la prisión de Miami. Mañana te llevan ante el juez y te leen los cargos, pasas el fin de semana en la prisión y el lunes o el martes, que tu fiscal ya este acá, te sacamos en fianza a trabajar conmigo en nuestro proyecto.

—Larry, ¿y mi gente? —preguntó El Médico.

—Eso también lo vamos a resolver, pero vamos por partes. Primero lo tuyo y luego los sacamos a ellos.

Hasta ahí todo sonaba muy fácil. Era un procedimiento sencillo y no estaría nada mal conocer una prisión federal por cinco días. "Sería una buena experiencia", pensaba El Médico en silencio. Mientras cruzaban las atiborradas calles de South Beach, algo lucía diferente ahora. La playa se sentía lenta, pesada. ¿Sería acaso algún presentimiento? Era mejor alejar esos malos pensamientos y pensar que esto es una maravilla. Es mejor gastar el tiempo en pensar qué vino escogería al llegar a China Grill antes de ordenar su ensalada de pato preferida.

A las 11:30 p.m., luego de una deliciosa comida y una sentimental despedida de su amiga Cristina, que a su vez mantenía informado a La Flor, El Médico llegó al Headquarter de la DEA en el Doral, donde no tuvo problema en responder algunas preguntas de los agentes del grupo 9. Luego de las fotos de rigor y de la sesión de huellas, El Médico fue conducido esa noche a la prisión de Miami donde durmió plácidamente.

Al día siguiente, confiado, El Médico llegó a la Corte Federal donde la hermosa fiscal Jackie Arango no se inmutó en pedir Life Only, es decir, prisión de por vida para el colombiano.

—Daniel, ¿cómo que Life Only? Yo no maté a nadie. Decile al juez que vine voluntariamente y que esto es un arreglo, que la DEA sabe todo —le dijo El Médico, muy asustado, a su abogado Daniel Forman.

—Tranquilo, que todo está bien. Esto es normal —respondió el defensor en voz baja, sin dejar de mirar al juez.

—Cómo que tranquilo. Haz algo Daniel. Esto ya no me está gustando. ¿No era que mi fiscal no estaba? Si está ahí pedile fianza, pedícela —insistió El Médico al tiempo que sacudía el costoso traje Ermenegildo Zegna del abogado, que le pidió paciencia porque había que respetar el procedimiento.

El lunes llegó, pero la fianza, no. Lo único que hubo ese día fue entrevistas con todo tipo de agentes de la DEA de Miami, de Nueva York, de Houston, de Los Ángeles, de Bogotá, el grupo

9, analistas de Washington. Todos menos sus amigos del grupo 43 de la DEA.

—Daniel, ¿dónde está Larry, dónde está Baruch, qué pasa con la fianza? Estoy mamado de que me levanten todos los días a las 4 a.m. y me metan a una celda cinco horas y luego me cojan todos los policías de todas las ciudades del mundo a preguntarme y preguntarme de atrás a adelante, de adelante a atrás, hasta las 6 p.m. ¿Qué es esto, viejo? Esto no es lo que hablamos —le replicó El Médico a Forman, que ya no tenía más excusas para dar.

Entre tanto el oficial Larry Castillo hacía todo tipo de promesas y compromisos con sus jefes para cumplir su palabra con El Médico y controlar de nuevo la situación. Pero las cosas no eran tan sencillas como todos se lo imaginaron porque algo raro se cocinaba allá arriba, en Washington.

En su afán de no quedar mal con El Médico, Castillo citó a La Flor en un Burger King de Coconut Grove con la intención de incluirlo como el primero en la lista de entregas voluntarias posteriores al Médico. La idea era mostrar que el sometimiento de La Flor era gestión de El Médico para que sus jefes comenzaran a ver resultados de la estrategia elaborada por ambos.

—Bueno, Flor, ya nos conocemos. Ya sé quién eres y tengo todo tu perfil. Vas a ser el próximo, no te preocupes, estamos organizando unos detallitos de un caso previo que se está resolviendo y yo creo que la próxima semana nos reuniremos de nuevo —explicó el agente.

Después de aceptar la estrategia, La Flor avanzó hacia su automóvil Lexus blanco y en ese momento el oficial Castillo pasó frente a él y levantó la mano en señal de despedida. "Este es un policía de verdad. Increíble, un agente de la DEA hablando conmigo en Miami. El Médico tenía razón, definitivamente ¡esto es una maravilla!", pensó La Flor, satisfecho.

17

White Collar Crime

El proceso de ordeño sistematizado que le estaban aplicando al Médico continuaba sin descanso en el Federal Detention Center de Miami. Llevaba dos semanas de entrevistas y ya comenzaba a familiarizarse con los agentes de la DEA. Uno de esos días se acercó su abogado Forman y le dijo:

—Ha surgido un pequeño problema. Estos señores son fiscales que vienen de Washington y estos otros son agentes del FBI del squad de *White Collar Crime*.

—Y ¿eso qué es, Daniel? ¿Por qué el FBI? ¿Yo qué tengo qué ver con ellos?

—Tranquilo, sólo responde la verdad, que es lo único que te va a sacar de este problema.

—Pero si yo les he dicho la verdad de todo —replicó El Médico.

—Sí, pero este es un tema diferente: Baruch Vega.

—¿Qué pasa con Baruch?

—Sólo responde, no te preocupes y recuerda: la verdad —insistió Forman.

El interrogatorio empezó en ambiente muy tenso y al cabo de ocho o diez preguntas y cuando todo parecía ir bien, llegó la pregunta del millón.

—Señor Ramón, ¿usted le está pagando algún dinero al señor Vega por este proceso? —indagó el fiscal.

Por el tono de la pregunta, El Médico pensó que quienes lo indagaban no tenían idea de la existencia de la Blitz Commission y mucho menos de los 42 millones de dólares negociados por la rendición de los mafiosos que escaparon de la Operación Milenio. Entonces optó por guardar silencio.

—No, sólo le dimos un millón de dólares para gastos de representación —respondió El Médico con una falsa serenidad.

—Ok, señor Ramón. Escuche esto —intervino el fiscal y puso una grabación que se inició con la voz de El Médico: "Sí, claro, nosotros estamos pagando 42 millones a Baruch y ya le hemos dado nueve, pero eso no es nada".

Tierra, trágame, pensaba El Médico, petrificado.

Después de unos minutos el fiscal detuvo la grabación y le sugirió al Médico salir del salón, pensar de nuevo, aclarar la mente y volver a empezar, claro, no sin antes explicarle que por esa mentirilla él se encargaría de hacerle pasar el resto de vida en prisión. A no ser que El Médico cambiara la estúpida actitud de esconder lo inescondible.

El Médico lo reconsideró de nuevo y decidió decir la verdad con la esperanza de que al final la Blitz Commission pondría en su sitio a ese fiscal principiante. La entrevista empezó de nuevo y El Médico no omitió detalle alguno de las negociaciones. Es más, se tomó confianza, la confianza que le daba ser uno de los pocos narcos aprobados por la Blitz Commission. Cuando El Médico habló por tercera vez de la Blitz Commission el fiscal interrumpió.

—Señor Ramón, yo no sé si en verdad usted es tan tonto como para creer esa historia o lo está simulando —dijo el fiscal en tono burlón. En verdad sí creo que es muy tonto pues ya pagaron nueve millones y sin embargo tiene un pie en el infierno. No veo a nadie de la tal Blitz Commission que le pueda ayudar. Tenga, tome mi teléfono y llame a alguien de la Blitz Commission o a su oficina central y dígales que yo, un simple y mortal fiscal de los Estados Unidos, le quiero dar vida en prisión. Dígales que le ayuden, o llame al grupo 43 de la DEA. Ah, desde ayer todos han sido retirados de sus cargos y están bajo investigación por estos agentes del FBI aquí presentes. Señor Ramón, perdóneme que le diga, pero alguien lo ha engañado y le ha robado su mal habido dinero; ahora usted está en un gran problema, del cual sólo yo y estas personas a mi alrededor le podemos ayudar a salir. Escúcheme bien: sólo le voy a dar una oportunidad de salvar su pellejo, pero bajo mis condiciones.

El alma le volvió al cuerpo a El Médico y sin reponerse del *shock* y con la boca reseca atinó a responder:

—Sí, señor, ¿qué tengo que hacer?

—Le voy a dar la fianza que el grupo 43 le prometió, pero con mis condiciones.

"La fianza, lo que sea, lo único que necesito es salir de acá y volarme para Colombia. No me importa quién tenga la razón, lo único que yo quiero es largarme para mi casa y lo más pronto posible", pensó El Médico, acorralado.

—Sí, señor, qué tengo que hacer, sólo dígamelo —respondió El Médico haciendo acopio de la poca serenidad que le quedaba y sintiendo que el mundo se le hundía a sus pies.

—Usted no puede hablar con el grupo 43. Le queda totalmente prohibido. Tampoco puede hablar con nadie de esta reunión y al salir en fianza va a estar bajo la supervisión de estos agentes del FBI. (John Jones y Roo Naramore). El objetivo es desenredar esta farsa y descubrir cuáles son los integrantes del gobierno que se prestan para esta pantomima; necesitamos ubicar abogados, fiscales, agentes, jueces; todo el que esté participando en ese fraudulento esquema. Como usted es el que ellos eligieron para ensayar y publicitar su negocio, pues quién mejor que usted, que goza de su total confianza, para llegar a las entrañas del asunto.

—Claro, señor, cuente conmigo, yo le voy a desenredar todo este malentendido, se lo prometo.

Dos horas después, desmoralizado en su celda de la cárcel de Miami, El Médico, muy abatido, pensaba y pensaba: 'Tengo que tomar esa fianza, ya sea que me logre volar o que Baruch llame a su gente en Washington y le pongan orden a todo este enredo. Estoy seguro de que la gente de Baruch es mucho más poderosa que este baboso que trapeó su oficina conmigo. Casi me mata de un infarto. Espere a que lo llamen de Washington y lo puteen como me puteó él a mí hoy. De verdad sólo quisiera quedarme para ver cómo los de la Blitz Commission trapean el piso con él por haberme amenazado así.

18

Criminal Complaint

Larry Castillo, en su condición de suspendido bajo investigación, ya calculaba la dimensión de la catástrofe que se avecinaba. Como pudo le hizo llegar el mensaje a La Flor para que desapareciera del mapa lo antes posible. Lo menos que necesitaba era otro narco colombiano preso bajo las garras del *White Collar Crime* tratando de usarlo en su contra.

—Larry te manda a decir que te perdás de Miami, de la Florida y de los Estados Unidos. Hay un problema serio y él no quiere complicarte, es mejor que te vayas para evitar sorpresas —le dijo Cristina, a quien Castillo le hizo llegar el mensaje.

—¿Por qué? ¿Qué pasó? ¿Qué pasó con El Médico? ¿Qué pasa con Larry?

—Hay un problema, eso es todo lo que él te puede decir. Cuando se solucione él te lo hace saber, por lo pronto vete y rápido.

—¿Qué tan rápido?

—No sé qué estás haciendo aquí; creí que ya te habías ido —concluyó Cristina y La Flor no dudó un instante en viajar de Miami a Ciudad de México.

Quince días después, el 10 de marzo de 2000, El Médico salió de la cárcel bajo fianza. Pero sus planes de fuga quedaron truncados por una llamada que recibió media hora después de salir de la prisión: su primo Óscar Campuzano, su socio, su amigo, otro de los fugitivos de la Operación Milenio, acababa de ser capturado por la DEA en su apartamento rentado en Miami.

Campuzano había salido de su refugio seguro en Orlando, Florida, para hablar con El Médico y aclarar cómo y cuándo sería su sometimiento voluntario. En ese instante, el agente Kevin Byrnes del grupo 9 de la DEA transportaba a Campuzano en su auto hacia el Headquarter de la DEA en El Doral y autorizó que el detenido llamara a su primo, El Médico.

—Primo, estoy con el agente Kevin Byrnes de la DEA. Me capturaron, ¿qué hago?

—¡Hijueputa, qué sal tan hijueputa! Viejo, diga la verdad, la verdad de todo y quiero que sepa que lo de Baruch es pura mierda. Eso es una farsa, olvídate de eso que yo estoy aclarando todo y por lo pronto di sólo la verdad. Ellos ya sabían muchas cosas de nosotros y las que no sabían ya se las dije, así que no hay nada que debas ocultar y fresco que voy a hacer todo lo posible para sacarte en fianza.

—Primo, no me vayas a dejar acá botado, por favor, sácame la fianza, no te vayas a olvidar de mí —concluyó Campuzano. En ese instante El Médico concluyó que no podía fugarse y dejar a su primo botado. La única opción era esperar que todo se aclarara cuanto antes.

El Médico fue a la oficina de su abogado Forman con la esperanza de escuchar lo que quería: que esa gente del FBI no era nadie y que Baruch y su Blitz Commission iban a aclarar todo.

—Médico, sólo puedo decirte que desde el principio yo tenía mis desacuerdos con Baruch y Román —explicó Forman y El Médico quedó desinflado.

—Daniel, por qué no me lo dijiste en Panamá antes de montarme al avión; si yo sé eso no me entrego.

—Médico, no te estoy diciendo que te equivocaste al venir, sólo que las cosas no eran tan sencillas como decía Baruch. En este momento sólo te puedo aconsejar que no le vayas a fallar al FBI, con ellos no se juega.

El Médico salió de la oficina con la moral por el piso pero con la esperanza de que Baruch aclararía todo. Eso ocurrió muy rápido porque dos días después de recibir la fianza los agentes del FBI Jones y Naramore lo llamaron.

—Médico, llama a Baruch a su celular porque llegó a Miami. Está en su apartamento de Lincoln Road, así que llámalo y coordina una cita para hablar personalmente con él.

El Médico habló con Vega y se reunieron ese mismo día con la supervisión del FBI y con los pantalones de El Médico llenos de cables y grabadoras.

Inicialmente El Médico sintió que estaba siendo desleal con su amigo Baruch, ese milagroso personaje que había aparecido en su vida con una varita mágica, con la capacidad de borrar su turbulento pasado y limpiar de raíz todos los pecados relacionados con la narcoactividad.

Pero tampoco era fácil engañar a los habilidosos agentes del FBI, que conocían muy bien su trabajo. Un sólo error de parte del Médico acabaría con la confianza que habían depositado en él y con seguridad tendría que verse de nuevo con su nada amigable fiscal de Washington, repitiéndole: "Le di la oportunidad y usted la despreció, así que ahora, pase el resto de su vida en prisión".

La reunión comenzó con esa mezcla ambivalente de sentimientos, pero muy rápido Baruch definió la posición del Médico.

—Baruch, ¿qué fue lo que pasó? ¿Cuál fue la demora de mi fianza?

—Viejo, pasó que la fiscal no había recibido la orden desde Washington de la Blitz Commission porque hubo un problemita con el dinero. Imagino que ya sabrás que Rasguño, mientras tú estuviste en prisión, comenzó a hacerme transferencias por cuatro millones. Unas entraron y otras no, así que hemos estado súper ocupados con eso. Finalmente, hace tres días le notifiqué a tu fiscal como lo planeamos y ahora estamos listos para seguir con todo nuestro programa.

—Baruch, y ¿Larry? ¿Dónde está que no me contesta? —indagó El Médico.

—El grupo 43 está en Italia, organizando otro casito que tenemos allá de otro personaje que también se quiere entregar. Estuve con ellos la semana pasada y luego me tuve que ir a México a tomar unas fotos para la portada de la revista *Elle.*

La respuesta de Vega apagó la lucecita de esperanza que aún le quedaba al Médico porque confirmó que le estaba mintiendo descaradamente y sin ninguna consideración. Todo era falso, los agentes del FBI estaban en lo cierto y Vega era un timador. Así que El Médico se propuso desenmascarar a Vega y de paso recuperar la platica que este le había quitado. Sin contar que a base de engaños y promesas lo había metido en la boca de semejante monstruo como es el sistema judicial americano.

—Ok, Baruch, ¿cuándo voy a ver a los de la Blitz Commission? —preguntó El Médico sentándose frente a él muy cerca, para que la grabadora dejara registro fiel de ese momento.

—Esta semana, no te preocupes, esta semana me acompañas a Washington.

—Claro que sí, Baruch, claro que te acompaño, de eso sí puedes estar seguro. No sabes lo ansioso que estoy por conocer a toda esa gente.

Sólo tres semanas de reuniones, grabaciones y citas monitoreadas por el FBI necesitó El Médico para concluir que la Blitz Commission sí existía, pero que esas no eran sus funciones y, segundo, Vega no tenía acceso a ninguno de sus miembros. Además en todos sus esquemas no existían ni agentes, ni fiscales, ni jueces involucrados; todos eran personajes imaginarios que Vega mencionaba con frecuencia para apuntalar su pantomima.

La idea de que ese dinero iría a financiar la guerra anticomunista en Colombia tampoco era del todo falsa. Sólo que el conducto no era la Blitz Commission sino Nicolás Bergonzoli y Julio Fierro, quienes representaban el papel de ésta y recibían el

66% de los pagos de todos los narcos, de los cuales 33% remitían a Don Berna y a Carlos y Vicente Castaño como cuota de seguridad, para que ningún narco osara reclamar posteriormente. El otro 33% era destinado para una causa realmente noble: aportes pro retiro anticipado para un fotógrafo jubilado, que de esa manera viviría cómodamente en las playas de la Florida a costa de idiotas que les dieron millones pensando que esa era la única manera de exculpar sus pecados.

Finalmente, el 28 de marzo de 2000, Baruch Vega y Román Suárez fueron arrestados bajo un Criminal Complaint de dos cargos: obstrucción a la justicia y lavado de dinero proveniente del narcotráfico.

En el periódico local publicaron que un informante le había tendido una trampa y grabado a Baruch Vega para ponerlo en prisión. Inmediatamente, Fierro y Bergonzoli regaron como pólvora en el gremio de los narcos y de las autodefensas la idea de que el informante era Carlos Ramón Zapata, alias *El Médico*, el mismo que había estado tres meses en prisión, de finca en finca, de reunión en reunión, promoviendo a Baruch Vega como el salvador y redentor del gremio. El mismo que sólo se demoró tres semanas en voltearse y acabar con el sueño de todos los narcos en Colombia de terminar sus días plácidamente en las playas de la Florida al cabo de un generoso acuerdo con el gobierno americano.

Pero Fierro y Bergonzoli no explicaron que El Médico había acabado con su negocio personal y que había salvado a los cabecillas del Norte del Valle de caer en la mayor redada que las autoridades estadounidenses le hubieran podido tender a cartel alguno.

La noticia llegó a todos los confines del planeta, incluido Cancún, donde La Flor había encontrado refugio seguro.

—¿Qué hubo, panita? ¿Supiste que todo el arreglo del fotógrafo voló a la mierda? Era el negro Asprilla desde la cárcel La Picota en Bogotá, quien llamó a La Flor para comentar la noticia del día en el mundo de la mafia.

— Sí, eso he leído en los periódicos. ¡Qué mierda, panita!

—Imagínate, dizque llegó un hijueputa de Medellín y se les torció porque no le gustó algo y los hizo capturar a todos. Qué sapo hijueputa ese Médico. ¿Vos lo conociste?

—No, panita, creo saber quién es. Era un mancito de Miami que vivía en mi edificio, pero la verdad no lo tengo bien claro; lo que sí le digo, viejo, es que eso no era la maravilla que parecía. De eso tan bueno no dan tanto. En Miami no me aparezco por nada; ese parche allá se puso reporoso y uno no sabe quién es quién. Mejor me quedo por acá con mis sombrerones; esto no está del todo mal y sobre todo es muchísimo más seguro que ese verguero en Miami —respondió La Flor, cortante.

Toda esa olla podrida se destapó en sólo cuestión de quince días; un esquema inteligentemente montado por Baruch Vega quedó al descubierto. Efectivamente parte de los elementos que él describía eran ciertos, pero otros sólo existían en su imaginación y una vez más se demostraba que no hay nada más sólido que una mentira acuñada con media verdad.

Los nombres que utilizaba, el conocimiento personal de agentes de diferentes agencias federales, fiscales, jueces y hasta la existencia de la Blitz Commission eran reales; pero todos organizados en funciones inexistentes y de una manera fantasiosa, que amarraba esta elaborada tramoya como si fuera la más sólida de las verdades. Cualquiera podría averiguar si este agente, este fiscal o este juez realmente existieron o si este era su cargo actual; lo que no se podía confrontar era que él hiciera parte del supuesto "team" de apoyo de Baruch Vega. Sólo se podía confiar en la palabra del Fotógrafo, ya que con su experiencia y seguridad, envolvía a los incautos narcos que jamás habían tenido contacto con una agencia federal americana y menos la cantidad de intríngulis de poder y política que al interior de éstas existe.

La forma de presentación a los narcos también era brillante, insinuar que de algún modo se estaba sobornando o comprando la confianza y voluntad de estos oficiales americanos era lo ideal, para la idiosincrasia del narco acostumbrado a comprarlo todo por arboroso que fuera. Si Baruch hubiera expuesto su programa diciendo que todo esto era gratis, que no había que pagarle a nadie, pues nadie le hubiera creído, era precisamente ese elemento turbio lo que lo hacía más atractivo para la retorcida mentalidad de los narcos.

En cuanto a la cooperación, la relación con los agentes era tan amistosa, que la información era igualmente extraída pero con anestesia y para cuando el narco entendía lo que estaba haciendo, ya estaba más al lado de los oficiales que de los narcos. Era como un embudo de ganado que comienza amplio y cómodo, en él usted puede cambiar su rumbo a necesidad, pero a medida que avanza se vuelve más estrecho y finalmente cuando usted trata de devolverse ya no puede, está atrapado: "cruza en línea de no retorno" y ya es imposible volver de nuevo, además Baruch olvidó comentar algunos de los más insignificantes detalles del proceso, como que los papeles del estatus migratorio no dependen de ellos, sino de otra agencia que odia todo ese tipo de arreglos y hace todo lo posible por convertir su vida en una pesadilla.

Tampoco comentó que de una u otra forma, todo el mundo y en especial el gremio del narcotráfico termina sabiendo qué es lo que usted está haciendo y acaba por ser el enemigo público número uno de todos los gremios en general, porque nadie perdona a un narco arrepentido

La versión Hollywood del *crossover* terminó en fiasco, en una pequeña burbuja comercial privada que vendía a precios exorbitantes los más preciados y retorcidos sueños de cualquier narco: libertad, poder, dinero, impunidad... Los narcos en Colombia perdieron su horizonte momentáneamente aún encandilados por tan pasajero fulgor. Al cabo de un tiempo, El Médico fue sentenciado. Tras un par de reducciones en su sentencia por colaboraciones con la justicia americana, recobraría su libertad el 14 de junio de 2005.

19

Crossover criollo

El panorama en Colombia era mucho más alentador para algunos de los personajes que integraban el cartel del Norte y en especial para aquellos que se habían entregado voluntariamente a mediados de 1996 para pasar una corta temporada de vacaciones en las cárceles de máxima comodidad escogidas por ellos mismos y bajo las condiciones que estos exigían.

Aunque los procesos de sometimiento voluntario corrían paralelamente en Estados Unidos y Colombia, había una pequeña diferencia: los que se entregaban en Estados Unidos eran catalogados como seres despreciables y estigmatizados como integrantes del cartel de los sapos, un remoquete denigrante que hacía alusión a su cuadre de cuentas con el gobierno americano. En cambio, los que se entregaban en Colombia, previa concertación con algunas autoridades colombianas, eran ciudadanos admirables que demostraban un claro interés en corregir sus errorcillos del pasado.

De ahí sus comodidades: celdas especiales, servicios de seguridad privada en la cárcel, equipos de comunicación, visitas sin control ni límites, fiestas sorpresas salidas durante la noche y regreso antes del cambio de guardia y en fin, toda la gama de lujos que el dinero en Colombia puede comprar. Pero, no contentos con ello, obtenían penas irrisorias con las cuales saldaban sus deudas con la sociedad.

El primero de este selecto grupo de personajes fue Juan Carlos Ortiz Escobar, *Cuchilla*, que salió libre luego de un corto periplo de 48 meses por las prisiones de Villahermosa, Palmira y La Picota. Allí lo único que hizo fue afianzar sus vínculos con el narcotráfico.

Mientras estuvo en Villahermosa con Víctor Patiño y Jorge Asprilla gozó de uno de los períodos más productivos porque coordinó con ellos múltiples envíos de cocaína hacia las costas mexicanas por vía marítima. Asprilla y Patiño eran en ese momento los reyes del Pacifico.

En Palmira sus relaciones comerciales fueron nada más y nada menos que con Pacho Herrera. Luego, cumpliendo sus deseos, fue trasladado a La Picota para reunirse con Nelson Urrego y los hermanos Rodríguez Orejuela, con quienes afianzó una amistad de vieja data que les alcanzó incluso para reactivar viejas rutas de del narcotráfico en compañía del restante clan de los Herrera.

Esta alianza desencadenó la ira de los capos del Norte, que vieron amenazada la integridad de su propio cartel. En abril de 2000 Cuchilla pisó las calles de la ciudad, pero no porque en el tiempo que estuvo en prisión no lo hubiera hecho. La diferencia era que ya había saldado su deuda con la sociedad y tenía en sus manos un documento legal que así lo demostraba.

El segundo en salir de prisión, en junio de 2000, fue Juan Carlos Ramírez Abadía, *Chupeta*, cuya pena no superó los 50 meses. Su tiempo transcurrió entre Villahermosa, en compañía de Asprilla, Patiño y Cuchilla. Él hizo construir y adecuar un pabellón de máxima seguridad en la prisión de Buga donde era el único recluso. Estaba sólo y gozaba de exclusividad total: celda con todos los lujos, habitación para sus escoltas y hasta sala de espera con televisor y DVD para las visitas.

Entre tanto, Fernando Henao, Miguel Solano y Chepe Puello, los narcos que en Miami se decían poseedores de la verdad, los únicos con acceso a esa varita mágica llamada borrón y cuenta nueva, eran fieles seguidores de la versión *light* del *crossover* americano. Pero tenían claro que su grupo era muy pequeño, que si querían sobrevivir e imponer su opción como la única y verdadera, deberían atraer a los más importantes y poderosos cabecillas del Norte del Valle.

Un buen candidato para engrosar la exclusiva lista de capos ya no capos era José Ramón Quintero Bustamante, *La Remáquina*, cabeza sobresaliente del ala financiera de Varela. Este personaje aceptó entrevistarse en Costa Rica con el agente del FBI Hank Twehues. Dos días fueron suficientes para que el agente del FBI le explicara a Quintero las ventajas y las obligaciones que asumiría si se unía al grupo.

La Remáquina regresó a Colombia a mediados de 2000 para analizar la propuesta, pero el arresto de su socio Jairo García, *El Mocho García*, interrumpió el proceso porque la detención con fines de extradición corrió por cuenta del agente Twehues, justamente con quien había hablado, meses atrás, en Costa Rica.

La Remáquina corrió a reunirse en la cárcel con García. Después de evaluar lo ocurrido, no les quedó duda de que el delator había sido su yerno, el esposo de su hija, Gonzalo Echeverri, prestante informante del agente del FBI, conocido en el gremio como El Calvo Gonzalo o El Soldado. En febrero del año siguiente alguien citó al Calvo Gonzalo a una reunión en la heladería Mimos de Buga y desde entonces nadie más lo volvió a ver con o sin vida, simplemente desapareció.

Bajo los efectos del licor, Quintero se ufanaba de haber vengado la traición a su socio y de haber conseguido que el traidor confesara su falta. Ya no habría nadie que lo pudiera acusar ante los americanos y no correría la misma suerte de su socio. Como medida de precaución, La Remaquina suspendió cualquier contacto con el agente del FBI.

Mientras Fernando Henao gozaba de su libertad, en el Valle era evidente que las divisiones crecían día a día y cada capo se creía con la suficiente autoridad, autonomía y antigüedad para autoproclamarse jefe único y sucesor de Orlando Henao en el trono del cartel del Norte del Valle.

Varela se sentía su heredero directo y se ufanaba de contar con el apoyo de Danilo González y Tocayo, pero también sabía que el nuevo jefe podría ser Fernando Henao, el único de los hermanos que agrupaba las virtudes malvadas y la mala sangre que corría por las venas de los Henao. Pero Varela no sabía que lo que menos quería Henao en su vida era coger ese bravío toro por los cuernos porque él sólo pensaba en cómo salir con vida y con platica de la hecatombe que se veía venir. Por eso, su nueva ciudad, Miami, era ideal.

Al mismo tiempo, Rasguño y Víctor Patiño se sentían la dupla más poderosa y capacitada para dirigir los destinos del poderoso cartel. Su antigüedad, experiencia, capacidad militar, poder económico y capacidad de convocatoria, los hacía a sus ojos, perfectos y más que merecedores para ocupar el cargo. Iván Urdinola, sin esperanzas de salir de la cárcel, ni sumaba ni restaba. A Diego Montoya poco le interesaba esa posición porque su único objetivo era aumentar su poder económico y militar.

Así surgieron dos corrientes que empezaron a buscar aliados para apoderarse del cartel: Varela y Tocayo de un lado y Rasguño y Patiño del otro.

20

Se putió la vuelta

Iván Urdinola salió de su celda una mañana de julio de 2000 a tomar algo de sol porque el guayabo que le produjo la fiesta de la noche anterior era más fuerte de lo normal. En los últimos días había sentido que no aguantaba tanto licor como antes y que las resacas eran cada vez más violentas. "Me estoy volviendo viejo", les reconoció a otros reclusos y se lamentó porque aún no salía de la prisión, donde había permanecido por más de ocho años.

Cuando se dirigía al patio principal de La Picota vio a Florecita en compañía del Negro Asprilla.

—Florecita, Florecita, hijueputa, este guayabo me va a matar.

—Hola, señor, ¿cómo amanece? —respondió La Flor desde el extremo de la escalera al tiempo que cambió de rumbo para ir a saludar a Urdinola.

—Venga, mijo, venga le pregunto una cosita. ¿Usted se ha visto con Fernandito Henao en Miami? —indagó el capo después de llevar a La Flor hacia un rincón.

—Pues, señor, la verdad es que lo he visto una que otra vez, pero de lejos.

—Dígame la verdad. ¿Usted también anda en esa maricada en que andan Miguel Solano, Chepe Puello y Fernando? ¿Eso de estar hablando con los tombos allá arriba?

—No, señor, créame que no, no tengo nada que ver con eso. Yo voy poco a Miami porque vivo casi todo el tiempo en México —respondió La Flor, evasivo.

—¿Usted puede hablar con Fernando? Dele a Fernando este mensaje tal y como se lo voy a dar, pero no me le cambie ni una sola palabra —dijo Urdinola, misterioso.

—Claro, señor, yo lo localizo.

—Dígale a ese maricón que se venga ya mismo a hablar conmigo, ¿que si me va a dejar matar acá sólo? —explicó Urdinola y La Flor no entendió el significado de esas palabras.

La Flor partió rumbo a México y después a Miami con la intención de llevar el mensaje, pero se llevó una sorpresa cuando El Negro Asprilla lo llamó desde la cárcel y le contó que esa mañana Urdinola había desayunado con Fernando Henao.

—Yo lo saludé y quedó de pasar a mi celda más tarde o mañana —relató Asprilla.

—Maricón ese. Y yo buscándolo por acá en Miami, ¡qué putería! —respondió La Flor, indignado.

—Panita, usted ya sabe, ya se lo he dicho, no le dé la espalda a Fernando Henao que él lo lleva redoblado a usted y de pronto le hace una cagada por allá —resumió Asprilla.

La Flor no supo que Henao había viajado de urgencia a Colombia a petición de Rasguño y Víctor Patiño y que de inmediato se dirigió con su hermano Arcángel a la finca El Vergel donde lo esperaban los capos. Después de un corto saludo, Rasguño habló sin titubeos.

—Fernando, usted sabe que nos hemos querido como hermanos, especialmente con su hermanito el Mochito. Desde la muerte de Orlando me he encargado de que nadie se atreva a meterse con la familia Henao; Víctor y yo hemos tratado de poner orden en el Norte, pero como siempre por algún lado sale Varela, que hace lo que le da la gana. Ahora anda subidito porque le ha pegado dos o tres pataditas a Los Pachos. Eso, Fernandito, nos tiene muy molestos porque si sigue así, le va a dar por tirarnos. Su hermano Orlando mandó matar a Pacho Herrera y vea que terminó acribillado a los ocho días. Mijo, vamos a arrancar contra Varela y necesitamos que usted nos ayude, que se haga de nuestro lado y que le ponga una cita en una finca suya. Estamos seguros de que a usted sí le copia. Necesitamos que usted lo saque a una finquita para poder hacerle la vuelta sin mucha murga, ¿sí me entiende?

—Ya entendí, Don Hernando. En este viaje es un poco difícil porque no me puedo demorar en Colombia más de dos días, por lo de mi proceso; tengo que estar en Miami pasado mañana, pero sin embargo cuente conmigo. Apenas termine una cosita allá arriba vengo a ponerme en esa tarea 100% con ustedes. Es más, le voy a enviar razones a Varela para endulzarlo porque la verdad hace rato no lo veo ni sé dónde está —respondió Fernando Henao tratando de hacerle el quite a la trampa mortal que Patiño y Rasguño le habían tendido.

—Está bien, mijo, cuento con usted, no se demore mucho por allá para que finiquitemos ese tema y no le demos muchas largas ¿le parece? —respondió Rasguño con algo de incredulidad.

Después de despedirse, Henao se dirigió al aeropuerto de Cartago en compañía de Guillermo Anduquia, *Fósforo*, su incondicional escolta y compañero de desventuras.

—Te das cuenta, Fósforo, por qué no quiero estar acá. Esto se está volviendo una mierda porque no se sabe quién es quién ni quién está contra quién. Aquí es todos contra todos y todos contra uno. Desde que mi hermanito Orlando murió, esta maricada va de culo... aquí no hay orden. Fósforo, localizá a Varela y decile que yo me devolví para Miami, que finalmente es el único rincón seguro para nosotros. Que no se preocupe por mí, que voy a estar bien. También comentale que no le vaya a salir a Rasguño, ni a Víctor Patiño, que quieren arrancarle la chimba, que no les dé papaya, que lo van a pelar.

Una vez en el hangar privado donde estaba su avión, Fernando Henao salió rumbo a Bogotá para hablar en la cárcel La Picota con Iván Urdinola.

—Tranquilo, Ivancito, voy a organizar unas cositas en Miami y vengo para ponerme al frente de esto. La pelea es con Varela y no creo que Rasguño o Víctor le vayan a querer hacer algo a usted porque tienen claro que si le hacen algo a usted pongo el grito en el cielo y ahí sí que me hago matar. Eso sí, no se ponga de bruto a decir que le conté porque se nos vienen todos encima. Hágase el huevón, que usted no sabe nada y no tire para ningún lado para ver quién queda vivo. En esta cárcel es muy difícil que le hagan algo... me imagino que usted controla todo: la guardia, la comida, las armas, en fin, usted sabe cómo es esto. Ya cumplí con avisarle a Varela, y de ahora en adelante que se defienda solito. Además, él tiene a Tocayo y a Danilo y con ese par de fieras la pelea es peleando. Hagamos de cuenta que no sabemos nada.

—Usted es bien huevón, Fernandito. El que me preocupa es el hijueputa, malparido de Varela, que es el peligroso. Ahora cómo les cuento a Víctor y a Rasguño que usted puso sobre aviso a Varela. Por eso le mandé decir con su hermana Lorena, con el marica del Mochito y con el huevón de La Flor que viniera a hablar primero conmigo; la cagó, se puteó la vuelta. Ahora cómo vamos a matar a ese hijueputa si lo teníamos a usted para que lo sacara a una finca; ¿no ve que él no le sale a nadie, sólo a usted? —respondió Urdinola, molesto.

—Pero, Iván, si Varelita ha estado siempre del lado de nosotros. Ahora resulta que usted también quiere matarlo —intervino Henao, tratando de justificarse.

—Vea Ferchito, ese hijueputa malparido nos mata a todos cuando termine su guerra con Los Pachos.

Cuando salió de La Picota Henao partió directo al aeropuerto ElDorado de Bogotá donde esa noche abordó el último vuelo de LanChile a Miami. Estaba preocupado y un poco asustado. Pero también estaba convencido de que no podía regresar a Colombia. Al fin y al cabo en Miami estaba seguro y protegido por los agentes del FBI. "Lo mejor que hice fue saltar para el lado de los americanos, que es tierra firme. En Colombia todo se volvió un pantanero de tierra movediza", pensó antes de conciliar el sueño.

Pocos días después, Varela recibió la razón de parte de Fósforo, pero no se sorprendió porque su olfato de asesino no lo podía engañar. Sin embargo tenía claro que Tocayo no lo acompañaría en esta nueva confrontación porque al otro lado estaba su hermano Víctor. Lo que sí logró Varela fue identificar a Rasguño y a Patiño como sus nuevos enemigos.

Unos días después, Varela observó cuando Rasguño descendía de su avión en los hangares del aeropuerto de Cali y sin pensarlo dos veces le salió al paso.

—Oíme, Rasguño, ¿qué es lo que pasa? Un pajarito me dijo que vos querés matarme, acompinchado con Víctor.

—Varelita, mijo, ¿cómo se le ocurre? ¿Cómo voy a hacer una cosa de esas? El que sabe de eso es Victor; él sí le puede explicar bien ese chisme, pero tenga mucho cuidado porque usted sabe cómo es esa fiera —respondió Rasguño y acto seguido puso la mano sobre el hombro de Varela, que pareció entender.

—Gracias, patroncito —dijo Varela.

Apenas se despidieron, Rasguño llamó a Patiño a la cárcel de Villahermosa de Cali donde permanecía detenido pagando su corta sentencia.

—Víctor, Víctor, me tocó chivatearlo con Varela —explicó Rasguño.

—¿Cómo así, Rasguño? explícame.

—Imagínate que me encontré a Varela en los hangares donde tengo mis avioncitos. Apenas me vio se me tiró encima y me enfrentó de una. Me dijo que cómo era posible que entre los dos le estuviéramos armando un plan para matarlo, que un pajarito se lo había dicho. Me tocó negar todo porque si no lo hago me mata... andaba con 20 de sus escoltas y yo solito con mi noviecita y los pilotos. ¿Qué más podía hacer, mijo? Ahí le tiré ese problemita pero usted puede solucionarlo. Por ahora hable con su hermanito

Tocayo para que calme la situación con Varela. A ese hijueputa no se la va a olvidar nunca eso.

—Marica, Rasguño ¿cómo me metes en ese problema tan hijueputa? Me imagino que tenés claro quién fue el pajarito —replicó Patiño.

Varela, enfurecido, también se movió de inmediato y se reunió con Tocayo, su inseparable amigo.

—¿Cómo te parece? Me enteré de que tu hermano Víctor y Rasguño me quieren arrancar. Ahí me encontré de frente con el hijueputa fariseo de Rasguño y me lo negó; ahí está pintado lo cobarde que es ese hijueputa.

—Me parece imposible que Víctor se preste para eso porque él conoce mi relación con vos, cosa fea, aunque de Rasguño se puede esperar cualquier cosa, pero ¿de Víctor? Déjame voy a hablar con mi hermanito a ver qué tan cierto es eso, aunque a mi no me cabe en la cabeza una cosa de esas —respondió Tocayo y se comprometió a visitar a su hermano inmediatamente.

—Víctor, ¿cómo es eso que me contó Varela? ¿Que vos y Rasguño quieren matarlo?

—Tocayo, respetame. No me salgas con mariconadas porque si tengo que sacarte a patadas de aquí, delante de todos tus lava-perros, te saco... no seas huevón —respondió Patiño.

—Vos sos el que me tenés que respetar; estás hablando con un varón.

—¿Sí? Vamos a ver qué tan varón es que sos.

Los dos hermanos se agarraron a puñetazo limpio; patada por aquí, puño por allá, golpe bajo y todo esto en presencia de un innumerable cuerpo de seguridad. Los escoltas de Tocayo intentaron intimidar a los de Víctor y estos, sin pensar en las consecuencias, decidieron actuar de igual manera y cargaron sus fusiles. Al escuchar el inconfundible clac clac de las armas, Patiño se detuvo un momento y dijo: "Aquí no se mete nadie, esto es entre este maricón y yo".

Minutos después, exhaustos de repartirse golpes y sin vencedor ni vencido, Tocayo se fue. Se había fracturado así la relación con su hermano, que por años había sido indisoluble.

—Rasguño, me tocó agarrarme con Tocayo porque me vino a hacer el reclamo por lo de Varela. ¿Te das cuenta la cagada tan hijueputa que hiciste? Por ahora lo mejor es olvidarnos de lo de Varela y arreglar las cosas con él. Por nada del mundo podemos tenerlo como enemigo —le contó Patiño a Rasguño poco después de terminar la pelea con su hermano.

—Bueno, bueno, Víctor, perdona la cagadita.

A su vez, Tocayo le reportó a Varela lo ocurrido.

—Ahí fui donde Víctor. Se emputó conmigo y me dijo que cómo se me ocurría hacerle un reclamo de esos, que si yo era marica, que cómo putas era capaz de decirle eso en su cara, que no fuera atrevido. Terminamos peleando y por poco se arma la matazón porque mis muchachos y los de él se encañonaron los unos contra los otros y finalmente no me dejó ni hablar.

—No te preocupes por eso, cosa fea, ustedes son hermanos; mañana volvés a hablar con La Fiera, mejor dejemos eso así, olvidemos eso —respondió Varela.

La extradición hacia Estados Unidos el 13 de julio de 2000 de Orlando García Clevez, capturado en la Operación Camarón, puso en evidencia el peligro que representaba para el cartel la inminente partida a tierras lejanas de Jorge Eliécer Asprilla. Era el más fiel servidor del cartel del Norte del Valle, el mismo que tiempo atrás había traficado con todos desde la prisión en Cali; el único hasta ese momento capaz de transportar al mismo tiempo dos y tres barcos cargados de cocaína hasta las costas mexicanas; el pintoresco negrito del puerto sobre el Pacífico que los había hecho multimillonarios a todos y cada uno de los miembros de dicho cartel. Por estos pequeños detalles el Negro debía ser eliminado... bajo ninguna circunstancia se podría permitir que el Negro abordara el avión de la DEA rumbo Nueva York.

El encargado de eliminar al negrito fue Chupeta —que por esos días deambulaba por las calles de Cali— y no dudó en encargarle la tarea a Jorge Rodríguez, *El Teniente*, jefe de su brazo armado.

La orden de asesinar a Asprilla no fue compartida por todos los capos, entre ellos Varela y Arcángel Henao. Sin embargo, el

Top 10 del cartel, incluidos algunos de los que ya habían nego-
ciado en Estados Unidos, dió la orden perentoria. "Si el Negro
llega a Estados Unidos va a volar mierda al zarzo. Imagínense
qué hacemos los que ya estamos acá viviendo bueno y protegidos
por los gringos. Las agencias no tienen idea de lo que es el cartel
del Norte del Valle; el Negro sí conoce toda la estructura y la
organización. Háganle, háganle, arránquenle, pero eso sí, el que
haga eso que no deje huella".

21

No le digan a nadie

Hagamos un pequeño viaje en vuelo directo, sin escalas, a las entrañas del cartel de Norte del Valle y revivamos paso a paso los acontecimientos que rodearon la vida del Negro Asprilla.

Los más interesados en eliminar al Negro Asprilla, su socio del pasado, ante la posibilidad de que este terminara en cortes americanas donde los pudiera delatar, eran Víctor Patiño, Fernando Henao, quien disfrutaba en Miami de la versión *light* del *crossover*; y Chupeta, que gozaba como el que más de la privilegiada posición de narco arrepentido. La cifra que ofrecieron por la ejecución y muerte del negrito fue un millón de dólares, dinero que El Teniente, jefe de seguridad de Chupeta, no estaba dispuesto a dejar escapar.

Lo que este blancuzco, pálido y enclenque personaje no sabía era que el negrito tenía claro que podía ser atacado en cualquier momento por sus antiguos aliados y por eso reforzó su aparato de seguridad con un pequeño grupo de escoltas.

No obstante, el Negro seguía confiado en los buenos oficios de su abogado, que estaba seguro de ganar la batalla legal contra la solicitud de extradición. Pero el sueño del negrito de permanecer en Colombia se desvaneció en los primeros días de septiembre cuando la Corte dio vía libre a la petición de los estadounidenses. Aún así, estaba tranquilo porque el Plan B avanzaba sin problema, es decir, el túnel que varios de sus hombres construían y que según los reportes de esos días estaba a muy pocos metros de la celda numero ocho, a dos calabozos de la celda del Negro.

—Mijo, necesito que le diga a esa gente que se apure, que los 20 días que faltan se vuelvan diez porque las cosas se me están poniendo muy duras. Por un lado, si me descuido ese hijueputa del Teniente que trabaja para Chupeta me quiere desaparecer; usted sabe que me quieren matar aquí adentro; por el otro lado, vea, el Gobierno aprobó mi extradición y ni por el putas me dejo extraditar; además ahora no soy sólo yo, figúrese aquí está esa gente que capturaron en la Operación Milenio y ellos también quieren salir de aquí; no les he dicho nada, pero lo más seguro es que para que no vayan a chivatear mi voladita tenga que llevarme a algunos; le cuento que estuve hablando con el Mono y me dijo que no me preocupara, que él me está esperando —le dijo al mensajero de confianza que lo visitó esa mañana.

—El Mono, ¿cuál Mono?, patrón —preguntó el confidente del Negro.

—Pues el monito amigo mío, el Mono Jojoy, el comandante de las FARC. Cuando él no tenía el poder que tiene ahora yo lo ayudé muchísimo y ahora quiere pagarme tanto favor que le hice; es más, me está proponiendo que me vaya a la zona de distensión que les cedió el Gobierno en sus diálogos de paz, que de allá no me saca ni el putas. ¿Sabe qué, mijo?, lo mejor es estar con esa gente, déjeme organizar las cositas y vuelva mañana. Eso sí, cuadre con los del túnel para que lleguen lo antes posible, dígales que trabajen 24 horas, lléveles esta platica y dígales que si están aquí en unos diez días les doy una buena bonificación.

La situación era tan apremiante que el mensajero regresó al día siguiente y le confirmó que el túnel iniciado en una carpintería cercana y que terminaba en la celda número ocho estaría

ANDRÉS LÓPEZ LÓPEZ

terminado en una semana y listo para la fuga. En ese momento el Negro Asprilla ya tenía claro que lo acompañarían dos invitados de última hora: Alejandro Bernal, *Juvenal*, y Alfredo Tascón, capturados en la Operación Milenio.

Todo estaba diseñado para salir en la noche y según los planes tardarían cerca de una hora en recorrer el túnel de 200 metros bajo tierra. Una vez llegaran a la carpintería se cambiarían de ropa por sotanas que había obtenido uno de los mensajeros que además conduciría un microbús para transportarlos a la zona de despeje situada a 300 kilómetros de Bogotá.

Los días pasaban y la ansiedad hacía estragos en el sistema nervioso de estos cuatro aventureros; si todo salía como estaba previsto sería su golpe maestro. El Plan B no podía fallar.

Al amanecer del miércoles 27 de septiembre de 2000, el recluso de la celda ocho salió presuroso a confirmarle a su jefe la buena nueva. Asprilla acababa de lavarse la cara y apenas se disponía a prender su cepillo de dientes eléctrico cuando sorpresivamente escuchó los golpes en la puerta de su celda.

—¡Patrón! ¡Patrón!

—¿Qué pasa?

—Anoche los escuché, están llegando, señor, están llegando.

—¿Verdad, mijo?

—¡Sí, sí, sí, señor!, los sentí cerquita; hasta creí que iban a romper el piso anoche mismo.

—Déjeme confirmo.

Efectivamente, el Negro corroboraría segundos después que su sueño de salir de allí vestido de cura párroco sería realidad en dos noches más. Pero los sentimientos encontrados con sus compañeros de patio y de desventura lo llevarían a cometer una fatal infidencia. Asprilla se acercó a la puerta que lo separaba del patio donde estaban recluidos los hermanos Rodríguez y de un grito pidió que le localizaran a don Miguel o a don Gilberto, quienes acudieron al llamado de inmediato y escucharon atentamente el ofrecimiento del negrito.

140

—Don Gilberto, don Miguel, ustedes saben que Chupeta y Víctor Patiño están pagando una platica para que me maten aquí adentro; por otro lado el Gobierno aprobó mi extradición y ni por el putas me voy a dejar llevar donde los gringos. Lo que menos quiero ahora es causarles algún tipo de problema a ustedes, todo lo contrario, les vengo a hacer una invitacioncita.

—Cuéntenos, mijo, de qué se trata —dijo Miguel Rodríguez, sorprendido.

—A ver les explico. Hace como tres meses tengo a una gente trabajando en un tunelcito para volarme y mañana está terminado. Por ahí me voy a ir, no sólo yo, también Juvenal y Alfredito. A nosotros nos da pena con ustedes y por eso preferimos invitarlos; sólo quiero que sepan que, con o sin ustedes, nosotros nos vamos.

—Mijo, Gilberto y yo estamos muy viejos para esos trotes; háganle, háganle ustedes, buena suerte y no le digan a nadie.

—No, don Miguel, esto nadie lo sabe. Se los digo a ustedes por respeto y solidaridad, pero esté seguro de que de esto nadie tiene conocimiento; es más, cuando estemos seguros y lejos de aquí, le mando algún mensaje para contarles cómo nos fue. Hasta luego, don Miguel.

Los viejitos no podían desaprovechar esta oportunidad servida en bandeja de plata, cubiertos de oro y vajilla Versace. Inmediatamente se comunicaron con el director de la prisión y este a su vez con el director del Instituto Nacional Penitenciario, Inpec, y le revelaron lo que acababan de saber.

Pero los Rodríguez habrían de sacarle provecho a la valiosa información que tenían en sus manos. Antes de contar los datos sobre el plan de fuga de Asprilla exigieron un compromiso del Inpec para trasladarlos de inmediato a la cárcel de Palmira cerca a su Cali amada. Por ese movimiento habían luchado años y años argumentando infinidad de problemas médicos.

—Señor, dígale al ministro, que el cerebro y promotor de la fuga es el Negro Asprilla y que también piensan fugarse Alfredo Tascón, Alejandro Bernal y otro más. No tienen que buscar mucho, vayan a la celda número ocho, que ahí está; eso sí hágale rapidito, señor, porque si se descuidan se les van. Según me dijo el Negro, mañana en la noche se piensan fugar —diría uno de los Rodríguez al tiempo que los fugitivos disfrutaban de su última visita familiar y degustaban los manjares de un típico almuerzo en la prisión.

Al día siguiente, jueves 28 de septiembre de 2000, a eso de las 10 a.m. un pelotón completo de oficiales de la Policía y el Inpec irrumpió en la celda del Negro y de inmediato lo trasladó a los calabozos de la Dijin en Bogotá. Ese mismo día el general de la Policía, Luis Ernesto Gilibert, fue notificado por el director del Inpec, general Fabio Campos Silva, del inmediato traslado de los hermanos Rodríguez Orejuela a la cárcel de Palmira.

El viernes 30, sobre las 8 a.m., los viejitos arribaron a la nueva prisión ante el estupor del país entero y los medios de comunicación, que no entendían el traslado repentino de los más grandes narcotraficantes del mundo a una cárcel que no contaba con las mínimas condiciones de seguridad. Por obvias razones era complicado explicar que este era el precio que se debía pagar por la información que evitó la fuga de los extraditables.

Ese mismo viernes y luego de dejar cómodamente instalados a los hermanos Rodríguez, los generales Gilibert y Campos mostraron al país el éxito de la operación que evitó la fuga masiva de extraditables.

En la fría celda de la Dijín, Asprilla, solo, tuvo que esperar hasta el 22 de octubre de 2000, cuando fue reseñado y sacado en un despliegue de seguridad asombroso rumbo al aeropuerto de Catam, donde lo esperaba un avión de la DEA para transportarlo a su verdadera desgracia.

Al terminal militar llegó a las 6:45 p.m., esposado de las manos, luciendo su fino reloj Rolex de oro y un hermosísimo rosario dorado sobre su pecho que resaltaba aún más por el color negro de su piel. Se veía nervioso, angustiado, preocupado. Las cámaras de televisión enfocaban su rostro. El Negro se movía de un lado a otro tratando sin éxito de evadirlas. De repente, el jefe de la DEA en Colombia se acercó al Negro y le señaló el avión que lo llevaría a Estados Unidos. Dos agentes americanos altos, blancos, pelirrojos, tal cual como el Negro se los imaginaba, lo tomaron a la altura de los codos y lo condujeron a las escalerillas de la aeronave.

Aunque parezca increíble y cuando el avión ya había decolado, el Negro pudo despedirse de su esposa desde el celular de uno de los oficiales de la DEA.

—No te preocupes, aún tengo un as bajo la manga... mi Plan C.

Con el paso del tiempo quedaría al descubierto que ese as, ese famoso as, no era otro que el popular y conocido *crossover* prepago, el mismo que los narcotraficantes creían que los sacaría del infierno. Es el narco que pretende utilizar sus propias rutas o contactos para darle información veraz y detallada a un agente sobre un barco, una lancha, un contenedor, una mula, un perro, un caballo, que transporta droga hacia Estados Unidos. Es el narco que cree que por ese simple hecho cuando se presente en la Corte será tratado con indulgencia por el juez, que según él dirá: "Señor, gracias a su información el gobierno incautó X o Y cargamento; lo felicito, usted es un excelente ciudadano; es más, por todo esto la Corte le hace entrega oficial de una ciudadanía americana para enmendar los sinsabores de su estadía en una prisión en Colombia. Tome este chequecito por medio millón de dólares".

La historia del Negro Asprilla no fue la única; como él, muchísimos narcos incautos se presentaron de la misma manera en las cortes federales, reclamando los beneficios que merecían por los éxitos obtenidos en la lucha antidrogas. Pero ese *crossover* tipo prepago sólo le duró al Negro hasta su primera entrevista con las agencias federales americanas.

—Señor Asprilla, déjeme decirle que nada de lo que usted haya hecho con cualquiera otra persona diferente a mí, que soy su fiscal, tiene ninguna validez. Es más, tenga claro que usted no tiene ningún tipo de inmunidad; si le interesa cooperar con el Gobierno, la cooperación es una sola: me debe decir la verdad y sólo la verdad de su vida en el narcotráfico. Si descubro una sola mentira, hasta ese día, escúcheme, hasta ese día, hablo con usted. Y si es así yo mismo me aseguraré de que nunca en la vida vuelva a ver la calle, ¿me entendió?, ¿me entendió?

Sin embargo, el Negro sabía de la existencia de la versión *light* del *crossover* y por eso no tardó en aparecer su principal promotor, Miguel Solano. Y lo hizo no precisamente para ayudar al Negro, que naufragaba en las enfurecidas aguas del sistema judicial americano, sino para asegurarse de que no abriera su boca más de la cuenta. Por eso envió a Leef Fernández, su investigador privado, para consolar al amigo caído en desgracia.

—Señor Asprilla, Miguelito me envió a visitarlo. Dice que no se preocupe por nada, que él paga los tres millones de dólares que vale su defensa. Usted estará en las mejores manos. Mire cómo están viviendo Miguel (Solano), Fernando (Henao) y Chepe (Puello) en Miami sin que nadie los moleste. Tienen casas, barcos, aviones, todo, como si estuvieran en Colombia. ¿Necesita más pruebas de mi trabajo? —le preguntó Leef a Asprilla en la prisión federal de Manhattan, Nueva York.

—No. ¿Cómo se le ocurre, señor Leef?, ni más faltaba. Dígale a Miguel que no se preocupe, que mi gente en Colombia sigue trabajando que en menos de un mes le entrego los 6.000 kilitos que le tengo en México. Sólo le quiero pedir una cosa: hable con la Fiscalía para que me saquen del SHU —Special Housing Unit o sitio de castigo en las prisiones.

—No se preocupe, espere unos diitas y lo hago sacar —respondió Leef antes de partir.

El pobre negro ignoraba que Miguel Solano aparentaba ser su salvador para evitar que abriera su boca y pusiera en evidencia las rutas que él manejaba. Tenía claro que si contrataba y pagaba los abogados, compraba el silencio del Negro Asprilla. Lo que menos le importaba a Solano era que el negrito saliera del SHU.

De esta manera, Solano empezó a manejar a su antojo a Asprilla, el arma más poderosa que el gobierno americano tenía en contra del cartel del Norte. De un lado, a los agentes en Miami les hacía creer que el Negro era un narcotraficante de cuarta o quinta categoría, nada importante, que movía unos kilitos por allí, otros por allá.

Con esta estrategia en marcha, muchos narcotraficantes creyeron que efectivamente Solano era el único que apoyaba a su amigo preso en una cárcel norteamericana. En forma paralela y sin que nadie se percatara, Solano les enviaba información a los capos del Norte sobre la manera como la DEA y el FBI se proponían utilizar a Asprilla en contra de ellos.

Poco a poco, Solano se convirtió en un doble agente. Si es cierto que un narco puede fungir ante las agencias americanas como arrepentido y demostrar su empeño en combatir el narcotráfico, lo que sí es imperdonable es que continúe traficando con drogas. Sólo el tiempo señalará el final de un narco arrepentido, convertido en doble agente.

En Colombia, mientras tanto, se desvaneció el nerviosismo que causó en el narcotráfico la extradición del Negro Aspilla. Todo gracias a los buenos oficios de la dupla Leef-Miguel, que controlaba al extraditado. Nadie ponía en duda la capacidad y sagacidad de la versión *light* del asunto porque cada uno de sus seguidores continuaba en el pedestal de la opulencia: sol, arena y mar en el día y fiesta y diversión en la noche.

Por esos mismos días, con sus largas noches, el Negro seguía en la celda de castigo del Metropolitan Detention Center, MDC, de New York, contiguo a China Town, en el bajo Manhattan. En su espacio de dos metros esperaba que el gorila encargado de cuidarlo le permitiera la llamada telefónica semanal de tres minutos a la que tenía derecho. Así pasaron los meses, encerrado en su calabozo, sin que nadie lo visitara. Por teléfono o en persona, la disculpa de Leef para Asprilla siempre era la misma "Todo está bien, no hay por qué preocuparse, estoy trabajando, trabajando, trabajando".

Y por espacio de dos años el Negro continuó llamando, llamando, llamando...

Paralelo al proceso de ablandamiento de Asprilla en la prisión federal, en Colombia el objetivo seguía siendo el mismo: arrasar por completo el restante clan Herrera, así esto significara olvidar las continuas rencillas en el cartel del Norte, que aún permanecía fracturado por dos vertientes opuestas.

Por un lado, la de Víctor Patiño, que seguía recluido en la cárcel Villahermosa de Cali, y Rasguño, que permanecía en su afamada hacienda El Vergel en Cartago. Por el otro, Varela como cabeza visible, seguido por Tocayo y Chupeta. A estos dos grupos se sumaba una tercera subdivisión que se mantenía alejada del enfrentamiento directo por recomendación de Fernando Henao: Iván Urdinola, preso en la cárcel de Itagüi; Diego Montoya, a quien no le interesaba suceder a Orlando Henao, y Arcángel Henao.

Ahora más que nunca a los grandes capos les convenía ser amigos. Eso sí, claro está, ninguno podría dar la espalda porque todos desconfiaban de todos.

El final de 2000 y el principio de 2001 trajo consigo un deseo infinito por parte de los amigos del Norte de acabar de una vez por todas con la discordia y entender que sus confrontaciones anteriores habían sido coyunturales. Era el momento de acabar con las rencillas que los habían alejado. Era el momento de trabajar.

22

Esto es un simple formalismo

La campaña publicitaria acerca de los beneficios del *crossover* había traspasado las fronteras. En México aún continuaba traficando La Flor, hombre que conocía como pocos el esquema de negociación con la justicia de Estados Unidos. Pero también conocía los intríngulis y la sarta de mentiras y engaños a los que Leef Fernández sometía a sus más fervientes seguidores.

La Flor estaba al tanto de las consecuencias del sometimiento del Médico a la justicia estadounidense, lo que desencadenó el derrumbe total de la versión Hollywood del asunto, que, aunque igual de fantasiosa, era un poco más sólida que la versión *Light*.

Tras la caída del Médico, La Flor llegó a la conclusión de que lo mejor para todos era buscar un acercamiento directo al incomparable e incorruptible sistema judicial americano. Por eso, la noche anterior a su entrega voluntaria, La Flor aclaró algunos puntos con su abogado.

—¿Está seguro de que si no logro algún entendimiento con el fiscal y la DEA puedo regresar mañana mismo? —indagó La Flor.

—Claro, eso ya lo definí con el fiscal, él tiene pleno conocimiento de que nuestra intención es tener una conversación amplia y detallada en la que esperamos encontrar un punto medio; no te preocupes que si veo difíciles las cosas termino la reunión; es más, siempre me verás manejando la situación. En muchas ocasiones he hecho este trabajo y te garantizo que nada va a salir mal. Lo peor que puede pasar es que no lleguemos a ningún entendimiento con la Fiscalía y con la DEA y si es así mañana mismo te regresas a México —respondió el abogado.

—Mucho cuidado que no me vayan a dejar allá; si eso me llega a pasar me matan a toda mi gente aquí. Además, estoy haciendo dos vueltas grandes en estos momentos y una de ellas es para Vicente Carrillo, el narco más grande que hay aquí en México. Si esa gente ve que yo me pierdo me matan a mi familia 70 veces. Si no está seguro es mejor esperar a que termine mi trabajo y luego dejo todo organizado.

—Repito una vez más: lo que arreglé con el fiscal es que con o sin acuerdo en la reunión de mañana podés tomar el siguiente vuelo de regreso. Está firmado en tu acuerdo de cooperación y en tu carta de inmunidad; además, nada de lo que digas podrá ser usado en tu contra.

—Está bien, confío y quiero que tenga claro que estoy poniendo mi vida en sus manos —prosiguió La Flor, temeroso.

—Todo va a salir bien. Confía en mí. Ah, sólo una cosita más.

—Claro.

—Si el fiscal o los agentes de la DEA te preguntan que si eres capaz de hacer tal o cual cosa, diles que sí —instruyó el abogado.

—¿Lo que sea?

—Sí, lo que te pidan —concluyó el abogado.

La noche fue muy larga. La Flor bajó al primer piso de su apartamento en Cancún, caminó un buen rato alrededor de la piscina, atravesó la puerta de acceso a la playa privada del lujoso condominio y una vez allí se quitó los tenis Donna Karan, dobló hasta las rodillas su blue jean Dolce & Gabanna y caminó por más de una hora a la orilla del mar.

En su larga caminata se detuvo algunas veces para mirar hacia atrás, imaginando que las huellas de esa decisión que cambiaría para siempre su vida, serían borradas por las agencias federales americanas, tal como las olas del mar borraban las huellas que dejaba a su paso.

No era fácil estar en la posición de La Flor: acusado por el gobierno americano de importar grandes cantidades de cocaína; señalado de traidor por sus antiguos aliados en el narcotráfico; perseguido por sus socios en Colombia, que preveían una alianza con su amigo, el Negro Asprilla, preso en New York; y perseguido por Miguel Solano, desesperado por borrar la huella de sus embarques de droga.

Solano sabía que La Flor era el único que lo podía poner en evidencia ante los agentes federales porque en contra de su voluntad y por pedido directo del Negro Asprilla, había sido el encargado de entregarles a empleados de Solano en México las seis toneladas de cocaína que habían llegado a las costas mexicanas.

Cansado de caminar de un lado para otro, sin encontrar respuesta a sus interrogantes, La Flor puso sus tenis en la arena blanca y se sentó encima de ellos buscando una respuesta en el horizonte. La noche estaba iluminada por cientos de estrellas que dejaban ver el infinito sobre el mar Caribe. La Flor estaba dotado de algo más que simple sentido común y sabía que así de infinita sería su lucha para limpiar su nombre.

Lentamente, La Flor levantó la mirada al cielo, buscando identificar la estrella más luminosa, quizás esperando una señal de su hermano, el que murió pocos días después de nacer. Una extraña sensación de tranquilidad recorrió el cuerpo de La Flor y entendió que desde el más allá su hermano le daba el aire que tanto necesitaba.

La Flor recogió los tenis, caminó lentamente de regreso, miró de nuevo la piscina que tantos recuerdos le traía, la misma que él creía le permitiría disfrutar en el verano siguiente con sus hijos, después de saldar su deuda con la sociedad. Deuda que aún hoy continúa pagando y deuda que la sociedad nunca le perdonaría.

Al día siguiente, 11 de julio de 2001, a las 8 a.m., La Flor y su abogado abordaron en Cancún el vuelo 2126 de American Airlines, rumbo a Miami. Antes de abordar, el abogado dejó un mensaje en el contestador del fiscal: "La Flor se encontró con la esposa de un amigo, que subía al mismo vuelo nuestro; a eso de las 11:37 a.m. llegaremos a Miami, como está programado".

Fugitivo y abogado se levantaron de las sillas de primera clase 3A y 3B y tomaron sus equipajes de mano. La Flor respiró profundo. Estaba listo para zambullirse en las profundidades de ese océano que es el sistema federal americano. Cuando caminaban por el túnel después de salir de la aeronave, se encontraron a boca de jarro a tres oficiales de inmigración, dos de aduanas y cuatro agentes de la DEA, con sus insignias colgadas de una cadena sobre el pecho. "¿Qué estará pasando, por qué tantos policías?", pensó La Flor, pero se tranquilizó cuando observó que todos llevaban una escarapela que decía: Welcome to Miami.

Estaba equivocado. Cuando La Flor y su abogado se dirigían a inmigración, uno de esos oficiales se acercó y dijo:

—Usted, espere ahí —ordenó uno de los oficiales señalando a La Flor, que de inmediato se sentó en una silla plástica azul.

Impotente, La Flor vio alejarse por las escaleras eléctricas a su abogado, el mismo que le había asegurado que todo estaba bajo control. Pero todo cambió cuando otro oficial se acercó y lo condujo a un costado del lugar.

—No se preocupe que esto es por su seguridad. Sígame —dijo el uniformado y al instante aparecieron otros cuatro gorilas gigantes. Así se había imaginado la Flor a los oficiales americanos.

Por corredores secretos del aeropuerto, La Flor fue conducido hasta la zona de reclamo de equipajes donde identificó su maleta, que voluntariamente, uno de los agentes federales cargó hasta una oficina que tenían acondicionada en el terminal aéreo. Una vez allí, otro oficial pasó un sensor por un pequeño controlador, marcó su clave personal y la puerta se abrió. Era una improvisada sala de conferencias en la que estaban 15 oficiales de la DEA, su abogado y otra persona impecablemente vestida. "Es verdad, mi abogado controla todo", pensó La Flor antes de sentarse ante la mirada escrutadora de los americanos.

Luego llegó el momento de las presentaciones. Claro, después de haber sido inspeccionado hasta los calzoncillos por el oficial de aduanas, que no tuvo ningún reparo en destruir su maleta Samsonite y pasarle por encima un perro antinarcóticos que más parecía chandoso de montallantas. En ese momento se acercó el abogado.

—Este señor es tu fiscal.

—Mucho gusto —respondió La Flor y estrechó la mano del hombre impecablemente vestido.

—Tenía muchísimas ganas de conocerlo —soy el Deputy Chief de narcóticos del sur de la Florida.

Tras el saludo del fiscal siguió el de los 15 agentes de la DEA que se lo disputaban para llevarlo al purgatorio, en el Headquarter de la DEA en El Doral. Los agentes del grupo 4 de Miami se ofrecieron a transportarlo en la camioneta Grand Cherokee de una bella oficial, al tiempo que otro uniformado, con rasgos similares a los de la caricatura de Johnny Bravo, cargó la pesada maleta de La Flor y la metió en el vehículo con cara de pocos amigos.

En el recorrido al Headquearter cruzaron pocas palabras. La Flor miraba la ciudad que de pronto nunca podría volver a visitar. Después de llegar al edificio federal ingresaron a una enorme oficina parecida a las que La Flor veía en las películas de televisión. Sobre una pared colgaban los escudos de las agencias federales y en una repisa del costado derecho había trofeos y más trofeos. Una mezcla de extrañas sensaciones recorrió su cuerpo: nerviosismo, intranquilidad, angustia, ansiedad, pánico.

Al lado izquierdo de La Flor se sentó su abogado; a la derecha, el supervisor del grupo 4 de la DEA; al frente el fiscal y repartidos en las otras sillas los 15 agentes que lo habían acompañado desde el aeropuerto.

—Estamos esperando al jefe de toda la DEA en el sur de la Florida, que también desea conocerlo —dijo el fiscal, rompiendo el hielo.

—¿A mí? —respondió La Flor.

—Sí, claro, a usted —replicó el fiscal y en ese instante ingresó el jefe de la DEA, que se sentó al lado de La Flor luego de correr a un lado al fiscal.

La Flor hizo gala de su habilidad para manejar circunstancias adversas. De hecho, la reunión se tornó divertida y hasta tuvo tiempo para contar anécdotas nada importantes del narcotráfico. Luego se atrevió a preguntar.

—¿Aquí la gente no almuerza? —dijo al tiempo que señalaba en su reloj las 3:15 p.m.

—Claro, claro, cómo no, lo que pasa es que la charla está interesantísima —respondió el fiscal.

—Ya ordené Pizza Hut para todos —contestó la hermosísima agente, propietaria de la camioneta que había transportado a La Flor minutos antes.

Después de degustar la pizza, hacia las 9 p.m. el fiscal y el supervisor de la DEA terminaron la reunión. La Flor estaba tan anestesiado que, si lo dejan, durante una semana entera hubiera hecho el relato de su vida en el narcomundo. Luego de un largo silencio en que todos se miraban, el abogado se animó a hablar.

—Hoy vamos a dormir en el hotel Marriott de la 41 Street y la 125 Avenida, aquí mismo en El Doral; mañana temprano vamos ante el magistrado y quedas libre, para que hagas lo que quieras.

—Eso no fue lo que me dijo anoche —contestó La Flor, un poco extrañado.

—Estas cosas suelen pasar, son formalismos, nada relevante; no te preocupes, confía en mí, además es sólo una noche y vas a estar custodiado por los agentes de la DEA; no te preocupes, es por tu seguridad para que nada te pase.

—Está bien, si usted me dice que no hay problema, no hay problema —concluyó La Flor, resignado.

La caravana de carros salió del Headquarter de la DEA y en uno de ellos iba La Flor. Los agentes rentaron cuatro habitaciones en el hotel Marriot y a La Flor le correspondió la penúltima en una esquina del piso seis, frente a la de su abogado. Las dos habitaciones contiguas, conectadas, para los agentes federales.

Al filo de las 10 p.m., La Flor pidió una orden de Pollo Tropical para calmar un antojo de meses atrás. Increíble. Pocos minutos después llegó con el pedido uno de los agentes que lo protegía. No había duda: como lo dijo su abogado, las atenciones eran de lujo.

Sin poder conciliar el sueño, a las 11 p.m. La Flor decidió bajar al gimnasio. Tres agentes y la hermosísima oficial lo acompañaron. Una vez allí, intercambiaron anécdotas. La Flor narró episodios de su vida como narco y la oficial contó detalles de años y años de seguimiento a la temida Flor. Cuando habían entrado en confianza, la investigadora hizo la pregunta que siempre había querido hacer y que en los largos años de persecución nunca pudo tener.

—¿Florecita, tú eres gay?

La Flor miró a la cara a la bella mujer y soltó una sonrisa cómplice; ella no era la única persona que había tenido esa curiosidad.

—¡No! —respondió sonriente.

—Entonces por qué te dicen La Flor.

—¿Te interesa saberlo de verdad?

—Por supuesto.

—Es una larga historia —respondió La Flor y la charla quedó pospuesta para otra ocasión.

Al otro día, 12 de julio de 2001, La Flor ingresó a la Corte para la lectura de los cargos, un simple formalismo, como sostenía el abogado. Una hora más tarde, a las 10 a.m., salieron hacia un edificio contiguo al de la Fiscalía.

—Narre uno a uno los hechos relacionados con su vida en el narcotráfico —instruyó el fiscal.

A partir de ese momento, La Flor se convirtió en testigo de la justicia estadounidense en contra del cartel del Norte del Valle. Este carismático personaje, diferente al común denominador del narcotráfico, llenaba las expectativas del Departamento de Justicia de Estados Unidos: credibilidad, voluntad, conocimiento y una pequeña dosis de malicia indígena tan necesaria en estos casos. En poco tiempo, el cartel del Norte del Valle empezó a perseguir a La Flor y ofreció entre tres y cinco millones de dólares por asesinarlo.

Para presionarlo, los capos se las arreglaron en Colombia para expropiarle apartamentos, casas, fincas, botes, aviones y títulos valores porque no soportaban la idea de que La Flor andara muy campante por Miami Beach y viviendo en el lujoso Portofino Tower.

Lo que no recordaban era que el pionero de esos cuadres de cuentas con la justicia americana no había sido La Flor. No, fueron ellos, los miembros del *top ten* del narcotráfico, que habían intentado sin éxito el *crossover*. Ante el fracaso, cualquiera que intentara negociar sería declarado objetivo número uno de la organización.

Contra todos los pronósticos, La Flor soportó el ataque del cartel del Norte del Valle. Por un lado, Varela lo calificaba como desertor; por otro, Miguel Solano y Fernando Henao, estaban interesados en que las agencias americanas no conocieran su rango real en el cartel del Norte; por último, Víctor Patiño y Rasguño lo consideraban una rueda suelta y sobreviviente del *crossover* Hollywood de Baruch Vega. En fin, el gremio entero quería matar a La Flor, cuya única lealtad provenía del Negro Asprilla, que apoyaba sus intenciones de sometimiento.

La Flor siguió librando batallas a diestra y siniestra, pero afortunadamente encontró refugio en las agencias americanas. Dos meses después y luego de ganarse la confianza de los gringos, pudo regresar a México para rescatar lo poco que las aves de rapiña le habían dejado.

Pero La Flor no tuvo en cuenta que el cartel del Norte manejaba a México como una extensión del Valle del Cauca. Por orden de Chupeta, el Teniente había logrado contactar a un colaborador de La Flor, que le propuso una cita en el centro comercial Mollier, sector de Polanco, en el DF, para pagarle una deuda pendiente. La Flor, convencido de las buenas intenciones de su amigo y deudor, acudió al encuentro, pero antes de entrar lo llamó por celular.

—¿En qué carro estás? —preguntó el infiltrado.

—En un BMW 330I, blanco. Estoy en la entrada principal, al lado del valet parking —respondió La Flor.

—No te movás de ahí, en dos minutos llego.

De repente aparecieron dos camionetas suburban negras de las que bajaron cuatro hombres armados, con brazaletes que los identificaban como miembros de la Policía Técnica Judicial, PTJ. En medio de gritos de "PTJ, nadie se mueva", los desconocidos se dirigieron al BMW, sacaron a empellones al chofer y a su acompañante y los introdujeron a las camionetas. Luego desaparecieron del lugar al amparo del ulular de las sirenas.

La Flor no estaba en el BMW blanco. El sentido común y el olfato desarrollados al cabo de años y años de guerra contra el cartel de Cali, habían hecho que conociera sus métodos de avanzada, sus tácticas de ataque y su capacidad para infiltrar desleales.

—Viejo, decile al Teniente y a Chupeta que casi lo logran, que de ahora en adelante la pelea es de frente; te equivocaste de BMW porque el mío era azul; yo estaba al frente, mirando lo que pasaba; la verdad, me lo imaginaba —le dijo La Flor al infiltrado y colgó.

El episodio forzó a La Flor a regresar de nuevo a Miami, donde a la larga ellos entendieron que él no era un narco como cualquier otro. A los pocos meses, La Flor tuvo que regresar a la Corte a aceptar su culpabilidad en lavado de dinero y tráfico de droga. Un día antes se reunió nuevamente con su abogado en la piscina del hotel Delano en Miami Beach y mientras degustaban un delicioso filete de pescado con vegetales examinaron el expediente en inglés.

—En cada uno de los numerales pones tus iniciales, pero en esta última página firmas aceptando tu culpabilidad en el caso —instruyó el abogado y La Flor firmó sin titubeos su ingreso al cartel de los sapos.

Y nuevamente, el operativo de ingreso a la Corte, al que ya se estaba acostumbrando: caravana de vehículos con vidrios polarizados, toalla cubriendo su rostro, protección de más de 20 agentes de la DEA, túnel por aquí, túnel por allá, prohibición del ingreso de cualquier persona a la Corte, salida por el ascensor privado; en fin, todo tipo de trucos para evitar que la temible Flor quedara en evidencia.

—¿Qué es todo eso? ¿Te diste cuenta lo que me dijo la juez? —le preguntó La Flor al abogado cuando salían de la Corte.

—¿Qué te dijo?

—United States of America vs. La Flor. Esos son más de 300 millones de malparidos contra mí sólo... viejo, yo no le he hecho daño a ese poco de gente.

—Esto es un simple formalismo, ya te lo dije —respondió el abogado.

—Sí, ¿pero le explicaste que yo me entregué voluntariamente? ¿Que esto es un arreglo? —insistió La Flor, pero el abogado volvió a decir que todo estaba bajo control.

Esas eran las palabras preferidas del abogado, que en realidad nunca tuvo nada controlado. Él sabía lo que iba a pasar con La Flor y le ocultó o se le olvidó comentarle ciertos detalles insignificantes: que no volvería a ver en mucho tiempo el suculento pollo con el que lo recibieron el primer día los agentes de la DEA; que la carne tampoco, si acaso en comerciales de televisión; que tendría que aprender a vivir durante muchos años con otro preso en un espacio de dos por dos metros; que dejaría a un lado sus cómodos boxers para ponerse de ahora en adelante tres calzoncillos, a los que tiene derecho como preso y que debía lavar todos los días en su propio sanitario, que además está en su calabozo.

Y como si la desgracia fuera poca, tendría que levantarse a las 5 a.m. a tender su cama, si es que a ese pedazo de concreto de 60 centímetros de ancho por 1,80 de largo se le podía llamar cama. Además, debía acostumbrarse a ver la televisión con unos audífonos de los años sesenta; a que los oficiales encargados de su custodia se esfuercen por hacerle la vida imposible; a guardar sus pertenencias en una bolsa negra; a no comer lo que quiera sino lo que le den, que a propósito no es nada suculento; a comer a las 4:00 p.m. y rezar de ahí en adelante para llegar vivo al día siguiente sin morir de inanición.

Estos son algunos detallitos, nada importantes, de lo que significa la prisión. Así se entiende por qué el abogado basaba su defensa en evitarle algún dolor de cabeza a la Fiscalía sin importarle que a La Flor le sacaron hasta los ojos.

Con todo y pese a las pésimas condiciones, la Flor era el testigo más apetecido de agentes y fiscales. Las reuniones en el headquarter de la DEA o en la Fiscalía se hicieron rutinarias. Lo visitaban fiscales de Los Ángeles, Houston, Washington y Nueva York, agentes de la DEA, FBI, ICE, USSS, oficiales a cargo del *White Collar Crime*.

Todos hacían cola para pedirle un autógrafo a la famosa Flor y por ahí derecho anestesiarlo para obtener de él la mayor información posible. Lo curioso es que todos, invariablemente, hacían la misma pregunta:

—Para usted ¿cuáles son los narcotraficantes más grandes en Colombia?

—¿Acaso no lo sabe? —preguntaba La Flor, sin interés.

—No, no lo sabemos.

—Juan Carlos Ramírez, *Chupeta*; Carlos Alberto Rentaría, *Beto*; Hernando Gómez Bustamante, *Rasguño*; Wílber Alirio Varela, *El Cojo* o *Jabón*; Diego Montoya, *Don Diego*; Miguel Solano, *Miguelito*...

—¿Quién? ¿Quién?

—Miguel Solano.

Ningún fiscal ni agente entendía cómo La Flor había logrado ese ascenso vertiginoso en el poderoso, peligroso y más violento cartel de las drogas del mundo, cuando su aspecto no era precisamente el de un gran narco. Cualquiera de los antes mencionados superaron de lejos la violencia de Pablo Escobar, no con los métodos terroristas para arrodillar a un país, pero sí con una capacidad mayor de corrupción para ejecutar sus crímenes.

Escobar estigmatizó al narcotraficante como asesino desalmado, pero su maldad no es comparable con ninguna de las cabezas del cartel del Norte del Valle. Es más, quienes aún hoy describen en periódicos y revistas del mundo la vida y muerte de Pablo Escobar, demuestran un desconocimiento total del proceso de transformación del fenómeno del narcotráfico a nivel mundial.

Hay que indagar en las entrañas del narcomundo para entender que los dirigentes de hoy son los mismos que anteriormente oficiaban como asesinos a sueldo de los primeros barones de la droga. La historia no terminará después del final de estos, que está cerca; más adelante vendrán otros. Lo peor aún no llega.

23

Sin retorno

Ahora que las agencias federales tenían claro lo que sucedía en ese país de narcotraficantes llamado Colombia, estaban entusiasmados con la idea de capturar, a cualquier precio, a los cabecillas de dichos carteles. Un buen prospecto era Diego Montoya. Más aún si contaban con la colaboración de Julio Fierro, quien decía tener acceso privilegiado a su organización.

Fierro estaba decidido a evitar la pronta presentación del capo ante el juez de su causa, que ya reclamaba su presencia en la Corte para dar por terminada la primera etapa de cooperación. Aprovechando que su afamada esposa Natalia París tenía un compromiso de trabajo en un evento de modelaje en Medellín, Fierro decidió acompañarla, pero con tan mala suerte que la contrainteligencia avanzaba en sus oscuras intenciones contra él.

Desde hacía varios años corría un rumor en el narcomundo en el sentido de que Fierro se había convertido en informante del FBI, algo que sus antiguos socios no veían con buenos ojos. Por esta razón, concluyeron que la presencia de Fierro en Medellín no tenía otro objetivo que hacer inteligencia para transmitírsela a su agente en Miami.

El 26 de septiembre de 2001, fuentes cercanas a Diego Montoya confirmaron que Fierro estaba en Medellín y de inmediato le contaron a Varela, que montó una operación para capturarlo. En realidad, Fierro había viajado a Colombia para supervisar el buen comportamiento de su esposa y recoger algunos ahorros que compartía con Nicolás Bergonzoli. La suerte de Fierro había quedado sellada años atrás, cuando Iván Urdinola se enteró de sus intenciones de delatar a Diego Montoya, lo que intepretó como una amenaza para su organización.

Enterado, Varela aprovechó que las autodefensas controlaban la capital antioqueña y le pidió cooperación a Don Berna, que a su vez encargó al Rolo, su secretario particular, de localizar a Fierro y desaparecerlo.

En efecto, el Rolo se encontraba por aquellos días en Bogotá y después de hablar por teléfono con Fierro le puso una cita en el aeropuerto José María Córdova de Rionegro. Quedaron en encontrarse a las 7 p.m. del 29 de septiembre de 2001 en el estadero El Aviador, a escasas cuadras del aeropuerto. El Rolo convenció a Fierro con el cuento de que viajaría a Medellín a arreglar los asuntos pendientes y esa misma noche regresaría a la capital.

Sobre las 6:30 p.m., y mientras Natalia París avanzaba en los preparativos de un desfile, Fierro partió del barrio El Poblado en compañía de El Zarco, su hombre de confianza, mientras los demás miembros de su escolta permanecieron en su vivienda.

Fierro condujo su camioneta y llegó puntual al estadero. Mientras esperaba al Rolo, descubrió la presencia en el mismo lugar de Daniel Mejía Ángel, *Daniel*, lugarteniente de Don Berna, acompañado por Beto, Ñato, *El Morro* y otros cuatro integrantes de su cuerpo de seguridad. A Fierro le pareció normal la escena porque consideraba a Daniel un buen amigo; al fin y al cabo y para congraciarse con él, tres meses atrás le había regalado una camioneta Toyota blindada.

Daniel se acercó mientras sus hombres rodearon a Fierro y al Zarco y los esposaron, amordazaron y obligaron a subir a su vehículo. El Zarco fue llevado a otro automotor. La caravana se desplazó a toda velocidad hacia una finca cercana, propiedad de Ramiro Vanoy, *Cuco Vanoy*. Una vez allí fueron sacados de los vehículos, conducidos a una de las habitaciones y arrojados al piso.

Por orden de Daniel, sus hombres le dieron gran cantidad de puntapiés y bofetadas a Fierro mientras lo acusaban de ser directo responsable de la Operación Milenio, de la que Cuco Vanoy era fugitivo. Además, le gritaban que él era el papá de los sapos.

Desde Cali, Varela llamó para reclamar su derecho a escuchar las confesiones de Fierro, que presenció impotente el instante en que los hombres de Daniel le hicieron cuatro tiros en la cabeza al Zarco. Terminada esta primera etapa de interrogatorio forzoso, Fierro fue entregado en Medellín a un grupo enviado por Varela.

Los secuestradores introdujeron a Fierro en el baúl de uno de sus vehículos y se dirigieron raudos hacia los dominios del cartel del Norte del Valle. Durante el recorrido hacia Cali, los hombres de Varela lanzaron el vehículo de Fierro a un barranco que desembocaba en un río a la altura de un sitio conocido como La Pintada.

Al día siguiente, Fierro fue a parar esposado y amordazado a una cama en una vivienda del barrio El Ingenio, en Cali, donde fue obligado a confesar sus intenciones con Diego Montoya e Iván Urdinola. No obstante, las revelaciones de Fierro, que a veces desembocaban en largos discursos, no convencían del todo a Varela, que optó por aumentar gradualmente las torturas y los oprobios característicos del mundo del narcotráfico.

En medio de semejante drama, Fierro fue obligado a comunicarse con un colaborador suyo en Medellín, pero este no contestó las llamadas. Con el paso de las horas, Fierro confesó que en efecto era informante de las agencias federales de Estados Unidos. Varela, irritado, les dio la orden a sus hombres de prender la motosierra. Hasta ahí llegó el famoso Julio Fierro, que cometió el grave error de regresar a su tierra, donde el poderoso brazo de la mafia conocía en detalle todas sus andanzas.

Tres días después, 3 de octubre de 2001, apareció Juan Carlos Sierra, *El Tuso*, que aceptó colaborar en la operación y citó al ayudante de Fierro que no había respondido sus llamadas al mismo estadero al lado del aeropuerto de Rionegro. Tres horas después del encuentro, el hombre de Fierro y su hermano aparecieron muertos en la cajuela de su vehículo. Con la muerte de Fierro y su previsible confesión, su socio y compañero de aventura Nicolás Bergonzoli no tuvo otra opción que huir a Estados Unidos.

Sólo tres días después del triste final de Julio Fierro, el turno fue para Juan Carlos Ortiz, *Cuchilla*, que desde el día en que recobró su libertad se concentró en atender tres frentes: su seguridad, la seguridad de su familia y el control de sus negocios de narcotráfico. Grupos de sicarios cuidaban a sus seres queridos; eran hombres de su entera confianza que recibían buenos salarios, servicios médicos, primas navideñas, porcentajes en los envíos de drogas y otras ventajas.

Por esa razón, ese lumpen criminal había adquirido grandes extensiones de tierra, apartamentos confortables, lujos incomparables y mayor estatus social. Mientras, Cuchilla vivía en la clandestinidad, en barrios de clase baja, en compañía de su secretario de confianza.

Desde su perspectiva, el enemigo más importante que tenía era Varela. Y aunque Cuchilla consideraba a Chupeta como su amigo, socio y compañero de profesión, entre los dos había serias diferencias porque él apoyaba financieramente al clan Herrera, algo que en el cartel del Norte era calificado como un acto de traición. Aún así, por la cabeza de Cuchilla no pasaba la idea de que Chupeta fuera a atentar contra él pese a los altercados que sostenían continuamente por cuenta de los Herrera.

En el grupo de Varela existían dos tendencias sobre Cuchilla. Chupeta era presionado de manera implícita por Varela para eliminar a su amigo. Se hablaba, se discutía, se analizaban los pros y los contras, pero no salía humo blanco.

Pero Varela se impuso y Chupeta no tuvo más remedio que aceptar la tarea de eliminar a su amigo porque los demás miembros del cartel amenazaron con poner en duda su lealtad con la organización, algo que se pagaba con la vida. Chupeta accedió a encabezar la operación de captura de su amigo Cuchilla y lo citó en una finca cercana a Cali, en un sitio conocido como Chorro de Plata, en la vía a Pance. En el lugar, Chupeta y sus hombres estaban armados esperando a Cuchilla.

Para ese entonces Chupeta ya había logrado sobornar a Édgar Hurtado Jurado, para que no opusiera ninguna resistencia, en caso de algún operativo contra su jefe Cuchilla.

Finalmente, en la tarde del 2 de octubre de 2001, Cuchilla accedió finalmente a visitar a su compañero. Como único acompañante en su camioneta Toyota Prado con blindaje 5, Cuchilla llevó a Hurtado, el hombre que a esas horas ya trabajaba para Chupeta.

Los invitados llegaron al lugar del encuentro. Chupeta hubiera podido capturar a su amigo allí mismo pero no se lo permitían los sentimientos encontrados por tratarse de su amigo de infancia; ese tarde tomaron trago, recordaron experiencias pasadas, trajeron a la memoria los vagos recuerdos de compañeros universitarios y hasta se expresaron mutuos afectos.

Incómodo por la situación Chupeta se excusó con Cuchilla y le dijo que tenía un compromiso adquirido con anterioridad que no podía cancelar. Chupeta asintió y quedaron en encontrarse de nuevo al día siguiente. Terminada la tarde de diversión, a eso de las 7:30 p.m., Chupeta le ordenó al teniente Rodríguez que terminara la tarea que él había dejado empezada.

De regreso a Cali después del paseo campestre, Cuchilla intercambiaba opiniones con su conductor Édgar Hurtado, cuando de repente los ocupantes de otro automotor se acercaron y trataron de decirles algo con respecto a un vehículo que venía detrás de ellos y estaba haciendo cambio de luces.

Cuando pasaban frente a la Universidad San Buenaventura, Hurtado redujo la velocidad y bajó el vidrio hasta donde el blindaje lo permitía y les gritó que qué pasaba. Estos respondieron que el Teniente era portador de un mensaje de Chupeta para Cuchilla

Convencido de que se trataba de algo urgente, Cuchilla le ordenó a Hurtado detenerse a un lado de la vía. Pocos metros más adelante paró el primer vehículo y por la parte posterior lo hizo el Teniente, acompañado por cuatro de sus hombres. Antes de bajar de su automóvil, el Teniente se aseguró de que su arma estuviera lista para abrir fuego y la acomodó en la parte baja de su espalda.

Acto seguido, el Teniente caminó hacia adelante por el lado derecho de la camioneta, mientras por el lado izquierdo el Bobo hizo lo mismo. Cuando estuvo frente a la ventanilla de Cuchilla, el Teniente golpeó el cristal de la camioneta con su reloj y en ese momento se abrió la puerta de la fortaleza ambulante.

Inmediatamente, el Teniente se interpuso entre la puerta y la cerradura para evitar que Cuchilla la cerrara de un tirón y en cuestión de segundos sacó su pequeña ametralladora e hizo varias ráfagas contra la humanidad de Cuchilla, que se dobló sobre su propia silla. Herido de muerte, el narcotraficante le rogó al Teniente para que no le disparara más, pero este le disparó una nueva ráfaga.

Hurtado, el traidor, abrió la puerta del blindado pero recibió la misma dosis de parte de uno de los hombres del Teniente. A un lado de los cadáveres quedaron sus pistolas y sus respectivos portafolios; los hombres del Teniente introdujeron los cuerpos en la camioneta, pusieron la palanca de cambios en neutro, cerraron las puertas y empujaron un poco la camioneta hacia un barranco. Luego abordaron sus coches de regreso y desaparecieron. Allí quedaron dos muertos, pero uno de ellos no era cualquiera.

24

Visa S

En forma paralela al proceso que adelantaba con los narcos que lo seguían en su versión del *crossover*, Leef Fernández le ofrecía sus servicios como investigador al narcotraficante que lo contratara. De esta manera tenía acceso directo a las entrevistas que las agencias federales les realizaban a los mafiosos detenidos en operaciones contra el narcotráfico.

Por estas razones, Fernández logró enterarse de la existencia de una investigación que avanzaba en Nueva York contra su cliente Fernando Henao. Con esta información a la mano, Fernández decidió sacarle provecho económico al tema y para ello citó al menor de los Henao a su lujosa oficina en el Downtown de Miami para ponerlo al tanto del nuevo proceso.

—Fernandito, algunos de mis contactos en el FBI me han puesto sobre aviso de una investigación que están adelantando en tu contra; afortunadamente he logrado identificar los agentes a cargo, no te preocupes; para poder representarte y solucionar cualquier inconveniente que se pueda presentar debes darme un adelanto de 500.000 dólares.

—¿Quinientos mil dólares, Leef? ¡Estás loco! ¿Cómo se te ocurre? Primero que todo, déjame decirte que hace dos años estoy esperando mi Visa S para solucionar mi status legal en este país. Mira, cada vez que necesito viajar no puedo entrar por el aeropuerto porque no tengo papeles; tenés que ir vos mismo a recogerme y meterme en tu barco por las Bahamas, como si yo fuera un balsero. Cuando te contraté hace dos años me prometiste que en menos de seis meses todo se habría solucionado. Mira que ni mi señora, ni mis hijos han podido entrar a colegios privados por falta de papeles. A esos agentes de la DEA que me presentaste la primera vez les hice sus positivos, convencido de que mis papeles estaban en trámite; me hicieron ir con toda mi familia al Headquarter a tomarme las huellas. ¿Para qué? Todavía estoy esperando la famosa Visa S y ahora me salís con este cuento. No, Leef, la verdad nada de esto me está gustando —respondió Fernando, alterado.

—Me confirmaron que tus papeles están en camino porque el proceso ha estado demorado; pero tu Visa S me la prometieron y siempre que has necesitado salir de viaje yo mismo te saco y te entro al país sin problema; si hemos esperado todo este tiempo, lo que falta es muy poco, ten un poco de paciencia. Para lo que no tenemos tiempo es para esto nuevo que está pasando Fernando; lo que le estoy cobrando no es nada para usted.

—No, Leef, la DEA no me ha cumplido; cúmplame con lo de mi Visa S; usted me prometió mil cosas y hasta ahora no he visto nada.

—¿Cómo que no? Mis amigos de la agencia han sido tan leales a usted que no lo han molestado para nada; usted les dijo lo que les dió la gana, les mintió, los engañó en todas las reuniones, les ha dicho que el narcotraficante era su hermano, que usted era un simple *boy scout*. A toda hora echándole el agua sucia a La Flor, que a raíz de la muerte de su hermano Orlando usted prefirió alejarse de ese mundo, cuando usted, Fernando, mejor que nadie sabe, que eso no es así. Sí es verdad que usted les ha ayudado con algunos positivos, pero también les dice sólo lo que le conviene. Aún así, no lo han vuelto a llamar para nada, tenga paciencia, su Visa S y la de su familia llegan seguro en una o dos semanas. Le repito, Fernandino, necesito trabajar en este nuevo caso —replicó Fernández.

—Pero ¿cómo me vas a cobrar tanta plata, Leef? Bueno, hagamos una cosa: si en dos semanas me conseguís la Visa S, volvemos a reunirnos para ver a qué arreglo llegamos —propuso Henao.

—Fernandito, esto no tiene nada que ver con tu Visa S, esto es nuevo.

El tira y afloje duró más de dos horas y al final Henao salió disgustado porque al final no llegaron a un acuerdo. Bajó al sótano del edificio donde había estacionado su BMW X5 azul y salió rumbo sur hasta tomar la US-1 hacia su casa.

— Mi amor, estoy mamado. Ese hp de Leef quiere sacarme plata todos los meses con sus cuentos chimbos; ya le he dado más de dos millones de dólares y llevamos dos años esperando los papeles y nada. Ahora me salió con que tengo que darle otros 500.000. No sé qué hacer. Por un lado se aparece aquí en la casa con oficiales de la DEA que supuestamente son sus amigos. Otras veces me sale con que tengo nuevas investigaciones y cuando necesito viajar fuera del país extrañamente él me saca y me entra en su barco. Ese gordo es como raro. ¿No será que tiene su negocio personal con la Policía y se reparte la plata con ellos? —le dijo Henao a su esposa.

—¿Por qué no te asesoras con otro abogado? —propuso Paloma.

—Tienes razón. Por ahí tengo la tarjeta de un señor muy bueno de apellido Williams; si en dos semanas no nos dan la Visa S voy a hablar con ese abogado.

—¿Y qué dice Miguel Solano de todo eso?

—Está peor que nosotros; Leef lo tiene con el mismo cuento... que los papeles, que sí, que no, que la otra semana, mejor dicho, tiene más papeles un pescado que Miguel.

Las semanas pasaron y la Visa S no llegó. Cansado de la pesadilla que estaba viviendo y presionado por la nueva suma que Fernández exigía, Henao visitó finalmente al abogado Williams y le hizo un corto relato de su historia desde el día en que fue cautivado por el promocionado *crossover*.

—Señor Williams, Leef Fernández me dijo que podía hacer un arreglo amistoso con el gobierno americano; sin récord, sin cargos, sin cárcel, y lo más importante, sin delatar a nadie si no quería; también me dijo que podía vivir en Estados Unidos con mi Visa S y con gran parte de mi fortuna; todo por la módica suma de dos millones de dólares a cambio de muy poco, como ayudarles de vez en cuando con algún positivo —explicó Henao.

—Eso suena maravilloso, señor Fernando. ¿Cuál es el problema? No entiendo.

—El problema es que no me han dado mi Visa S y cada mes Leef Fernández me pide más plata con el cuento de que tengo más investigaciones en mi contra. Estoy por creer que ese gordo se reparte la plata con los agentes porque él va a mi casa frecuentemente a comer con ellos. Todo es muy raro, señor Williams, porque hasta se ofrece a ayudarme con los positivos; y cuando yo salgo del país, como no puedo regresar por el aeropuerto porque no tengo papeles, él me recoge en su bote en las Bahamas y me trae hasta aquí.

—Nada de esto huele bien; esto me parece una conspiración en su contra. Agentes, fiscales, abogados o investigadores como Leef, que hagan parte de esto, van a ir presos, señor Henao; se lo aseguro, a usted lo están engañando.

—¿Cómo me puede ayudar? —preguntó Henao, ansioso.

—Tenemos que desenmascarar a ese señor Leef y luego lo demandamos para recuperar su dinero —resumió Williams.

—¿Cuánto me cobra por manejar el caso?

—Doscientos mil dólares, señor Fernando.

—Estoy de acuerdo; en una semana regreso con el dinero para empezar a trabajar en esto.

Henao también visitó a la abogada de inmigración Linda Osborg para pedirle asesoría y su opinión acerca de su visa y la de su familia.

—Vea, señor Fernando, yo trabajé más de 15 años en el Departamento de Inmigración; he investigado acerca del trámite de su Visa S y nadie tiene conocimiento de su caso; para indagar un poco más profundo en inmigración necesito 50.000 dólares.

—Muchas gracias, señora Linda, en una semana regreso.

El menor de los Henao por fin entendió que había sido engañado y víctima de la versión modificada del *crossover* que manejaba Fernández; las cosas no eran como a él se las habían explicado. Y quedó aún más desconcertado a las 5 p.m. del 11 de diciembre de 2001 cuando recibió una llamada de un agente de la DEA, asignado al grupo de Bogotá. Cuando Henao contestó, el oficial saludó amablemente, confirmó que en dos días llegaría a Miami y preguntó si aún vivía en el mismo lugar.

—Sí. Estoy viviendo en el mismo lugar y claro que me interesa que nos reunamos, tenemos muchas cosas de qué hablar.

Esa noche, por primera vez en mucho tiempo, Henao durmió tranquilo porque la reunión con el agente federal le serviría para salir de dudas de una vez por todas. Pero Henao no sabía que le iba a fallar la malicia indígena de la que tanto se ufanaba.

El 12 de diciembre, Henao permaneció la mayor parte del tiempo comprando arreglos navideños para decorar su lujosa mansión. Cuando regresó esa noche encontró algo nerviosa a Paloma, su esposa, quien dijo que temía por la visita que el agente federal haría al día siguiente.

—Ferchito, vete, vete, tengo miedo, qué tal que ese agente que llamó venga por ti para llevarte preso.

—No te preocupes, nada malo va a pasar —respondió Fernando y acto seguido la tomó de sus brazos, la llevó cargada hasta la habitación, la desnudó y le hizo el amor como nunca antes lo había hecho. Los dos terminaron agotados y ella cayó profunda sobre el pecho de su amado.

A esa misma hora, en la oficina del FBI en Miami, dos agentes y un fiscal, acompañados por más de 20 oficiales llegados de Nueva York y apoyados por un número igual de agentes de Miami, se disponían a efectuar una orden de arresto emitida por la Corte Sur del Distrito de Nueva York en contra de Fernando Henao.

25

«¡Somos del FBI!»

Poco antes de las 5 a.m. del jueves 13 de diciembre de 2001, el FBI rodeó la casa de Henao en el 5940 SW 94 Street, de Pinecrest, en Miami, y cerraron el acceso de vehículos y peatones en tres cuadras a la redonda.

Media hora más tarde, los agentes encubiertos tocaron la puerta. Henao y su esposa se vistieron con lo primero que encontraron, mientras afuera retumbaban cada vez más fuerte los golpes de la puerta. Cuando iba por el corredor hacia la puerta principal, Henao alcanzó a ver por la ventana algunas patrullas de Policía con las luces encendidas y pensó que algo estaba mal.

—¿Quién es? —preguntó, nervioso, al llegar a la puerta.

—¡La Policía, somos el FBI! ¡Abra la puerta!

Los primeros en atravesar la entrada a la casa fueron los dos oficiales que llegaron desde Nueva York; acto seguido 15 agentes más con chalecos del FBI y fusiles de asalto M-P4 se repartieron por toda la vivienda. Una vez controlada la situación esposaron a Henao y lo condujeron a una de las patrullas. En ese momento le leyeron sus derechos y le pidieron autorización para examinar su computadora personal. Según decía la acusación, Henao había conspirado para introducir decenas de toneladas de cocaína desde Colombia hacia Estados Unidos vía Venezuela y México.

Cuando terminó el procedimiento en su residencia, Henao fue conducido al Federal Detention Center, FDC, de Miami, donde lo esperaba un oficial del Bureau of Prisons, BOP, para procesarlo y reseñarlo. Luego fue conducido a un vestier común donde otro oficial le ordenó quitarse la ropa.

Ante la mirada inquisitiva del oficial del BOP, Henao, confundido todavía, se despojó de la camisa, los tenis, las medias y la sudadera. En ese momento el uniformado arrojó de un puntapié una caja de cartón que estaba a su lado.

—Meta ahí su ropa, ¡apúrese! —gritó el guardia y Henao acomodó rápidamente sus pocas propiedades dentro de la caja.

—Señor Henao, los calzoncillos también —dijo el carcelero, más calmado.

—¿Me quedo empeloto? —indagó el colombiano, cada vez más nervioso.

—Sí, empeloto, señor.

Al terminar el incómodo episodio, el oficial se dirigió al detenido y le dijo:

—Ahora, arriba las manos, gírelas de un lado, gírelas del otro, abra la boca, saque la lengua, sacúdase el pelo, muéstreme una oreja, muéstreme la otra, levántese las pelotas, voltéese, levante un pie, levante el otro, ábrase las nalgas, agáchese, tosa, tosa más duro, vuélvase a voltear, apure.

Después de agotar todas las posibilidades, el oficial caminó hacia la bodega de ropa del FDC de donde sacó pantaloncillos bolsudos, medias blancas, una camisa del mismo color, unas chancletas plásticas de los años cincuenta y un uniforme verde tres tallas más grande que las camisas Versace que Henao utilizaba. Minutos más tarde sacó al reo del pequeño vestier y lo paró frente a una cámara fotográfica donde le hizo placas de frente, de un lado y del otro.

—Ahora venga para acá y páseme su mano derecha para tomar la huella de los dedos —concluyó el oficial. Luego sentenció—: A esto debe acostumbrarse por los próximos 19 años de su vida y el derecho a pertenecer al cartel de los sapos.

Al día siguiente, los agentes encargados del caso regresaron a la casa con una orden de un juez en la que autorizaba una completa inspección a la residencia de Henao. Se llevaron documentos, fotos, discos de computadoras, libros, archivos de bancos y un sin número de cajas que fueron a parar al expediente abierto en contra del cartel del Norte del Valle.

Tras la cinematográfica captura de Fernando Henao los narcos colombianos perdieron por completo el horizonte porque la versión *light* que les había vendido el regordete y retorcido investigador Leef Fernández resultó ser un completo fiasco, un globo inflado que explotó al primer descuido y con él las buenas intenciones de muchos narcos que aún no entendían que esta versión del *crossover* sólo era fruto de la habilidad del lenguaje de Fernández, que sacaba provecho del sistema federal americano para convertir su propuesta de quedar a paz y salvo con el Tío Sam en un negocio descarado en aras de su lucro personal, aprovechándose una vez más de la mentalidad retorcida de los narcotraficantes de Colombia.

A partir de ese 13 de diciembre de 2001 las tres versiones originales del *crossover* dejaron de existir.

Mientras tanto, en la prisión de Nueva York el Negro Asprilla empezaba a entender la magnitud de la catástrofe, pero ya era muy tarde para enmendar sus errores. Sólo hasta ahora se daba cuenta de que Fernández también lo engañaba deliberadamente.

Los primeros en sentir la descarga eléctrica de 2.000 voltios fueron Miguel Solano y Chepe Puello, que unos pocos días después abordaron un vuelo en el aeropuerto de Fort Lauderdale rumbo a McAllen, Texas, porque estaban a punto de terminar presos al igual que su compañero caído en desgracia.

De El Paso, Texas, pasaron a Ciudad Juárez donde se reunieron con su socio mexicano Vicente Carrillo y aprovecharon para cuadrar las cuentas de los embarques de cocaína recientes. Las agencias federales empezaban a conocer ahora la realidad del cartel del Norte y a dar como ciertas las artimañas de Miguel Solano puestas en evidencia por La Flor.

El 28 de diciembre, Solano y Puello llegaron a Bogotá y de inmediato se reportaron ante Diego Montoya y Rasguño, que, desconcertados, citaron a una cumbre de la cúpula del cartel en la hacienda El Vergel con el fin de analizar las consecuencias de la captura de Fernando Henao.

Para efectos de la reunión, Rasguño ofició como maestro de ceremonias. Arcángel había arribado la víspera y a eso de las 9 a.m. llegaron en un helicóptero Don Berna y Carlos Castaño en representación de las autodefensas. A las 9:15 a.m. hicieron lo propio Víctor Patiño y su compadre Juan Carlos Ramírez, *Chupeta*; cinco minutos después aparecieron Diego Montoya y Miguel Solano en una camioneta Range Rover color vinotinto.

En el comedor disfrutaron de un típico desayuno vallecaucano: huevos revueltos con cebolla y tomate, pan, pandebono, buñuelos y un espumoso chocolate Luker. Al iniciar la cumbre secreta de narcotraficantes, el primer punto que abordaron fue el de establecer las posibles causas de la captura de Fernando en Miami.

Carlos Castaño tomó la palabra:

—Señores, en cuanto a lo de Baruch Vega, está claro que fue El Médico; yo lo tenía listico para matarlo, pero Elkin, el de la Terraza lo llamó, le avisó y por eso se me escapó ese hijueputa. Es tan descarado que hasta me puso a cuidarlo porque me envió una carta haciéndome responsable ante Estados Unidos de lo que les pudiera pasar a él o a su familia; pero bueno, ahora está preso en Allenwood, Pensilvania, pagando su sentencia. Lo del negocio descarado de la venta de franquicias por parte de Julio Fierro lo solucionamos entre todos, pero sigo sin entender qué pasó con los arreglos de Leef Fernández, que sí eran buenos.

—El que nos dañó el arreglo fue el hijo de puta de Florecita —respondió Miguel Solano.

173

—¿Florecita? ¿Ese quién es? —preguntó Castaño.

—Pues el que anda ahora con la viuda de Julio Fierro, o sea Natalia París; ese malparido es Florecita —resumió Rasguño.

—¡Ah sí!, ya sé cuál es —dijo Castaño.

—Eso no es nada; vive en Miami tranquilo, como si nada, pero lo que no sabe ese hijueputa es que lo tengo ubicado —interpeló Chupeta.

—¿Entonces cuál es el paso a seguir? —preguntó de nuevo Castaño.

—Déjeme a mí lo de Florecita, no se preocupen que el Teniente se encarga de matar a ese malparido —respondió Chupeta.

Una vez aclarado este punto, Rasguño continuó como maestro de ceremonias, respaldado por la confianza que Castaño y Patiño depositaban en él.

—Lo que tenemos que hacer es unirnos, dejar de tirar cada uno para su lado; así no vamos para ninguna parte, debemos enfilar a toda la gente que nos colabora porque se nos puede salir de las manos. Miren lo que está pasando con Tocayo y Varela, a quienes llamamos y les dijimos que vinieran a la cita, pero miren, hacen lo que les da la gana —dijo Rasguño y movió un poco su silla alejándola del comedor. Luego se quitó la gorra de beisbolista y la puso sobre la mesa.

—Yo hablé con Varela, pero la verdad él piensa que la gente que está haciendo esos arreglos con los americanos son todos sapos —respondió El Mocho Henao.

—Creo que ese mensaje es para mí. ¿Cómo me va a mandar decir esto? Si yo no he dicho nada. Eso lo he hablado con Diego y la verdad no voy a permitir que nadie me falte al respeto de esa manera, tratándome de sapo; ni siquiera ese hijo de puta de Varela —replicó Solano.

La reunión continuó por espacio de tres horas. En este nuevo intento de reunificación del cartel del Norte del Valle no se podía perder la oportunidad para dejar claros algunos temas y poco a poco fueron saliendo conclusiones. La primera: el que delate a otro se muere. Y como tarea conjunta, acordaron identificar a los posibles soplones. Ninguno podría siquiera hacer el intento de brincar a Estados Unidos.

Antes de terminar la reunión clandestina, Chupeta pidió de nuevo la palabra para dejar en claro que él se encargaría de la ejecución del plan para asesinar al arrinconado, agotado y disminuido Florecita.

—El Teniente lo tiene ubicado en la capital mexicana, ahí le voy a hacer llegar su regalito —sentenció.

Sobre las 2 de la tarde, los tres grupos de narcotraficantes se marcharon como llegaron: Miguel Solano y Diego Montoya en su camioneta Range Rover; Castaño y Don Berna rumbo a las montañas de Córdoba en su helicóptero y con un millón de dólares en efectivo, la tarifa mensual que Rasguño debía pagar por su ejército privado de paramilitares; Víctor Patiño y Chupeta de regreso a Cali a sus quehaceres habituales y por último Rasguño y El Mocho fueron a terminar un partido de fútbol que tenían pendiente.

Extrañamente, en dicha reunión todos sufrieron amnesia crónica porque ninguno logró explicar cuál de ellos era más sapo que el otro. Ninguno se refirió al hecho de que ellos mismos habían intentado por su lado solucionar sus problemas con la justicia americana, a costa de delatar a algunos de sus más cercanos colaboradores y a otros narcotraficantes de segunda línea.

Ese día, todos hicieron gala del difícil arte de sostener una mesa de verdades acuñada con tres estacones de mentiras. Con todo y las consecuencias desastrosas que podía traer un nuevo intento por saltar al lado de las agencias americanas, cada uno por su lado, a espaldas del otro, sabía que era necesario indagar esa posibilidad.

Al final de la cumbre a muchos les quedó claro que el más descarado de todos había sido Miguel Solano, quien inculpó a La Flor para no dar explicaciones sobre su condición de doble agente.

Superado el susto de poner la cara ante la plana mayor del narcotráfico en Colombia, Solano, acompañado por Diego Montoya, fue a saludar a la cárcel de Itaguí en Antioquia a su mentor, socio y amigo, Iván Urdinola, para ponerlo al tanto de la situación y darle su versión de la captura de su cuñado Fernando Henao.

Montoya y Solano ingresaron al centro penitenciario donde compartieron una tarde amena, jugaron cartas, dominó y parqués. Después de la cena, entrada la noche, salieron del lugar con la certeza de que Urdinola estaba de su parte y no apoyaba la actitud hostil de Varela.

26

Infarto fulminante

El 23 de febrero de 2002, pocos días después de la visita de Solano, Urdinola recibió a dos de sus primos, que ingresaron a la cárcel como de costumbre, es decir, luego de suplantar la identidad de otras dos personas. Tras pasar al segundo control, el oficial a cargo los miró fijamente y les dijo:

—Señores, ¿qué llevan ahí?

—Es comidita para Iván —respondió uno de ellos.

El oficial abrió el termo, que contenía comida y lo cerró nuevamente mientras llegaba la autorización para continuar.

—Estas huellas de la reseña no coinciden con las de sus identidades, pero no se preocupen, el señor Iván me compensará de alguna manera; sigan y perdonen la molestia.

Después de pasar por dos controles más, los primos llegaron al patio tres, donde los esperaba Urdinola.

—Primos, ¿trajeron comidita preparada en casa? ¿La hizo mi tía? Déjenme ver, déjenme ver. Eso huele muy bueno.

—Mira, primo, lo que te mandó mi mamá.

—Lechona rellena. ¡Qué regalazo; mi tía todavía se acuerda cuál es mi comida favorita! En un ratico nos la comemos, sigan, sigan. ¿Cómo está la familia? Cuéntenme.

Así transcurrieron tres horas de visita y las historias familiares estuvieron a la orden del día. En la tarde devoraron la comida enviada desde El Dovio y terminaron el remanente de whisky Sello Azul de la última juerga. En la noche, Iván acompañó a sus primos, ya borrachos, hasta la puerta de salida del penal y los despidió con el compromiso de repetir la siguiente semana la tarde de esparcimiento.

Uno de los oficiales encargados de la custodia del penal se percató del alto grado de alcohol de Urdinola y lo condujo de regreso a su dormitorio, lo recostó en su cama, le quitó los tenis, lo arropó, apagó la luz de la celda y cerró la puerta.

Al día siguiente, a eso de las 10 a.m., Urdinola esperaba la visita de su esposa Lorena Henao. Aún con el guayabo de la noche anterior, se levantó, sacó un analgésico de la mesa de noche, caminó hasta el nochero del lado opuesto, estiró la mano para alcanzar el celular y llamó a Lorena.

—Mija, dónde está —preguntó el trasnochado Iván.

—Acabo de salir del aeropuerto José María Córdova y tomé la vía Las Palmas rumbo a Itagüí; ¿por qué? —respondió Lorena, extrañada.

—Mija, anoche me tomé unos tragos con los primos y no sé si son los años o el hígado porque me duele todo, siento un dolor muy fuerte en el pecho y casi no puedo respirar. Devuélvase a la casa, yo me voy a recostar otro ratico a ver si se me pasa este dolor.

—Iván, estás tomando mucho trago, te lo he dicho mil veces y no me haces caso. Voy a buscar un médico para llevártelo.

—Mija, no me eche cantaleta, me duele mucho la cabeza, me siento muy mal, tengo un dolor insoportable en el pecho, casi no puedo res...pi...rar.

En ese preciso instante, Lorena escuchó un golpe fortísimo, como si algo hubiera caído al piso. El teléfono rodó por el suelo.

Con una mano intentó alcanzar el aparato y con la otra apretó fuertemente el pecho.

No muy lejos de allí, Lorena intentaba sin éxito una nueva comunicación con su esposo; como no lo logró, decidió llamar al celular de Tomate, el secretario personal de Urdinola en el centro de reclusión.

—Hágame un favor, Tomate; vaya rápido a la celda de Iván que algo le pasó, estoy segura. Apúrese.

Tomate cruzó la prisión de un extremo a otro y cuando llegó a la celda de Urdinola en el patrio 3 descubrió que la puerta estaba cerrada y asegurada por dentro. Golpeó con fuerza, al tiempo que gritaba Iván, Iván, Iván, intentando obtener una respuesta. Como nadie respondió, corrió hacia el puesto de mando de la guardia penitenciaria, que tardó más de 30 minutos para abrir la pesada puerta. Lorena, entre tanto, seguía en contacto con Tomate.

Los vigilantes encontraron a Urdinola tirado sobre el suelo, intentando alcanzar el teléfono celular con su brazo. De su boca salía espuma blanca. A pocos minutos de allí estaba la clínica Las Américas, a donde fue trasladado de inmediato en una improvisada ambulancia. Pero todo fue inútil.

En la clínica hicieron el levantamiento del cadáver de Urdinola en presencia de Lorena. Fue declarado muerto a las 11 a.m. del 24 de febrero de 2002. De ahí lo trasladaron al Instituto de Medicina Legal, que luego de practicar la autopsia determinó que el narcotraficante había muerto de un infarto fulminante.

El féretro fue conducido al municipio de Zarzal en el avión de Miguel Solano. Allí y por orden expresa de Diego Montoya, un médico forense practicó una segunda autopsia para despejar algunas dudas. Para tranquilidad de todos, el resultado fue el mismo. Al día siguiente los restos de Urdinola fueron conducidos a El Dovio, su pueblo natal, a bordo de un carro mortuorio escoltado por una caravana gigantesca.

A las honras fúnebres asistió el pueblo entero, que consideraba a Urdinola como una verdadera leyenda; lo admiraban y le agradecían haberles llevado luz, agua, alcantarillado, carretera pavimentada y. de su mano, el desarrollo como tal.

En medio del gentío sobresalían sus más cercanos colaboradores —todos ellos fieles exponentes de su legado—, su familia, la de su esposa y unos cuantos "lavaperros", término coloquial con el que se conoce a las personas sin importancia en el mundo del narcotráfico. El carro de bomberos del pueblo condujo el féretro hasta su última morada, donde fue sepultado con honores ante cerca de 3.000 fervientes admiradores de sus obras sociales.

Una semana después de haber sido sepultado, extrañamente llegó una orden gubernamental para que el cuerpo de Urdinola fuera exhumado y se le practicara una tercera autopsia. Según cuentan esa orden provino directamente de Estados Unidos. A partir de ese día se tejieron muchas hipótesis sobre el extraño fallecimiento de este enconado y astuto narcotraficante.

Las conjeturas corrieron por cuenta de algunos integrantes de la familia Henao, que responsabilizaron a Carlos Castaño, reconocido enemigo público de Urdinola. Otra de las dudas provino de Diego Montoya, a quien no le cabía duda alguna de que el deceso era obra de Varela con ayuda extraña. Paradójicamente, los dolientes directos de la familia Urdinola señalaron como posible responsable a Lorena.

Para entender los conflictos que rodearon la relación entre Iván y Lorena es necesario recordar los estrechos vínculos de sangre que unían a las familias Henao y Urdinola.

A principios de 1998, Lucio Quintero, empleado y hombre de confianza de la familia Urdinola, había empezado a trabajar como conductor y escolta personal de Lorena.

Lucio fungía como un excelente padre de familia y fiel compañero de su esposa. Pero todo acabó a mediados de ese año, cuando ella murió en un accidente automovilístico al estrellarse contra un árbol a 100 kilómetros por hora. El choque ocurrió en la vía entre La Unión y Roldanillo, pero a sus parientes y amigos cercanos les causó extrañeza porque ella era muy precavida cuando conducía.

Un día antes de su muerte comió en una casa de propiedad de Lorena, la jefa de su esposo Lucio. La apetitosa merienda fue preparada por el chef de cabecera de la dueña de la casa. Contra todos los pronósticos y luego de realizada la autopsia, el reporte de Medicina Legal señaló que en los segundos anteriores a la colisión la víctima sufrió un infarto fulminante que le impidió maniobrar el vehículo.

Como si esto fuera poco, tres semanas después de su muerte, apareció flotando en las aguas turbias y caudalosas del río Cauca el cadáver del chef de cabecera de Lorena Henao.

En los primeros meses de 1999, la familia de Urdinola había empezado a sospechar de una posible relación sentimental entre Lorena y su conductor, Lucio Quintero, quien en varias ocasiones fue visto saliendo a altas horas de la noche de la habitación de la patrona. Al mismo tiempo, uno de los hijos de Lorena observó cómo Lucio se encargaba de poner bronceador en el cuerpo de su madre cuando esta tomaba el sol en la piscina de su casa.

El chisme de la posible relación entre Lorena y Lucio corrió como pólvora en la familia Urdinola. Iván, el ofendido esposo de Lorena, fue el último en enterarse por la infidencia de su hijo y de dos de sus hermanas. La reacción de Urdinola fue inmediata y en junio de 1999 sentenció a muerte a Lucio Quintero, pero Lorena le avisó a tiempo y este corrió a poner la denuncia en la Fiscalía General. En la demanda estipuló que si algo le ocurría el único responsable sería Urdinola. Muerto del susto, Quintero huyó hacia Panamá. Y hasta Panamá voló Lorena para reencontrarse con su conductor.

Lorena e Iván estuvieron separados por más de dos años, pero a principios de 2002 el capo intentó arreglar las cosas con su esposa. En ese proceso de reconquista se encontraba hasta el día de su muerte.

Tras el deceso de Iván, su hermano Julio Fabio creyó encontrar la oportunidad perfecta para cobrar la deslealtad de Lucio Quintero, pero otra vez Lorena se enteró y como una fiera salió en defensa de su chofer.

—Vea, Julio Fabio, si usted le hace algo a Lucio, lo mato —le dijo la señora Henao a su ex cuñado.

Convencida de que Julio Fabio no se quedaría quieto, la malvada viuda puso sobre aviso a Varela, fiel servidor de los Henao, y lo citó en algún lugar desconocido. De ese encuentro salió un pacto indisoluble.

—Vea, Varelita, ayúdeme a recoger las propiedades de Iván en el cañón de Garrapatas y usted se queda con la mitad. Todas esas tierras son de Iván pero su familia se quiere quedar con lo que me pertenece por derecho propio; eso es mío y de mis hijos.

—Está bien, vamos y me muestra todas las fincas de las que usted me está hablando —respondió Varela.

Después de recorrer las escarpadas montañas del canón, con la desprotegida viuda, los familiares del difunto empezaron a sentir la presión y la expropiación forzosa de sus bienes por parte de Varela y sus sicarios.

Ante semejante arremetida no se hicieron esperar los reclamos de primos, sobrinos, cuñados, tíos y hermanos del clan Urdinola, que llamaron a Julio Fabio, sucesor al trono, para implorarle ayuda.

El arrinconado Julio Fabio buscó la mediación de Diego Montoya, aliado e incondicional servidor de su hermano, quien intentó la tarea casi imposible de comunicarse con Varela. Pero al fin lo logró.

—Varelita, no se meta en esas cosas. Es un problema de familia, deje que entre los Henao y los Urdinola arreglen sus diferencias; devuélvales las propiedades, sálgase del cañón de Garrapatas que esas tierras no son suyas, eran de Iván y de sus familiares —dijo Montoya.

—Diego, todas esas fincas son mías y de Lorena y si alguien las quiere que venga y me las quite. Es más, el que no debe meterse es usted —replicó Varela sin ocultar su molestia.

Para terminar este relato dejemos en claro varias cosas que el paso del tiempo daría como verdaderas.

Es cierto que desde 1998 Lorena Henao tenía como amante a su conductor, Lucio Quintero; es cierto que la esposa de Lucio murió ese mismo año al estrellarse contra un árbol como consecuencia de un misterioso infarto; es cierto que el cocinero que le preparó la última comida a la esposa de Lucio apareció muerto en las aguas del río Cauca; es cierto que pocos días después de la muerte de Iván, Lorena se asoció con Varela; es cierto que de tiempo atrás Varela planeaba asesinar a Iván; es cierto que Varela buscaba adueñarse de las inmensas extensiones de tierra de Iván en el cañón de Garrapatas, único acceso a las costas del océano Pacífico chocoano.

También es cierto que en uno de tantos viajes juntos a los límites de Chocó, en la hacienda El Paraíso, donde se unen los ríos Grande y Sipi, Varela y Lorena sellaron su pacto con una noche pasional; es cierto que Varela se convirtió en aliado incondicional y defensor acérrimo de los deseos de Lorena; es cierto que Iván Urdinola murió el 24 de febrero de 2002 por un misterioso infarto; es cierto que Diego Montoya y la familia Urdinola culparon a Lorena de la muerte de Iván; es cierto que el chef de Iván dentro de la prisión fue asesinado a balazos un mes después de su muerte; es cierto que el cuerpo de Iván fue sometido a tres autopsias diferentes y hasta el día de hoy no descansa en paz; es cierto que se cumplieron las palabras proféticas de Lorena y el 9 de octubre de 2004 fueron asesinados Julio Fabio Urdinola y su esposa cuando se desplazaban en su vehículo por el norte de Bogotá; es cierto que Lorena fue a parar a una prisión en Colombia donde los propios guardias del Inpec la señalaron como responsable directa de la muerte de su esposo.

27

Víctima de su propio invento

Ante la repentina e inesperada muerte de Iván Urdinola, los tres grupos de narcotraficantes en Colombia decidieron convocar nuevamente a una reunión en un sitio conocido como La Gallera, en las montañas de Córdoba bajo dominio total de las autodefensas, al mando de Carlos Castaño.

Allí fueron llegando Diego Montoya, Víctor Patiño, Don Berna, Miguel Solano y Rasguño. Varela mantenía su disidencia acompañado de cerca por Tocayo y el ex coronel Danilo González, quienes se ausentaron de la reunión.

Pero Carlos Castaño tenía otras prioridades porque las divisiones en el seno de las autodefensas eran cada vez más evidentes. En la organización existían disidencias poderosas como la de Carlos Mario Jiménez, *Macaco*, quien dirigía el Bloque Central Bolívar.

Castaño no estaba dispuesto a permitir que lo relacionaran abiertamente con los narcos. Era un precio demasiado alto que no estaba dispuesto a pagar. En las AUC empezaron a ver que Castaño levantó un muro de contención para evitar la filtración abierta del dinero del narcotráfico en el movimiento paramilitar.

Sin encontrar apoyo claro y decidido por parte de Castaño, los capos del Norte del Valle no tuvieron otra opción que regresar con las manos vacías a sus dominios. Así, las reuniones de los capos se trasladaron a la hacienda El Vergel, a Coke o a Miralindo, las majestuosas fincas del Mocho en Cartago o La Virginia.

Víctor Patiño también tenía motivos para estar intranquilo porque en el gremio se especulaba que las agencias antidroga americanas estaban próximas a culminar una gran investigación en su contra y podría volver a prisión. Pero contrario a las recomendaciones que le había hecho Carlos Castaño en el sentido de mantener abiertos los ojos y alejarse de Danilo González, Patiño confiaba plenamente en el policía y lo consideraba vital para cumplir su vieja aspiración de acercarse a las agencias federales estadounidenses.

Patiño autorizó a González a buscar sus contactos en la embajada americana en Bogotá. Allí, los agentes de la DEA le hicieron saber a González que una muestra de buena voluntad de Patiño sería proveerles información detallada sobre el arribo de algún cargamento de coca a las calles americanas.

Enterado de la condición planteada por la DEA, Patiño sólo tardó dos semanas para diseñar una nueva ruta mediante la cual envió 150 kilogramos de cocaína hacia Miami. Una vez el alcaloide coronó en su destino, Patiño le dio los datos a González, que a su vez se los entregó a sus contactos en la DEA en Bogotá. En pocas horas la oficina de la DEA en Miami montó una operación en la que decomisó la droga y capturó a toda la organización. Éxito total.

Sin embargo, contra todos los acuerdos, el 6 de abril de 2002 los agentes de la DEA en Miami acudieron a la Corte Federal y formularon cargos contra Patiño por narcotráfico y solicitaron su extradición. Tres días después la petición había sido legalizada.

Sin saber lo que ocurría, Patiño le pidió al coronel González acudir a sus contactos en la embajada en Bogotá para poner en marcha el acuerdo con cooperación. Cuando los oficiales de la DEA de Bogotá tuvieron certeza de que la Corte del Distrito Sur de la Florida requería a Patiño en extradición, le informaron a González de la necesidad de encontrarse a las 2 p.m. el 9 de abril en el hotel La Fontana de Bogotá.

Convencido de que su despacho de droga le había abierto las puertas en Estados Unidos, Patiño y su abogado acudieron sin miramientos a la cita en el hotel. Pero cuando ingresaron a la habitación acordada, fue capturado por oficiales colombianos y agentes de la DEA. Una vez recluido en la cárcel de Cómbita, Patiño se comunicó con González, quien le explicó que la operación de su captura había sido un montaje con el objetivo de desvirtuar cualquier sospecha en el interior del narcotráfico, pero le aclaró que su situación estaba controlada y que apenas llegara a Miami sería liberado.

Los meses empezaron a transcurrir y Patiño esperó paciente su extradición. Lo que no sabía era que había sido víctima de su propio invento.

28

Estos también quieren ir

Después de la captura de Víctor Patiño, Rasguño intentó bajarle el nivel a la confrontación con Varela y para ello echó mano de los lazos de hermandad que los unían desde comienzos de la década de los noventa, cuando pertenecían al exitoso cartel del Norte del Valle.

Mientras tanto, en Cali, Pipe, el primo de Diego Montoya, jefe del grupo de los Yiyos, contribuyó a alborotar los ánimos entre las dos fracciones del cartel. A finales de mayo de 2002, dos miembros de esa organización sicarial llegaron a la discoteca Mission pero el guardia que estaba a la entrada salió a su encuentro.

—Señores, tienen que hacer la fila como todos los demás.

—No, viejo ¿qué le pasa? Nosotros trabajamos con los Yiyos y vamos para adentro, déjenos pasar.

—Con mucho gusto los dejo pasar pero por favor guarden sus armas en otro lugar; aquí no se permiten personas armadas —replicó el vigilante.

—Llame al dueño de este sitio y dígale quiénes somos nosotros; no se busque problemas.

—Así ustedes sean amigos del dueño, la orden es no dejar pasar a nadie con armas.

Acto seguido, uno de los Yiyos sacó una pistola de la cintura, apuntó a la cabeza del guardia y la bajó lentamente hacia los pies. Cuando el arma apuntaba al piso, el sicario apretó el gatillo y disparó. El estruendo del disparo retumbó en la discoteca y pocos minutos después aparecieron el supuesto dueño del sitio, un tal Mango, y Chorizo, el administrador.

—Jefes, si no dejamos entrar a estos señores me van a matar —explicó el vigilante, señalando con el dedo a los atacantes.

—Señores, no hay problema, sigan y disculpen por el mal entendido; están en su casa —dijo Chorizo al asumir el papel de vocero de la discoteca.

Chorizo llevó a los dos Yiyos hasta un salón VIP en el segundo piso de la discoteca y les ordenó a los meseros que los atendieran como ellos se merecían. Mientras tanto, el administrador se dirigió a su oficina privada y llamó al celular a Varela, el dueño del establecimiento, y le reportó lo ocurrido.

—Patrón, aquí están estos hijueputas del combo de los Yiyos, trabajadores de Pipe, y se pusieron esto de ruana.

—No se preocupe, llame a Fofe y dígale que solucione el problema. Esos tipos tienen que respetar mi discoteca —respondió Varela después de escuchar el relato de Chorizo.

Enterado del episodio, Fofe pidió las características del vehículo en que llegaron los Yiyos y el número exacto de visitantes que los acompañaban. Luego le dio instrucciones.

—Déjelos, deles trago, todo el que quieran; cuando estén por salir me llama al celular y me cuenta cómo están vestidos que los voy a estar esperando afuera.

En menos de una hora, Fofe y 20 de sus hombres se apertrecharon en las inmediaciones de la discoteca a la espera de las órdenes de Fofe.

Mientras tanto, Chorizo atendió como reyes a los visitantes, que no tardaron en embriagarse. Luego los acompañó hasta la puerta de salida y de inmediato llamó a Fofe.

—Señor, ahí van saliendo; los dos están de blue jeans, uno con camisa azul y el otro con camisa roja —dijo el Chorizo.

—Gracias Chorizo, el resto es por cuenta mía —respondió Fofe.

Los Yiyos se dirigieron a su Mazda Matzuri verde y se alejaron de allí. Cuando avanzaban por una solitaria vía se vieron forzados a detener la marcha porque los cerraron dos camperos Toyota, en uno de los cuales iba Fofe. Al instante apareció una camioneta Luv de la que salieron dos hombres armados con fusiles AK-47 y abrieron fuego contra los indefensos borrachos.

Los dos camperos partieron raudos mientras uno de los pasajeros de la camioneta Luv se bajó para cerciorarse de que los Yiyos estuvieran muertos. El hombre de sangre fría caminó de regreso a la camioneta, que arrancó veloz, pero con tan mala suerte que en ese momento apareció una patrulla de la Policía. Dos de los ocupantes de la camioneta alcanzaron a huir pero otros dos fueron detenidos y confinados en la estación de Policía de Yumbo.

A Pipe no le resultó difícil establecer al día siguiente que la ejecución de sus dos hombres había sido ordenada por Varela, el único capaz de desconocer su autoridad en Cali. La cruel muerte de los dos Yiyos a manos de Fofe forzó a Pipe a dar una respuesta inmediata.

Ese mismo día los Yiyos cobraron venganza y en una osada acción entraron a la estación de Policía, sometieron a los agentes de turno, identificaron a los homicidas de sus compañeros y los masacraron sin piedad. La partida estaba en tablas: Varela les había matado a dos y ellos mataron dos.

Varela destilaba odio por todos los poros. Nadie se había atrevido a poner en duda su autoridad y mucho menos un muchacho con escasos 23 años.

Pasados 20 días desde la fatídica confrontación en la discoteca, Rasguño y Arcángel Henao estaban convencidos de que era necesario pactar una tregua. Pero se vieron a gatas para convencer a Diego Montoya de reunirse con Varela en la hacienda El Vergel y así aclarar las diferencias. Al final, Montoya accedió a interceder para que Pipe asistiera a la reunión y se disculpara con Varela. Rasguño y Henao se ofrecieron como mediadores para poner las cosas en orden.

Al fin y al cabo a Montoya no le interesaba una confrontación con Varela porque su interés estaba centrado en enviar toneladas y toneladas de cocaína a Estados Unidos en sociedad con las autodefensas del Magdalena Medio, donde estaba refugiado. No tenía tiempo para conflictos internos y mucho menos para las guerras. Montoya y los demás capos del narcomundo sabían que Pipe había iniciado este nuevo conato de guerra.

Diego sabía que el que había iniciado esta confrontación era Pipe por sus actos irresponsables y él mismo debería poner la cara, además Diego conocía los métodos y la sevicia de Varela para ejecutar sus planes de venganza, por eso lo mejor y más prudente sería ausentarse de dicha reunión.

Cerca de las 3 p.m. del 21 de junio de 2002, empezaron a llegar los invitados a El Vergel. El primero en hacerlo fue Varela con 15 de sus hombres y luego Tocayo y Chupeta, con medio centenar de escoltas. Treinta minutos más tarde apareció Pipe, acompañado por una docena de camionetas Toyota repletas de hombres armados con fusiles de asalto. Los asistentes a la cumbre tuvieron la sensación de que Pipe los estaba desafiando y no tenía intención de fumar la pipa de la paz.

Entre tanto, en los parqueaderos de la finca había mucha tensión. Los escoltas de Pipe, encabezados por los Yiyos Londoño, intercambiaban miradas amenazantes con los hombres de Varela dirigidos por Fofe; y adentro, en el famoso comedor de reuniones de El Vergel, Rasguño recibía una llamada de última hora de Diego Montoya, quien se excusó de asistir por un supuesto mal estomacal. Antes de colgar ofreció disculpas por las imprudencias de su primo Pipe.

Chupeta fue el primero en descargar su furia contra Pipe. Lo gritó y vociferó mil agravios; Tocayo hizo lo mismo y Varela los imitó. Rasguño salió en defensa de Pipe con el argumento de que cuando todos eran jóvenes e inexpertos habían actuado en

EL CARTEL DE LOS SAPOS

forma parecida. Por eso pidió aceptar el mea culpa de Montoya y aclaró que de ninguna manera desconocería la autoridad absoluta de Varela.

Finalmente, Pipe salió con vida de dicha reunión. Dos razones influyeron en ello: primero, haber irrespetado los motivos pacíficos de la cumbre al presentarse con un pequeño ejército de escoltas; segundo, porque hábilmente Montoya no asistió a esa reunión y por ello Varela se abstuvo de actuar.

29

Yo no entrego mi gente

Superado el impase generado por Pipe, Diego Montoya se encontró con Miguel Solano para continuar los envíos de droga a México. Estaban convencidos de que la única opción para seguir vivos era sostener una confrontación con Varela. También de que esa guerra sólo era posible con un gran soporte financiero y qué mejor que la venta de sus embarques de cocaína, cada uno de los cuales alcanzaba las 15 toneladas por despacho.

A todas estas, Lorena Henao mantenía su interés en cobrar supuestas deudas que tenía su fallecido esposo Iván Urdinola. Una de las acreencias estaba contenida en un sobre cerrado, escrito de su puño y letra, hallado entre sus pertenencias en la cárcel.

Según el contenido del escrito, Miguel Solano aparecía como supuesto deudor de dos millones de dólares. Hecho el descubrimiento, Lorena se comunicó con Solano para cobrar el dinero.

—Miguel, aquí tengo unos apuntes de Iván en los que dice que usted le debe dos millones de dólares. Necesito que por favor me los pague.

—Doña Lorena, ¿cómo se le ocurre? Yo no le debía nada a Iván, al contrario. En el último cruce de cuentas que hicimos él me quedó debiendo a mí, pero no se preocupe que no le pienso cobrar.

—Ahora resulta que Iván le debía a usted, Miguel; no sea atrevido, si no me quiere pagar no me pague, pero tampoco me crea estúpida ni pretenda dárselas de avión —interpeló Lorena, furiosa.

—No, señora, no me las quiero dar de avión, yo no le debo nada a Iván —insistió Solano.

—Pues aquí tengo las cuentas, me hace el favor de pagar.

—No tengo por qué pagar lo que no debo.

—¡Ah! ¿No me piensa pagar?

—Tómelo como quiera; suponga que no le pienso pagar.

—Vamos a ver si me paga o no, majadero.

Para la viuda lo más importante era rescatar sus dos millones de dólares y nadie mejor para encargarse de ese ajuste de cuentas que su fiel compañero Varela. Por eso levantó de nuevo el auricular para comunicarse con él y pedirle ayuda.

—Varelita, imagínate que Miguel Solano le debía dos millones de dólares a Iván; llamé a cobrarle y no sólo me negó la deuda sino que me dijo que era Iván el que le debía. Eso es mentira, Iván no le debía a nadie, aquí tengo los apuntes, te los puedo mostrar.

—No, no hace falta. ¿Qué quiere hacer? —indagó Varela.

—Pues cobrarle. ¿Me puedes ayudar?

—Claro, Lorenita, con mucho gusto; es un placer, cuente conmigo para todo lo que necesite. No voy a dejar que nadie la atropelle. Usted me tiene a mí, no se preocupe.

—Tú tan lindo, Varelita, muchas gracias; además tú sabes que Miguel (Solano) es el culpable de lo que le está pasando a Fernando (Henao); le prometió mil cosas, se lo llevó para Estados Unidos y allá lo dejó preso.

—Yo sé, Lorenita. Mañana mismo soluciono eso, cuídate mucho y un beso.

—Dos.

Las conversaciones cariñosas entre estos dos tortolitos cada vez se tornaban más frecuentes. Varela cortejaba y la viuda no era indiferente ante esa actitud.

Para Varela lo más importante era meter en cintura a Miguel Solano, que se había apoderado de las tierras de la familia Urdinola en el cañón de Garrapatas, pasando por alto las recomendaciones de Diego Montoya.

Varela les comentó a sus hombres de confianza que poco le importaba una escaramuza más y mucho menos si su objetivo era Solano, el mismo que alejó a Fernando Henao de sus directrices. Y cómo olvidar que Solano era responsable de que el menor de los Henao estuviera preso en una prisión en Nueva York por haber creído en las mieles de su *crossover*.

Por esto y por unas cuantas razones más, Varela expresó su satisfacción por dirigir su aparato sicarial contra Solano, su nuevo objetivo. Y lo hizo de manera directa: mediante una llamada telefónica.

—Vea, Miguel, estuve hablando con Lorena, ella me dijo que usted no le quería pagar dos millones que le debía a Iván; dos millones para usted, que está trabajando con Diego, no son nada; por favor, páguele esa platica.

—Varela, a Iván yo no le debía nada, todo lo contrario, era Iván el que me debía a mí, pero eso no importa; a mí no me hace falta esa plata, dígale a Lorena que no se la pienso cobrar.

—Miguel, viejo, la viuda me encargó el cobro de los dos milloncitos, no se busque problemas; no sé si usted le debía a Iván o él a usted, lo cierto es que en las cuentas de Lorena usted es el que le debía a él, así que por favor salde esa cuentita porque la deuda ya es conmigo.

—Pero, Varela, ¿cómo me vas a poner a pagar algo que yo no debo?

—¿Me vas a pagar o no? —rezongó Varela.

—No, viejo, yo no tengo por qué pagar lo que no me he comido.

—¡Ah! ¿no sólo no vas a pagar sino que además tenés el descaro de poner en duda la palabra de Lorena negándole la deuda?

—Varela, viejo, ¿cuál deuda? Le repito, yo no le debía nada a Iván.

—¿Cómo que no le debes? ¿Y los documentos que encontró Lorena? Ahí da fe Iván de esa deuda.

—Varela, hace mas de un año le pagué eso, es más, dos meses antes de morir me pidió prestados dos millones de dólares y yo se los presté en efectivo; dígale a Lorena que dejemos eso así —finalizó Miguel.

—Voy a hablar con Lorena, cuando hable con ella, lo llamo —finalizó Varela, pero los dos tuvieron claro que no había finalizado nada. Por el contrario.

Varela tuvo la certeza de que cobrar por las buenas esos dos millones de dólares no sería una tarea fácil; lo mejor sería utilizar el infalible método de presión que siempre le había funcionado. Paso a seguir: buscar la manera de secuestrar, torturar, asesinar y expropiar al irrespetuoso Miguel Solano.

Mortificado, Varela llamó a la viuda para informarle lo sucedido.

—Lorenita, hablé con Miguel y como era de esperarse negó la deuda y además le mandó a decir que agradezca que no le cobra a usted los dos millones de dólares que Iván le quedó debiendo.

—¿Cómo así? Explícame.

—El muy malparido dijo que no le pensaba pagar; con esas me salió pero no se preocupe, deme unos días y ya verá cómo ese maricón nos paga y de una vez aprovecho para pegarle una pateadita por irrespetuoso.

—Así es que yo necesito un hombre —contestó Lorena al tiempo que soltó una risa nerviosa.

—¿Cómo? ¿Cómo, Lorenita? —preguntó Varela.

—No, no, nada, Varelita, que eso sí es ser un hombre.

—Bueno Lorenita, en estos días hablamos; no se preocupe, quédese tranquila que yo mismo voy a recoger a ese maricón.

En ese momento Varela ya tenía plenamente identificados los movimientos, los carros, las fincas y la seguridad que rodeaba a Solano; por eso concluyó que la manera más fácil de acercarse a sus dominios era por medio de gente de la misma región. Como era de esperarse, un miembro del grupo de Varela tenía una célula activa operando por esos lados y lo encargó de la operación para capturar con vida a Solano y conducirlo a la fuerza a algún lugar en los dominios de Varela para hablar con él y forzarlo a pagar la deuda pendiente; por último le harían un *tour* sin regreso por el río Cauca.

A la semana siguiente, las calles de Roldanillo, el pueblo natal de Solano, eran merodeadas por hombres de Varela y sus cómplices en el crimen organizado. Sin embargo, los constantes patrullajes despertaron las sospechas del grupo armado encargado de la seguridad de Solano. A Máscara, el hombre de confianza de Solano, le pareció extraño ver tanto vehículo desconocido y no dudó en avisarle a su jefe.

Máscara se dirigió a la finca de Solano y lo encontró sentado en la sala de televisión observando la serie del canal Fox 24, aquella que habla de conspiraciones internas entre los organismos de poder del gobierno americano. Las historias narradas en la exitosa serie de televisión eran poca cosa al lado de los conflictos internos y las ansias de poder de los narcos del Norte del Valle.

—Miguelito, he visto movimientos extraños en el pueblo, carros raros, motos de un lado a otro, gente que va y viene, algo está pasando, señor —relató Máscara.

Solano prestó atención y puso el control del televisor encima de la mesa.

—¿Qué hacemos? —le preguntó a su guardaespalda.

—Usted dirá, Miguelito —respondió serenamente el leal servidor.

—¿Sabe qué, Máscara? La única forma de averiguar qué está pasando es cogiendo a alguno de esos hijueputas; al primero que vea tíresele encima, échele mano y apriételo para que cante —ordenó Solano al tiempo que se recostó de nuevo en el confortable sofá y continuó viendo la serie de televisión que tanto le gustaba.

Esa misma noche el eficiente Máscara les encomendó a sus hombres la tarea de interceptar al primer sospechoso que vieran merodeando por las calles del pueblo. Dos horas más tarde divisaron una camioneta Kia con placas de Cali que daba y daba vueltas por el parque central de Roldanillo, como buscando algo o a alguien.

Así se lo reportaron a Máscara, Máscara a Solano y Solano autorizó el operativo. Seis hombres a bordo de dos camionetas Toyota dieron alcance a los ocupantes del Kia una vez estuvieron al lado bajaron la ventana y les hicieron una señal para que se detuvieran. Pero el conductor del Kia hizo todo lo contrario y aceleró a toda marcha para fugarse. Los hombres reportaron por radio el impasse a Máscara al tiempo que los ocupantes del Kia hicieron lo mismo y le reportaron el episodio al grupo de Varela, que los instruyó para perderse del lugar cuanto antes.

En medio de semejante carrera, Máscara instruyó a sus hombres para que detuvieran a los ocupantes del Kia y evitaran su fuga. Las órdenes fueron acatadas. Los conductores de las camionetas Toyota aceleraron a fondo, alcanzaron a los fugitivos y les hicieron varias ráfagas de fusil a las llantas. Tac... Tac... Tac... Tac... en ese momento el chofer de la Kia perdió el control del vehículo, que se salió de la carretera, se volcó y dio una... dos... tres... cuatro... cinco volteretas.

Las dos camionetas Toyota parquearon a un costado de la vía y de ellas bajaron tres hombres que se acercaron con cautela hacia el vehículo volteado y apuntaron con sus fusiles hacia el interior. Se agacharon para saber de la suerte de los ocupantes y se percataron de que entre los hierros retorcidos estaban los fugitivos, que sangraban por todo el cuerpo y dejaban escapar sonidos de dolor. Los hombres de Solano notaron que los pedazos de lámina impedían sacar a los heridos y en ese momento pensaron que era mejor no dejar huella. Uno de ellos cambió el proveedor de su arma, se agachó de nuevo, observó uno de los cuerpos, observó al otro y por un momento pensó que estaban vivos y que de pronto podrían sobrevivir.

Aún así, se paró de nuevo, dio tres pasos hacia atrás, apuntó sobre la humanidad de los desafortunados ocupantes y descargó una segunda ráfaga. Luego les dijo a sus otros compañeros que la tarea estaba cumplida y que era mejor escapar de ahí antes de que llegara alguien.

Poco después se encontraron con Máscara y acordaron pasar nuevamente por la finca de Solano para darle un reporte de los hechos.

—Miguelito, se querían volar cuando traté de persuadirlos para que pararan; me tocó prenderlos a balazos; el carro en el que esa gente iba se volcó y traté de sacar alguno vivo para traérselo, pero no había por dónde; no tuve otra opción que rematarlos ahí mismo —relató uno de los hombres que participaron en la persecución.

—¿Parecían gente de quién? —preguntó Solano.

—La verdad no les pude preguntar quiénes eran y de parte de quién venían. Pero eso ya no importa porque matamos a esos malparidos —respondió Máscara.

Pero a Varela sí le importó la suerte de sus hombres. Una vez recibió el reporte de las dos bajas se enfureció de tal manera que tomó el teléfono y llamó a Solano.

—Vea, Miguel, necesito que me entregue al que mató a mis muchachos —dijo Varela, salido de la ropa.

—¿Cuáles muchachos, Varela? —respondió Solano.

—Los que me mató ayer, los de Roldadillo, los del Kia, no se haga el huevón.

—Varela, esa gente estaba merodeando por el pueblo y mis muchachos sólo querían preguntarles qué hacían por aquí; intentaron detenerlos y ellos prendieron a mi gente a balazos; los míos sólo se defendieron y ese fue el desenlace. Eso fue circunstancial, Varelita.

—¡Qué circunstancial ni qué hijueputa! Mis muchachos sólo estaban por Roldanillo de visita, entrégueme a esos trabajadores suyos que mataron a los míos.

—Varelita, yo no entrego mi gente —insistió Solano y Varela colgó.

La historia se repite. Otra guerra estaba casada.

30

La cruda realidad

Los vientos de guerra llegaron de inmediato al norte del Valle. De un lado, Varela instruyó a sus hombres para matar a Solano a cualquier precio. Encontrarlo y darlo de baja se convirtió en una obsesión. Solano entendió la dimensión del desafío y optó por aumentar su ejército privado en armas y hombres. Al fin y al cabo tenía un buen soporte financiero.

Enterado de la inminente confrontación, Diego Montoya le propuso a Solano que dejara el norte del Valle por un tiempo mientras bajaba la marea. Pero Solano no hizo caso y por el contrario incrementó aún más su escolta, que ahora estaba compuesta por más de 40 hombres armados hasta los dientes.

En la primera semana de diciembre de 2002 se realizaba un evento social al que Solano no podía faltar: la feria de Roldanillo, cuyo acto inicial era una cabalgata que recorría las calles de la población. Como era de esperarse, Solano salió a lomo de Lucas, un hermoso caballo negro de su afamado criadero de paso fino; el mismo que orgullosamente exponía en las ferias equinas del país.

Conocedor como pocos de los gustos de Solano, Varela había pronosticado que su enemigo saldría a rumbear. Por eso le encomendó la tarea a Fofe de enviar su manada de hienas salvajes a mezclarse entre la gente que observaba la cabalgata a lado y lado de las calles del centro de Roldanillo

Entre los ejemplares que desfilaban Fofe tenía a un infiltrado que tenía la misión de llamar por radio cuando Solano estuviera a 100 metros de una calle señalada previamente para hacer el atentado.

—Fofe, ahí va, lo están cuidando como 40 tipos enfusilados hasta la chimba; son un cocao —dijo el infiltrado

—¿Estás seguro?— preguntó Fofe.

—¡Claro! si los tengo aquí al lado mío; tírenle primero a Miguel para asegurar la vuelta; seguro que ellos van a reaccionar y se van a llevar por delante a algunos de los nuestros.

Inquieto, Fofe se comunicó de inmediato con Varela, quien evaluó la situación algunos segundos y decidió cancelar la orden de ejecutar a Solano en plena cabalgata. Aún así, le indicó a Fofe que al día siguiente, en el coliseo de ferias del pueblo, podía culminar su tarea porque Solano también estaría allí. Fofe se comunicó con sus comandos y en segundos todos desaparecieron de las calles de Roldanillo.

En efecto, al día siguiente, Solano se encontraba sentado en primera fila con uno de sus hombres, disfrutando de la competencia de juzgamiento de caballos de paso fino. A escasos metros de allí estaba Fofe, que ya había divisado su objetivo y sólo esperaba que sus sicarios lograran pasar los controles de acceso para ingresar al lugar.

Los hombres encargados de la seguridad de Solano estaban dispersos por el perímetro y se veían algo distraídos ante la presencia de tanto personal femenino y una gran cantidad de blusas escotadas. El ángulo de visión que tenía Fofe sobre Solano era infalible y estaba seguro de que esta vez no se le escapaba.

Sin embargo, cuando los comandos lograron ingresar las armas, uno de los hombres de Fofe se encontró de frente con un amigo, que resultó ser escolta personal de uno de los acompañantes de Solano, y le reveló que estaban ingresando armas y personal porque le iban a hacer un atentado a alguien, pero no le dijo a quién.

Inquieto, el hombre se dirigió rápidamente al lugar donde exponían los semovientes, identificó de inmediato a su jefe directo y lo alertó sobre lo que le acababan de contar. Sin pensarlo dos veces, este se acercó a Solano y le dijo:

—Miguelito, vámonos que uno de mis hombres se encontró con unos bandidos amigos de él que estaban entrando fierros pesados. Van a boliarle a alguien —dijo el guardaespaldas y sin dudarlo un segundo Solano volteó a mirar hacia sus escoltas y les ordenó poner pies en polvorosa. En menos de dos minutos todos abordaron sus vehículos y se esfumaron de nuevo. Fofe había fracasado otra vez.

Convencido de que extrañamente el destino lo había salvado dos veces de una muerte segura, Solano mantuvo sus pretensiones de organizar un grupo muy fuerte para enfrentar a Varela. Después de meditarlo bastante, creyó que Rasguño podría sumarse a su causa y por eso lo visitó en la hacienda El Vergel. Una vez allí, jugaron fútbol, prepararon un asado de ternera, bebieron y bebieron... tanto que Solano, bajo el efecto del licor, le confesó sus planes a Rasguño.

—Rasguño, escúcheme, me da miedo ese hijueputa de Varela; estoy seguro de que me quiere matar; y antes de que me mate y se quede con mis cositas, como le hizo a Los Pachos, le voy arrancar.

—Tenés razón Miguel, siempre he dicho que Varela es más peligroso que una balacera en un ascensor —respondió Rasguño.

—¿Cuento con vos, Rasguño?

—¡Claro, Miguelito!, cuente conmigo —finalizó Rasguño antes de irse a dormir la rasca.

Solano regresó a su finca, a sus dominios, al único lugar donde realmente se sentía tranquilo y allí amaneció aquel 22 de diciembre de 2002. Ese día, a primera hora, Rasguño fue a la finca de Varela en el municipio de La Tebaida con la idea de ponerlo al tanto de las intenciones belicosas de Solano.

Rasguño tenía claro que Varela era un enemigo muy peligroso y era consciente de que si él, Víctor Patiño y Carlos Castaño no habían podido con Varela, Solano tampoco podría enfrentarlo con éxito. Por esa razón entendió que su mejor alternativa era brincar por completo al bando de Varela.

Para Rasguño, delatar a Solano era una manera práctica de recobrar la confianza de Varela, perdida años atrás cuando Fernando Henao puso al descubierto las intenciones de Rasguño y Patiño de asesinar a Varela con la excusa de que él había causado la muerte de Orlando Henao y era el directo responsable de las divisiones internas en el cartel del Norte.

Los planes de Rasguño consistían en meterse al bolsillo a Varela, mas no que Varela entrara en su bolsillo. Varela era consciente de que así como Rasguño había intentado asesinarlo ayer y hoy vendía y delataba a su amigo Miguel Solano, mañana era capaz de intentarlo con otro. No obstante, Varela escuchó atento lo que Rasguño venía a contarle.

—Varelita, Miguel lo quiere matar; si usted no le arranca rapidito seguramente él le tira primero —dijo Rasguño en tono grave.

—¿Por qué, Rasguño? ¿Qué te dijo Miguel? —indagó Varela.

—Anoche estuvo en El Vergel visitándome y en medio de los tragos me dijo que él no iba a permitir que su final fuera como el de los Pachos y que antes de que eso suceda él te va a tirar primero.

—¡Ah! ¿Eso te dijo el hijueputa ese? Vamos a ver —dijo Varela y Rasguño regresó a su hacienda en Cartago. Iba tranquilo, creyendo que había logrado meter de nuevo a Varela en su bolsillo; con este movimiento había hecho gala de su habilidad para saltar de un lado al otro, dependiendo de las condiciones del terreno.

Después de su charla con Rasguño, Varela consideró que lo más importante ahora era infiltrar cuanto antes a Solano y a su organización; el indicado para hacerlo era Chepe Puello, el mejor amigo de Solano, el mismo que lo había acompañado años atrás en el periplo por las calles de Miami, el mismo que había vivido años gloriosos con Solano en la época del *crossover*, el mismo que había llenado la aplicación para ingresar al cartel de los sapos.

Varela consideró que con un simple tirón de pelo Chepe Puello entregaría sin reparo alguno a su amigo Miguel. Por eso les ordenó a sus hombres que lo llevaran a su finca cuanto antes.

—Vea, Chepe, necesito que me entregue a Miguel; sáquelo a algún sitio donde yo lo pueda matar y cuidadito me entero de que lo pones sobre aviso porque lo mato a usted, Chepe; recuerde que a usted también le tengo su guardadito; no se me olvida que usted y Miguel andaban de sapos por allá en Estados Unidos; no busque que lo mate ¿entendió? ¿Le quedó claro? ¿Alguna duda? —terminó Varela subiendo el tono de su voz.

—Sí, sí, Varelita, lo que usted diga —respondió Puello.

Antes de salir de la finca de Varela, Puello se comprometió a reportar cualquier movimiento suyo o de Solano a Combatiente y el Cabezón, dos de los más cercanos colaboradores de Varela y jefes directos de su aparato sicarial.

Solano paso el año nuevo de 2003 en la finca de Roldanillo en compañía de su familia; su cuerpo de seguridad celebró en grande con una fiesta en la que se mezclaron pilotos, emisarios en el extranjero, lavadores de dólares, jefes de laboratorios para el procesamiento de cocaína, comercializadores del narcótico, asesinos y unos cuantos patos. Por orden de Solano fueron repartidas propinas millonarias y él mismo rifó un automóvil Mazda cero kilómetros.

La comida fue preparada en Tuluá por las famosos Chapetas —unas señoras de avanzada edad que preparan una mezcla de carne frita con guisado de tomate—; también hubo mariscos y gran variedad de postres y champaña cristal en abundancia. Solano recibió algunos obsequios y repartió otros.

Terminadas las fiestas, el 4 de enero preparó viaje para Cartagena y de ello sólo enteró a su cerrado grupo de escoltas.

En Cartago abordó su avión Queen 300 y en Pereira recogió a su gran amigo Chepe Puello. Un par de horas después habían aterrizado en el aeropuerto de La Heroica donde fueron recogidos por un segundo grupo de escoltas que desde el día anterior había viajado por tierra en tres camionetas Toyota blindadas.

La caravana se dirigió al hotel Las Américas y esa misma noche Puello les reportó todos los detalles a los colaboradores de Varela, incluidos, datos del vuelo, número de acompañantes, hora de llegada y el lugar donde estarían hospedados.

Temprano al día siguiente arribaron a Cartagena el Cabezón y Combatiente y parte de su manada de leones hambrientos, a la espera del reporte diario y detallado de los movimientos de Miguel por parte de Chepe. A eso de las 3 p.m. Combatiente recibió la primera llamada de Puello, quien informó que habían salido de compras por la ciudad vieja y que en breve estarían de regreso en el hotel; también reveló que Solano recorría el mercadillo con 15 de sus escoltas. Antes de que Puello colgara, Combatiente le hizo algunas recomendaciones.

—Chepe, ya tengo la gente lista, los carros, los fierros, todo. Como sea hoy le vamos a tirar a Miguel, pero si usted lo puede sacar esta misma noche a un barcito o a una discotequita, mucho mejor; trate de convencerlo, sáquelo solito, mejor para todos; cuando sepa dónde van a estar me avisa que mis muchachos y yo le llegamos en 10 minutos; Varelita se lo va a agradecer mucho. ¿Me entendió, Chepe? —indagó Combatiente.

—Claro, Combatiente, dígale a Varelita que voy a convencer a Miguel para que salgamos esta noche.

—Bueno, mijo, estoy pendiente, hágale pues, hágale.

Combatiente les comentó las novedades a sus hombres y les pidió estar alerta. Mientras tanto, se relajó un poco. Salió de su apartamento en Bocagrande, cruzó la avenida San Martín y entró a la heladería Ventolini donde compró un enorme y delicioso helado. De regreso al edificio bajó al parqueadero y subió al BMW 330I convertible rojo, donde ya lo esperaba Cabezón y salieron a dar un paseo turístico por la ciudad mientras se producía la próxima llamada de Puello con el reporte de su nueva localización.

En efecto, la comunicación de Puello se produjo a las 10:15 p.m. desde la habitación 326 del hotel Las Américas.

—¿Qué hubo, Combatiente, soy yo, Chepe; casi no convenzo a Miguel; afortunadamente su esposa Ángela tenía ganas de salir a bailar un rato. Vamos a ir a Míster Babilla, la discoteca de la ciudad amurallada. ¿La conoce?

—Sí, claro, claro, ¿en cuánto tiempo están ahí?

—Miguel y Ángela se están arreglando en el cuarto, imagino que en una hora.

—Está bien, ya mismo mando a mis muchachos para Míster Babilla. ¡Muchas gracias!

—Combatiente, una cosita más: tenga cuidado que los muchachos que vaya a mandar no los conozca Miguel porque está como arisco y si reconoce a alguien se nos daña todo; lo convencí para que fuéramos solos y dejara a sus escoltas aquí en el hotel.

—Tranquilo, Chepe, la gente que voy a mandar es de aquí de Cartagena.

—Bueno, bueno, recomiéndeles que tengan cuidado conmigo, asegúrese de que no me vaya a pasar nada.

—Ya se lo dije, Chepe, no se preocupe.

Sobre las 11:30 p.m. Solano, Puello y Ángela llegaron al lugar, saludaron al encargado de la seguridad en la puerta de entrada y siguieron hacia adentro donde pidieron la mesa acostumbrada. Pocos minutos después se acercó el mesero, saludó a los distinguidos visitantes y les dijo que estaba listo para tomar la orden.

—¿Qué le traigo, don Miguel? —preguntó el mesero.

—Quiero tomar Siete —respondió Solano.

—Está bien don Miguel, ya regreso.

Ángela no entendió lo que su esposo había ordenado pero no se quedó con las ganas de preguntar.

—¿Qué ordenaste?

—Siete, Angelita. ¿Por qué?

—Qué es siete, Miguel.

—Refresco Cuatro con Ron Tres Esquinas —respondió Solano y soltó una risotada.

—Se nota que te conocen perfectamente en el lugar porque hasta los meseros entienden tu lenguaje; ahí estás pintado ¡sinvergüenza!

A partir de ese momento todos tomaban siete; siete por aquí, siete por allá, un siete más, otro siete, en fin. Siete eran los hombres que Combatiente ya tenía dentro de la discoteca informándole sobre los movimientos de Solano y sus acompañantes. Uno de esos siete salió del establecimiento para reportarles a Combatiente y al Cabezón que Solano estaba sentado en la última mesa de la izquierda, departiendo alegremente, con su esposa y con el inseparable Chepe Puello. Eran las 2:26 a.m. del amanecer del 6 de enero de 2003.

No obstante y pese al ambiente rumbero, Solano estaba intranquilo. Un mal presagio rondaba por su cabeza y así se los hizo saber a sus acompañantes.

—No sé qué pasa, no miren para atrás, pero esa gente que está ahí al lado de ustedes no me gusta; me miran y me miran, mejor vámonos.

—Si te sientes mal, vámonos —contestó Ángela.

—No, no, quedémonos un rato más. ¿Cuál es tu bobada, Miguel? Eso es por la pepa de éxtasis que te metiste, que te hace ver fantasmas —interpeló Puello.

A las 2:30 a.m. Combatiente llamó al celular de Varela, que estaba pendiente de los hechos desde su finca en el norte del Valle.

—Varelita, Varelita.

—Sí, ¿quién habla?

—Combatiente, patrón, Comba.

—Cuénteme, Comba, ¿Cómo va la cosa?

—Ahí lo tenemos, está con el fariseo de Chepe. Los tengo a los dos, ¿qué hago?

—Hágale, hágale, pero no toque a Chepe, déjelo, déjelo —ordenó Varela.

Cuando el reloj marcaba las 2:35 a.m., uno de los hombres de Combatiente que desde temprano estaba en la discoteca metió un billete de 20.000 pesos en la chaqueta del encargado de la seguridad para que permitiera el ingreso de su jefe y de Cabezón. Cuando se aprestaban a entrar, Combatiente recibió una llamada de su hombre en el interior de la discoteca.

—Combatiente, Miguel está sentado en la mesa que le dije y Chepe está en la barra comprando un trago, tírensele.

Desde la puerta, Combatiente levantó la mano en señal de saludo esperando que el portero lo identificara y no pusiera problema para su ingreso. Así ocurrió y pocos minutos después los emisarios de Varela estaban en la mitad de la pista de baile. Al final de la pared identificaron la última mesa sobre el lado izquierdo como se los había indicado Puello.

Solano, que tenía la extraña costumbre de proteger su espalda con un muro de concreto para evitar ser atacado por detrás, no observó que los sicarios venían caminando por entre la gente y ya lo tenían plenamente identificado lo mismo que a su esposa, que se veía indefensa.

Al tiempo que continuaban su recorrido, dos sicarios empuñaron sus pistolas Glock de 9 milímatros y de los bolsillos de los pantalones sacaron los proveedores. Detrás de ellos iban Combatiente y Cabezón escoltados por otros cuatro hombres.

Desprevenido, Solano servía un poco de siete en un vaso lleno de hielo cuando descubrió que frente a él estaban dos hombres armados. Intentó saltar de la mesa, pero en ese instante recibió la primera descarga de disparos sobre su pecho. Ángela intentó cubrir a su esposo cuando los sicarios hicieron una nueva ráfaga. La mujer recibió un impacto en el hombro que la hizo volar por los aires.

Entonces, Combatiente retiró dos sillas que obstaculizaban su paso, se acercó un poco más a su objetivo y descargó una docena de proyectiles sobre la humanidad de su enemigo. Luego cambió el magazín de su pistola por uno nuevo, quitó de un puntapié otra silla que le impedía acercarse más a Solano, que yacía tendido en el piso boca abajo, inmóvil. Movió el cuerpo con el pie de un lado a otro hasta que logró voltearlo por completo boca arriba. Cerca de ahí, Ángela gritaba.

—¡No más! ¡No más!

Combatiente apuntó firmemente y descargó seis disparos más que destrozaron por completo la cabeza de Solano. A un costado permanecía el Cabezón protegiendo la espalda de su compañero.

—Combatiente, ya está muerto, vámonos.

—Vea, ahí está tirado el bobo hijueputa que se creía muy bravo, vámonos.

A las 2:41 a.m., Combatiente y el Cabezón subieron al carro que los esperaba y partieron con rumbo desconocido. En Míster Babilla Ángela intentaba levantar el cuerpo de su esposo Miguel Solano cuando alcanzó a identificar sobre un costado de la barra a Puello.

—¡Chepe, por favor ayúdeme!

Esa fue la última vez que Ángela vió a Puello porque en ese momento volteó la cara, cruzó el umbral de la puerta de salida a la calle y desapareció.

Ángela chorreaba sangre de su hombro herido y aún así logró arrastrar a Solano hasta la calle; como pudo lo subió a un taxi y pidió que la llevaran al hospital Naval, el centro asistencial más cercano. Pero su esposo llegó muerto.

Solano fue sepultado en Roldanillo en el más completo misterio. En sus épocas de gloria decía tener muchísimos amigos pero ninguno de ellos quiso terminar muerto en las mismas circunstancias por el sólo hecho de haber asistido a su entierro. Cuando era un narco de moda tanto en Colombia como en Estados Unidos, era normal verlo acompañado por mas de 30 servidores entre secretarios, estafetas, escoltas, modelos, actrices, jefes de asuntos sin importancia y una gran variedad de patos. Irónicamente, en su última morada, nadie lo acompañó.

Esta historia tiene un mensaje importantísimo para el mundo del narcotráfico. Miguel Solano provenía de un hogar humilde;

no pasaba de los 38 años de edad cuando lo asesinaron; ascendió vertiginosamente por las escabrosas arterias del crimen organizado y rápidamente llegó a estar entre los tres narcos más importantes, ricos y sanguinarios del país; espió para las agencias americanas hasta convertirse en un doble agente; regresó a Colombia so pena de terminar preso en Estados Unidos y encontró la muerte a manos de sus propios amigos, lo que confirma una vez más que en el mundo del narcotráfico no existen las amistades.

Algo aún más claro: si un narcotraficante salta del lado de las agencias americanas debe hacerlo por completo y espiar a los propios narcotraficantes y nunca convertirse en espía para un lado y para el otro dependiendo de las circunstancias porque seguramente terminará preso como Fernando Henao o ultimado a balazos, como Miguel Solano.

También es claro que cometió un error gravísimo al olvidársele que el *crossover* es completo y que si un narcotraficante pasa la línea de no retorno, no se le puede ocurrir la brillante idea de regresar a Colombia a negar lo que en determinado momento se vuelve evidente e inocultable, pues lo más seguro es que su cuerpo termine mutilado por una motosierra. Esta es la cruda realidad. A la versión *light* sólo sobrevive Chepe Puello, cuya historia aún no termina.

31

Hasta cuándo

A cientos de kilómetros de allí, en su guarida y lugar de exilio, Diego Montoya lloraba la muerte de su buen amigo Miguel Solano. Muy a su pesar optó por no asistir a los funerales en Roldadillo y permanecer en el Magdalena Medio, protegido por las autodefensas. Era mejor no darle papaya a Varela, que podría capitalizar su osadía de salir de los dominios paramilitares, donde estaba a salvo.

Sin embargo, Montoya se decidió a llamar a Varela con la intención de recibir una explicación lógica respecto al atentado contra Solano porque él entendía que los conflictos internos en el cartel del Norte habían quedado resueltos meses atrás.

—Vea, Diego, yo sí maté a Miguel porque había muchas cosas acumuladas. Primero que todo, cuando murió Iván Urdinola, Miguel no le quiso pagar dos millones de dólares que le debía a la viuda; yo le cobré y ¿qué hizo el hijueputa?, pues que me bravió y me negó la deuda; segundo, la gente de Miguel mató descaradamente a unos trabajadores de mi sobrino Hernán y yo le dije a Miguel que me entregara a los asesinos. Pero el muy malparido, me abrió los ojos y me contestó de frente que él no entregaba a su gente; tercero, se emborrachó con Rasguño y le dijo que me pensaba bolear porque él no iba a terminar como Los Pachos. ¿Sabe qué, Diego? Todo eso vale verga. Lo que no le perdoné a ese hijueputa de Miguel es que se haya puesto de sapo. Ese maricón estaba trabajando con la DEA —resumió Varela ante el desconcertado Montoya.

Los dos narcotraficantes se despidieron en no muy buenos términos. A partir de ese momento tuvieron claro que no se podían dar la espalda el uno al otro.

El sepelio de Solano no terminó con el calvario de su esposa Ángela porque pocos días después empezaron a aparecer cobradores de viejas deudas que la viuda empezó a pagar sin objeción alguna.

Así fue como la enorme riqueza de Solano se diluyó poco a poco. Arcángel Henao tomó su parte; Rasguño hizo su agosto; Lorena Henao y Varela citaron a contadores, testaferros y familiares del capo asesinado para informarles que a partir de ese momento deberían entregarles los títulos valores y las propiedades de Solano.

Diego Restrepo, Rastrojo; Julito, Fofe, el Cabezón y Combatiente, cabezas principales del ala sicarial de Varela, reclamaron su porción de lo poco que quedaba de la fortuna de Solano. Como autores materiales de la ejecución exigieron ser los únicos herederos del dinero y los bienes del difunto.

Los cinco lugartenientes de Varela le hicieron saber al narcomundo que todo aquel que se saliera de sus directrices e intentara combatirlos sería eliminado y sus bienes pasarían a ser parte de un botín de guerra que sería repartido equitativamente entre Varela y su organización armada.

Esta radical posición iba en contra de algunos de los miembros del cartel del Norte y en particular de Diego Montoya, quien estaba convencido de que el día de mañana su familia sería víctima de esas mismas atrocidades.

El que se ensañó con Ángela, la viuda de Solano, fue Combatiente, que se dedicó a humillarla y arrinconarla. Hasta tal punto que la atribulada mujer se vio forzada a buscar refugio en una mano amiga. ¿Quién? Después de pensar en varias opciones se llenó de valor y llamó a Diego Montoya.

—Don Diego, ¡ayúdeme! No puedo más, esta gente de Varela me dejó en la calle; ya no tengo nada más qué entregarles. Señor, yo quiero vivir, no quiero que me maten. Ya no tengo nada más para entregarles.

El dolor de la viuda de su amigo muerto tocó el orgullo de Montoya, que como si fuera poco no tardó en ser buscado por la familia del difunto Iván Urdinola.

—Don Diego, habla Julio Fabio Urdinola. Varela desterró a toda mi familia del cañón de Garrapatas, los sacó de sus fincas, les quitó todo lo que tenían, los dejó en la calle; usted sabe que esas cosas eran de la familia. Lorena no tenía qué ver con esas propiedades y ahora tiene amenazada a toda mi familia; y como ahora según cuentan anda de amoríos con Varela, no hay quién la toque.

—¿Cómo? ¿Cómo? —preguntó Montoya.

Esta nueva revelación desató la furia de Montoya, que siempre había creído que Lorena era la principal sospechosa de la muerte de Iván Urdinola. Cómo era posible que ahora, descaradamente, Lorena cohabitara con Varela.

Montoya no lograba entender que Lorena Henao, la viuda de Urdinola, se acostara con Varela y que entre los dos le hubieran quitado el techo y el pan a los hijos de Solano. Además, que amenazaran a la viuda de Solano y atropellaran al que les daba la gana.

"Hasta cuándo me tengo que aguantar a este hijueputa de Varela", pensaba Montoya desde su refugio en el Magdalena Medio.

32

La empresa

Si los ánimos estaban caldeados en Colombia, qué decir en Estados Unidos, donde las agencias federales habían llegado al límite de su tolerancia. Por las cortes pasaban y pasaban extraditados que exigían su derecho a llenar aplicaciones para ingresar al cartel de los sapos,. Sin embargo, eran muchos los informantes que enviaban aplicaciones para entrar a esta estrategia, diseñada por las agencias americanas contra los poderosos carteles de la droga, pero al final eran muy pocos los escogidos.

Paralelamente a los conflictos internos que se vivían en el fragmentado cartel del Norte del Valle, en Estados Unidos la DEA, el FBI y el ICE libraban una ardua lucha para etiquetar y judicializar a todos sus integrantes como miembros de una gran organización criminal.

Este conflicto de intereses fue magistralmente ganado por la DEA en cabeza del oficial Lou Maggioni —el más enconado enemigo de los narcotraficantes del Norte —quien el 3 de marzo de 2003 se presentó ante el gran jurado de la Corte del Distrito de Columbia con el fin de formalizar la acusación contra el temido cartel. Los principales apartes de la extensa acusación fueron los siguientes:

Orlando Henao Montoya y Danilo González Gil, los acusados y otros conocidos y desconocidos, fueron miembros del cartel del Norte del Valle (El nvc) una organización criminal cuyos miembros se encargaron de: trafico ilegal de cocaína, lavado de dinero procedente de la venta de la droga, soborno de oficiales de la ley y políticos colombianos, secuestro, tortura y asesinato de informantes, traficantes de droga rivales y otros notables enemigos del nvc.

El nvc operaba principalmente en la región conocida como el norte del Valle en Colombia, en la ciudad de Cali y Buenaventura, en la costa del Pacífico colombiano, también, en México y los Estados Unidos.

El nvc exportó multitoneladas de cocaína saliendo de la costa pacifica colombiana; el nvc trabajó con varios especialistas en exportación para transportar la cocaína desde Perú, Bolivia, Colombia y otras localidades dentro de Suramérica hacia la región del Norte del Valle; el nvc transportaba la cocaína en camiones y avionetas a través de la región de la costa pacifica hasta la ciudad portuaria de Buenaventura; el nvc trabajó con varios grupos de narcotraficantes mexicanos y despachaba los embarques de cocaína a México, vía lanchas rápidas, barcos pesqueros y mercantes; entre 1990 y el presente, el nvc exportó más de 500 toneladas de cocaína por un valor de más de 10 billones de dólares desde Colombia a México y finalmente a Estados Unidos y se convirtió en la más poderosa organización de traficantes de cocaína en Colombia.

El nvc usó violencia y brutalidad para llevar a cabo sus metas, El nvc rutinariamente asesinaba a sus rivales, a individuos que no pagaban por la droga, a miembros del nvc y asociados de cuya lealtad se sospechara; el nvc usó los servicios de las Autodefensas Unidas de Colombia, auc, una organización paramilitar terrorista envuelta en una guerra con las Fuerzas Armadas Revolucionarias de Colombia, farc, el principal grupo guerrillero de Colombia, para proteger sus rutas de droga, sus laboratorios, sus miembros y asociados.

El NVC, incluyendo su líder, miembros y asociados, constituyeron una empresa como está definida por el título 18 del Código de los Estados Unidos, sección 1961 (4) (de aquí en adelante la Empresa). Es un grupo de individuos y asociados, en efecto la empresa constituye una organización criminal en marcha, cuyos miembros funcionaban como una unidad continua, para un propósito común de lograr los objetivos de la misma y sus actividades afectaban el comercio interestatal y extranjero.

En su documento, Maggioni incluyó los nombres de los que según su parecer eran los seis principales miembros de la organización:

Orlando Henao Montoya era el líder de la empresa hasta su asesinato el 13 de noviembre de 1998 por un cartel rival de droga colombiano; hasta su muerte, Orlando Henao tenía la autoridad de tomar la última palabra sobre las mayores decisiones de la empresa, incluyendo la organización y transporte de los despachos de droga desde Colombia a México y finalmente a Estados Unidos y hacer cumplir las decisiones tomadas por miembros de la empresa contra traficantes de droga rivales, informantes sospechosos y otros enemigos de la misma.

Wílber Alirio Varela, también conocido como el Jabón, El Cojo o El Detergente, encargado de ejecutar las órdenes de todos los miembros de la empresa como Diego Montoya Sánchez, Hernando Gómez, *Rasguño*; Arcángel Henao, *El Mocho*; Juan Carlos Ramírez, *Chupeta*; y Alberto Rentería, *Don Beto*.

Las actividades criminales de los anteriores criminales incluían participación en conspiración para hacer lo siguiente: tráfico ilegal de cocaína, lavado del dinero procedente de la venta de la droga, chantaje de oficiales de la ley y políticos colombianos y secuestro, tortura y asesinato de informantes, traficantes de droga rivales y otros notados enemigos de la empresa.

Gabriel Puerta Parra, también conocido como Doctor Puerta, fue abogado y consejero de la empresa; Puerta Parra fue responsable de resolver disputas internas dentro de la empresa y representar los intereses de los miembros y asociados con otros carteles de droga colombianos; Puerta Parra también conspiró para hacer lo siguiente: tráfico ilegal de cocaína, lavado del dinero, chantaje a oficiales de la ley y políticos colombianos, secuestro, tortura y asesinato de enemigos de la empresa.

Danilo González y Jorge Orlando Rodríguez, alias el *Teniente*, el *Mono*, o la *Lagartija*, fueron oficiales de alto rango en la Policía colombiana y miembros de la empresa que actuaban como ejecutantes para secuestrar y asesinar a los individuos que eran una amenaza a la posición, territorio y fuerza de la empresa. González y Rodríguez también usaban su influencia dentro de la Policía colombiana para proteger otros miembros y asociados de la empresa; además protegían las cargas y rutas del escrutinio del gobierno en sus actividades criminales.

Jairo Aparicio Lenis, conocido como el *Viejo Verde* o *Don Pedro*, era el encargado de lavar todo el dinero procedente de la venta de la cocaína de la empresa.

Los propósitos de la empresa eran enriquecer a sus miembros y asociados a través de importar y distribuir droga ilegal en grandes cantidades; preservar y proteger el control del negocio ante intimidación, violencia, tortura, secuestro, asesinato; mantener a otros traficantes rivales, informantes, sospechosos y testigos, amenazados de violencia; promover y mejorar la empresa, a sus miembros asociados y actividades.

Los medios y métodos de la empresa consistían en adquirir materia prima como pasta de coca en Perú, Bolivia, Colombia, para procesarla en los laboratorios; hacer arreglos para transportar multitoneladas de cocaína de los laboratorios a la costa pacífica y al puerto de Buenaventura; juntar los despachos de los asociados de la empresa para enviarlos en lanchas rápidas y barcos pesqueros a México; coordinar con organizaciones de narcotraficantes mexicanos la recibida y el transporte de los cargamentos de cocaína hasta

Estados Unidos; y arreglar el envío del dinero procedente de la venta de la droga en México y Estados Unidos a Colombia. Sobornar oficiales de la ley y oficiales públicos en Colombia para proteger a los líderes y los despachos de la empresa; informar a los miembros de la empresa de las actividades de la ley en Colombia y en Estados Unidos para enfrentar juicios por sus crímenes; discutir las transacciones usando varios códigos para ocultar sus identidades y el sentido de las conversaciones; conducir su propio espionaje para interceptar las comunicaciones de traficantes de droga rivales y oficiales de la ley de Colombia y Estados Unidos con el fin de monitorear sus actividades y obtener valiosa información para la empresa; organizar y dirigir el secuestro, tortura y asesinato de traficantes de droga rivales e informantes sospechosos en Colombia y el exterior; y usar los servicios de las AUC, organización terrorista, para proteger sus rutas y laboratorios de droga.

En torno a los métodos violentos de los mafiosos del Norte del Valle, el oficial Maggioni dejó consignados algunos episodios.

Alrededor de 1994, Orlando Henao Montoya, los acusados, otros conocidos y desconocidos, conspiraron para asesinar y asesinaron a miembros de Los Burros en Colombia, basados en las sospechas de que Los Burros, quienes trabajaban para la empresa en los laboratorios de cocaína, estaban planeando secuestrar y asesinar al líder de la empresa.

El 5 de marzo de 1996, Orlando Henao y los miembros de la empresa conspiraron para asesinar y asesinaron a José Santacruz Londoño, también conocido como Chepe Santacruz, uno de los líderes del Cartel de Cali.

El 26 de mayo de 1996, Orlando Henao y Wílber Varela conspiraron para asesinar a William Rodríguez, el hijo del líder del cartel de Cali, Miguel Rodríguez.

El 5 de noviembre de 1998, Orlando Henao, Danilo González González y Wílber Varela conspiraron para asesinar y asesinaron a Hélmer Herrera, también conocido como *Pacho Herrera*, el más enconado enemigo de Pablo Escobar y líder del Cartel de Cali. El 5 de enero de 2003, Wilber Varela, Luis Hernando Gómez y Arcángel Henao, conspiraron para asesinar y asesinaron a Miguel Solano, miembro del cartel del Norte del Valle, en las afueras de un club nocturno en Cartagena, basados en sospechas de que Solano estaba trabajando como informante para la agencia de administración de droga de Estados Unidos, DEA.

En su presentación ante el Gran Jurado, Maggioni también incluyó algunos episodios de decomisos realizados al cartel.

El 24 de abril de 1993, cómplices de la empresa no mencionados aquí mantenían en su posesión aproximadamente 7.200 kilogramos de cocaína, decomisada en México por las autoridades.
El 18 de abril de 1998 y el 29 de mayo de 1998, cómplices de la empresa poseyeron 1.000 kilogramos de cocaína en México también.
El 3 de mayo de 2001, la empresa transportaba 13.000 kilogramos de cocaína en el barco Svesda Maru, por el océano Pacífico que fueron decomisados en violación del título 18 del Código de los Estados Unidos sección 1962.

Así fue como el agente de la DEA Lou Maggioni armó el complejo rompecabezas en que se había convertido la estructura y organización criminal denominada cartel del Norte del Valle. Identificadas las cabezas y su modo de actuar, ahora era cuestión de tiempo lograr la acusación basada en la Ley Rico, que en algunos de sus apartes explica que cuando una organización criminal es sindicada de enviar droga a Estados Unidos, todos los integrantes directos e indirectos deben responder de igual forma por esa acción criminal.

Se abría ese tobogán inmenso que daría cabida a que todos los narcotraficantes que de una u otra forma estuvieran relacionados con los miembros de la empresa, pudieran ser solicitados en extradición bajo cargos de importación con intento de distribución de cinco o más kilos de cocaína.

Como si esto fuera poco, no importaba que los narcotraficantes llevaran cinco años retirados del negocio, tiempo del vencimiento del término legal para que la Fiscalía les formulara cargos. Bajo la acusación de la ley Rico, ese Status Limitation había pasado a 20 años, tiempo suficiente para que en cualquier momento todo narcotraficante terminara recibiendo un martillazo de un juez federal.

Al agente Lou Maggioni se le unieron los dos mejores y más documentados agentes de la DEA. A estos tres corajudos oficiales se les sumarían los sobrevivientes al arrasamiento y exterminio de la cúpula del cartel del Norte, y los nuevos extraditados a Estados Unidos.

La lista de espera para entrevistarse con los agentes de la DEA era inmensa; suplicaban ser recibidos en el cartel de los sapos.

33

El caballito de batalla

Dejemos al agente Maggioni al frente de la judicialización de los capos del Norte y regresemos a Colombia, donde las purgas internas continuaban a la orden del día.

Diego Montoya veía cada vez más lejana la posibilidad de un diálogo directo con Varela y por eso prefirió permanecer escondido en el Magdalena Medio, distante de los continuos roces entre la gente del Norte y sobre todo ahora que tenía claro que estaba sólo. Con el cruel asesinato de Miguel Solano, Chupeta, Rasguño, el Mocho, Tocayo, todos alineados con Varela, les enviaron un mensaje claro a sus aliados: el que se saliera de la foto, el que irrespetara su mando, sería borrado del mapa.

Una cosa era aceptar que los extraditados cooperaran con los americanos pero otra muy diferente que los acercamientos con las agencias federales se llevaran a cabo en sus propias narices, así todos lo hubieran intentado infructuosamente tiempo atrás. Negociar era un derecho permitido únicamente a la cúpula del cartel, no a los mandos medios y mucho menos a los niveles bajos. Lo único claro para los jefes de la organización era que la pesadilla que vivían sólo terminaría si echaban mano del *crossover*. Lo mejor era guardar silencio y ocultar la secreta intención de buscar un acercamiento a Estados Unidos y posar de leales a toda prueba.

Los miembros del cartel del Norte querían brincar, pero ¿quién se atrevería a proponérselo a quién? Nadie tenía las agallas para aceptar que por su propia cuenta buscaba esa opción. En lo que sí se pusieron de acuerdo fue en aceptar que los presos en cárceles estadounidenses hablaran y los delataran. Hasta cierto punto esto era tolerable, pero el que intentara alguna variedad del *crossover* sería atacado por la furia de los restantes.

Para Diego Montoya lo más importante era seguir traficando en grandes cantidades con el apoyo incondicional de las autodefensas del Magdalena Medio. Y más ahora que Vicente Castaño, Don Berna y Macaco buscaban la posibilidad de integrarlo a la mesa de negociación con el gobierno del presidente Álvaro Uribe como comandante de alguno de sus frentes paramilitares. Furioso, Carlos Castaño, vio con impotencia que sus compañeros lo pusieron como caballito de batalla ante el gobierno mientras continuaron filtrando narcotraficantes en la organización.

A mediados de 2003, fuentes de inteligencia de la Policía confirmaron que en el Hotel Intercontinental de Cali se llevaría a cabo una reunión ultra secreta a la que asistirían Raguño, su abogado y una ex fiscal estadounidense con el fin de establecer hasta qué punto era cierta su intención de cooperar con las agencias federales.

La Policía montó una operación encaminada a capturar a Rasguño, que ya tenía orden de extradición del Distrito Este de Nueva York. Pocas horas después los uniformados llegaron al lugar, con tan mala suerte que cuando entraron a la habitación 314 del Hotel Intercontinental encontraron a Chupeta. Tras confirmar su identidad y al cabo de tres horas de un rápido interrogatorio, fue dejado en libertad porque en ese momento no existía contra él orden de captura en Colombia ni en Estados Unidos.

Con este episodio quedó claro que los capos del Norte buscaron afanosamente que sus aplicaciones para ingresar al cartel de los sapos fueran aprobadas antes de que alguno de sus aliados los descubriera. Todos temían que aunque en Colombia algunos ya habían estado presos, en Estados Unidos tuvieran investigaciones abiertas y fueran a parar a una prisión. Por esa razón lo mejor era negociar ciertos beneficios con los americanos.

Los continuos roces entre la banda de justicieros al servicio de los Yiyos —que dirigían el aparato criminal y el ente regulador de justicia en Cali— y la banda de Fofe —lugarteniente de Varela —hacían invivible la ciudad de Cali. El doctor Gabriel Puerta percibió lo que se avecinaba, tomó cartas en el asunto y tras un arduo proceso de convencimiento logró poner de acuerdo a las partes para tratar de sanar viejas heridas.

Las diferencias estaban marcadas y los bandos establecidos. Montoya argumentó que el único culpable era Varela porque había permitido que sus sicarios se apoderaran de las riquezas de los narcos caídos en desgracia. No sólo los narcos habían pagado con sus vidas sus errores, sino que ahora se les expropiaba lo que habían conseguido para sus herederos y terminaba todo en manos de sus asesinos. En el otro lado Varela hizo responsable a Montoya de permitir que algunos delatores infiltraran las más altas esferas del poder. Eso era imperdonable y Montoya debería pagarlo con su propia vida.

Aún con las diferencias tan marcadas, Puerta cumplió con sus oficios de mediador y convenció a las partes que el sitio indicado para acabar con las diferencias era el Magdalena Medio. En esa inmensa llanura, él mismo sería el garante para que nada malo pasara.

Lo único claro antes de la reunión era que Varela lideraba la ofensiva y pegaba primero, mientras Montoya permanecía como espectador. Montoya no confiaba mucho en la palabra de Varela y creyó que al menor descuido podría convertirse en presa fácil de sus sicarios. Por eso pensó que lo mejor era utilizar alguna estrategia para entrar y salir con vida de esa reunión.

A los pocos días todos firmaron un compromiso de no agresión y la promesa de intentar de una vez por todas sanar las heridas.

Cada uno de los dirigentes del cartel del Norte asistiría a la reunión con el jefe de su ala militar para impartir órdenes claras a sus subalternos una vez terminada la cita.

La reunión se llevó a cabo en la hacienda Aguas Vivas, en el Magdalena Medio, en la segunda semana de agosto de 2003. Por los caminos pedregosos de acceso al lugar fueron llegando los miembros de la cúpula de la organización, donde los esperaban Botalón y Puerta. El primero en llegar fue Chupeta, en compañía de sus socios y del inseparable teniente Rodríguez; los siguientes fueron los hermanos Londoño, *Los Yiyos*; luego Rasguño, el Mocho Arcángel y por último Varela, secundado por dos de sus lugartenientes, entre ellos Carlos Calle, Combatiente, y a pocos metros 60 miembros de su seguridad.

A cinco kilómetros de allí, Montoya esperaba que Botalón le confirmara que las cosas estaban bien y que la situación era controlada por los hombres a su mando. En ese instante, Botalón se comunicó por radio con Montoya, su protegido, para ponerlo al tanto de los acontecimientos.

—Diego, habla Botalón, aquí te estamos esperando.

—¿Cómo está todo?

—Bien. Toda la gente del Norte cumplió la cita y el único que falta es usted; claro que Varela llegó con más de 60 de sus hombres y todos están enfierrados con fusiles AK-47; si algo sale mal, aquí se nos arma la tercera guerra mundial, tienes que venir, no hay de otra.

—En cinco minutos estoy allá —contestó Montoya y colgó.

A los pocos minutos el estruendoso ruido de helicópteros que se acercaban al lugar alteró el ánimo de los presentes, que desconcertados se miraron entre sí porque todo indicaba que había llegado la Policía para tenderles una emboscada.

—Tranquilos, tranquilos, es Diego —dijo Botalón al percatarse del nerviosismo.

La periferia de la hacienda estaba rodeada por miembros de las autodefensas al mando de Botalón y hombres del cuerpo de seguridad de Varela. Las cabezas del cartel esperaban bajo una ramada el arribo del último invitado. A 50 metros de la ramada, sobre una explanada aterrizaron dos helicópteros. Del primero se bajaron dos hombres fuertemente armados y se hicieron a lado y lado de la aeronave. Del segundo helicóptero se bajó un hombre de aproximadamente 45 años, de contextura gruesa y una incapacidad evidente al caminar.

Los capos que esperaban en la ramada identificaron a Montoya, cuando de repente de la segunda aeronave bajó un misterioso hombre con su rostro cubierto por un pasamontañas, que portaba en sus manos un poderoso cohete que a primera vista podría hacerlos volar a todos por los aires si se les ocurría la absurda idea de traicionarlo.

Montoya levantó por un instante su mirada al cielo, cerró los ojos y encomendó su vida a sus dos mejores amigos —Iván Urdinola y Miguel Solano—; luego volteó su mirada hacia la ramada, respiró profundo, se llenó de valor y emprendió su marcha rumbo al encuentro cara a cara con Varela. Al llegar, al primero que encontró fue a Chupeta, lo miró fijamente a la cara, le extendió la mano en señal de saludo y le dijo:

—¿Qué hubo, Juanca?

Lo mismo hizo con Rasguño y El Mocho. Al final del recorrido se encontró a Varela de frente e intentó saludarlo, pero este retrocedió dos pasos, se inclinó a un costado, lo miró de arriba abajo y le contestó el saludo con un despectivo movimiento de cabeza.

Al percatarse del desplante, Puerta tomó la palabra y los invitó a sentarse mientras señaló con su dedo índice una mesa rectangular. Los capos tomaron asiento. A un lado, Montoya, Botalón, y sobre el primer ángulo de la mesa, Los Yiyos. Del otro lado, Rasguño, Arcángel, Chupeta y por último Varela.

Era indiscutible que la balanza se inclinaba hacia el lado de Varela. Puerta, que permaneció de pie como vocero oficial de la reunión, miró de un lado y del otro y comprobó que las cargas estaban a favor de Varela. Nuevamente tomó la palabra para hacer un pequeño paréntesis y decirles a todos los presentes que lo más importante era buscar los caminos de la reconciliación, que existían lazos de hermandad desde hacía muchos años y que esos eran más fuertes que todos los altercados por los que estaban allí reunidos.

Varela asumió la vocería de la cumbre e intentó dejar en claro su punto de vista.

—Vean, señores, desde la guerra con la gente de Cali hemos tenido claro que los bienes expropiados son de nosotros porque con ellos les pagamos a los muchachos (su aparato sicarial). Lo que pasó con Iván Urdinola fue un caso fortuito que empezó porque los familiares de él no querían entregarle las propiedades que le correspondían a la viuda y ella me pidió que la ayudara; cómo no iba a ayudarla si es hermana de Don Orlando y esos Urdinolas se querían aprovechar de ella porque la veían sola y se excusaban en usted, Don Diego; lo de Miguel (Solano) ese hijueputa se lo buscó porque no sólo era un sapo sino que pensaba matarme... pregúntele a Rasguño, pregúntele —terminó Varela, subiendo un poco la voz.

—¿Sabe qué, Varela?, Iván y Miguel ya están muertos y lo que no podemos permitir es que las cositas por las que tanto trabajaron con nosotros terminen en manos de los demás y que sus familias queden en la calle; eso no me parece —intervino Montoya.

—Le quiero aclarar algo, Diego: no le he quitado nada a la familia de Iván porque esas tierras no eran de ellos, eran de Lorena y por recuperar esas tierritas mis muchachos cobran un porcentaje, al que tienen derecho. Lo de Miguel es otra cosa: él también le debía una platica a Lorena. Yo sólo se la cobré y claro que autoricé que le quitaran todo porque ese hp era un sapo: de ahora en adelante a cualquiera que se ponga de sapo lo mato y le quito todo, como en la guerra con los Herrera. Mis muchachos saben que las propiedades que quiten se las reparten entre ellos como botín de guerra. Me ha tocado pelear sólo con los Herrera, cuando todos ustedes me sacaron el culo. Así que lo mínimo que puedo hacer con la gente que me ha apoyado en esta guerra es dejarles que se repartan entre ellos las propiedades; gústeles o no, eso es lo que van a hacer; el que no está conmigo está en contra mía, eso es todo —replicó Varela, incisivo.

—Hombre Diego, Varelita tiene razón. Los que le ponen el pecho a todas estas broncas tienen derecho a quedarse con algo, ¿no crees? —dijo Chupeta terciando en la discusión.

—Vea, hombre, por mí se pueden repartir todas las propiedades de los Herrera, pero las cosas de Iván o de Miguel que empezaron con nosotros este camino, que eran como de la familia, hombre, eso no me parece. Varela, devuélvale las cosas a la familia Urdinola y a la viuda de Miguel. Eso es todo lo que le pido —insistió de nuevo Montoya.

—La verdad, me importa poquito lo que le parezca o no. De ahora en adelante las propiedades que les quite a los sapos como Miguel y a cualquiera que esté en contra mía, se las van a repartir mis trabajadores. Gústele o no Combatiente ya les repartió las cosas de Miguel a los muchachos —sostuvo Varela al tiempo que en el otro extremo de la mesa Rasguño y El Mocho no modulaban palabra alguna.

—¿Eso quiere decir que al que maten o se muera ustedes se reparten sus propiedades? —preguntó de nuevo Montoya.

—Ah, ¿le parece poquito que sean sapos? ¿No será que usted también está en las mismas? —contestó Varela algo alterado.

Tal parece que a Varela se le olvidó que había sido uno de los primeros, pero como su aplicación no fue aceptada en adelante no le perdonaría a nadie más que lograra o intentara lo que él no había podido. Los asistentes a la cumbre eran sapos o habían participado en una de las tres versiones originales del *crossover* y se hacían los de la vista gorda y olvidaban por conveniencia y fingían demencia o amnesia crónica. Pero que eran sapos, eran sapos, de eso no hay duda.

Ante el fuerte choque entre Varela y Montoya, Gabriel Puerta tomó la palabra.

—La idea, muchachos, es solucionar los problemas, tranquilos, tranquilos.

—El único problema aquí es que Diego no acepta que los demás ganen —reclamó Varela.

—Yo creo que en la guerra todo se vale, inclusive eso —dijo desde un rincón de la mesa John Jairo, uno de los Yiyos.

Montoya no ocultó su mortificación al escuchar lo que dijo su subalterno y lo miró con gesto amenazante; como no le habían quedado claros los argumentos de Yiyo, le preguntó de nuevo:

—¿Qué es lo que usted cree, John Jairo?

—Que las propiedades involucradas en un conflicto se queden en manos del que gane, Don Diego.

Sólo en ese instante Montoya comprendió que Los Yiyos, sus fieles servidores y compañeros de mil batallas, se le habían salido de las manos porque esa respuesta, en medio de una reunión de esas dimensiones, significaba un apoyo a la filosofía de Varela y una patada a sus ideas. Para rematar, Jaime Londoño, el otro *Yiyo*, tomó la palabra.

—El señor Varela tiene razón; nosotros frenteamos las broncas y siempre nos toca la peor parte.

—No faltaba más, los pájaros tirándole a las escopetas —respondió Montoya, indignado al comprobar que sus fieles servidores se le iban de las manos y reclamaban los botines de guerra.

—Don Diego, Varela tiene razón en eso y si él lo hace nosotros también —respondieron Los Yiyos al unísono.

—A mí me parece que eso es usurpar el patrimonio de los familiares. ¿Les parece poco la estela de muerte en esta guerra absurda? —dijo Montoya una vez más, airado.

—Vea, Diego, lo que le duele a usted es que le hayamos matado a Miguel por sapo; déjese de maricadas que ese hijueputa estaba trabajando con la DEA —intervino Varela.

—Miguel era mi amigo, Varela, no se olvide; era como mi hermano —respondió Montoya.

—A mí me importa un culo si era su hermano; para mí era un sapo y los sapos se mueren y con él sus tres generaciones, gústele o no y lo que tengan se lo quito. ¿Me entendió?

—Varela, la familia de Miguel nada tiene que ver con esto, devuélvale las cosas —reiteró Montoya.

—No les voy a devolver ni mierda; eso es mío y de mis muchachos, viejo marica y si le duele mucho, pues quítemelo —respondió Varela y el embiante de la runión empezó a caldearse.

—Estoy mamado de que usted, Varela, viva robando y atropellando a todo el mundo.

—Si no le gusta, haga lo que le dé la gana; finalmente usted es el que sigue.

Montoya, descompuesto por la furia, se puso de pie y Varela hizo lo mismo y en ese instante Puerta se interpuso en el camino de los dos para evitar el encuentro directo. Afortunadamente, antes de ingresar a la reunión todos habían cumplido el compromiso de estar desarmados porque si no el desenlace hubiera sido otro.

Insultos y ofensas vinieron de lado y lado. Chupeta agarró a Varela por la cintura y Puerta tomó a Montoya de un brazo. Ninguno de los dos se calmaba y por el contrario los insultos cada vez eran más fuertes. En medio del forcejeo, Montoya se soltó y cuando estaba a un metro de Varela lo señaló con su dedo índice y le dijo:

—Vos sos una rata.

—Te voy a matar, gran hijueputa. Te voy a matar.

Nadie hasta ese momento se había atrevido a insultar de esa manera a Varela; por sólo pensarlo muchos habían muerto de la peor manera. En un instante todo fue confusión. Montoya fue llevado a empellones hasta el helicóptero, mientras Varela era sujetado por Rasguño, Chupeta y Gabriel Puerta. Los Yiyos y Combatiente se mantenían expectantes al desenlace de los hechos.

Montoya, ayudado por sus hombres, abordó el helicóptero y desapareció del lugar. Lo mismo hizo Varela con sus hombres.

Mientras la aeronave sobrevolaba las montañas, Montoya reflexionó sobre la nueva realidad de su relación con los demás capos del Valle: primero, que Rasguño, su amigo, no sólo sabía de antemano que Varela ejecutaría a Miguel Solano sino que no lo enteró a tiempo; segundo, que de los antiguos aliados y primeros fundadores del cartel del Norte, ya no contaba con el apoyo de ninguno de ellos; tercero, que Los Yiyos apoyaban a Varela; y cuarto, que por más dinero que tuviera estaba sólo en su guerra con Varela.

Después de este accidentado encuentro, Montoya y Varela nunca más se verían las caras.

Con todo, a Montoya aún le quedaba un fiel servidor: el misterioso hombre del pasamontañas, el mismo que, escondido en una ramada, todo el tiempo apuntó con un poderoso misil para asegurarse de que nadie saliera vivo si algo le pasaba a su jefe, Diego Montoya. El nombre de este personaje es Ómar García, *Capachivo*, quien de ahí en adelante jugaría un papel clave en la historia de la narcoactividad en el norte del Valle.

34

No bajar la guardia

Varela y Capachivo conocían al milímetro sus tácticas, sus acciones, sus métodos, sus puntos vulnerables, sus colaboradores, sus amigos y sus enemigos. Por estas razones, para ninguno de los dos bandos era fácil la guerra. Provenían de la misma calaña. Convencidos de que la confrontación estaba a la vuelta de la esquina, lo primero que hicieron los dos grupos fue depurar sus frentes de combate para evitar filtraciones, las herramientas favoritas de los jefes de las dos organizaciones criminales.

Para Capachivo como cabeza del combate contra Varela lo más importante era proteger a familiares y colaboradores suyos y de Diego Montoya en el Valle. Mientras sus hombres avanzaban en esa tarea, se dedicó a identificar a sus enemigos en el departamento.

Lo que se hizo evidente al poco tiempo fue que Los Yiyos estaban alineados del lado de Varela y que ellos tenían mucha información sobre Capachivo. Estos personajes se convirtieron en el primer blanco de la guerra y en pocos días fueron diezmados significativamente. Lo más importante era mandarle un mensaje contundente a Varela para que entendiera que había alguien igual o peor que él y que no pensaba esperar un ataque con los brazos cruzados.

En adelante no se podría bajar la guardia y tenía claro que la mejor estrategia era irrespetar a Varela y duplicar cualquier acción que este iniciara en su contra. Capachivo sabía que lo más conveniente era desarrollar la ofensiva contra su enemigo en su propio territorio. Además, era consciente de que ninguno de los grandes capos del Norte estaba de su lado y que su única opción era matar o morir.

Mientras tanto, Rasguño hacía gala de su arte para manejar la hipocresía: por un lado, intentaba hacerle creer a Montoya que sus lazos de hermandad superaban cualquier altercado, y por otro lado pretendía que Varela lo siguiera considerando aliado por haberlo puesto sobre aviso respecto de las negras intenciones de Miguel Solano.

Rasguño nadaba entre esas dos turbulentas aguas, mientras los frentes de combate identificaban sus objetivos. Por eso decidió marginarse temporalmente del conflicto y se radicó en Medellín bajo la sombra protectora de Carlos Castaño, que en ese instante tenía el doble de problemas que Rasguño y trataba de mantener el mando ideológico de unas autodefensas inundadas de narcotraficantes.

Cuando Rasguño llegó a Medellín no tardó en descubrir que Castaño representaba muy poco en el mundo paramilitar y había sido arrinconado por la línea dura narcoparamilitar encabezada por Salvatore Mancuso, Don Berna, Macaco y Vicente Castaño. La imagen de Carlos Castaño era utilizada para sostener ante el país la imagen de que las autodefensas eran una organización que luchaba contra las guerrillas izquierdistas. Pero su objetivo real era enriquecerse a costa de cultivar, procesar, exportar, distribuir y vender el alucinógeno en el extranjero.

En Cali, en tanto, los amagos de guerra eran cada vez más evidentes. El 13 de octubre, los hombres de Varela confirmaron la presencia en un club nocturno de los hermanos Jaime y John Jairo Londoño, jefes de Los Yiyos, y varios de sus escoltas.

Hacia las 11 p.m., se inició la operación para darlos de baja. Doce hombres a bordo de una camioneta Ford Explorer, una Grand Cherokee y un Renault Megane, llegaron a la discoteca Cañandonga, en el sur de Cali y luego de parquear se bajaron, abrieron la cajuela de los carros, sacaron los fusiles R-15 y se dirigieron rápidamente a la puerta principal.

El ambiente en el populoso grill era normal. Las parejas bailaban alegremente al son de Cali pachanguero y el licor corría de boca en boca. Nada presagiaba lo que estaba a punto de suceder. De repente, nueve hombres irrumpieron en el lugar y dispararon ráfagas de fusil sobre la humanidad de los presentes. Acto seguido caminaron hacia la mesa donde según les habían dicho se encontraban los hermanos Londoño. En ese mismo instante los escoltas alcanzaron a responder al ataque y varios de ellos cayeron alcanzados por las balas. Jaime Londoño, quien estaba a un lado de la barra, se lanzó al suelo y logró llegar al baño. Se paró encima del inodoro y logró mover a un lado el cielo falso. De un brinco se agarró de la parte más alta del techo y por ahí fue a parar a un tejado vecino. En cinco minutos había logrado escabullirse, sin una sola raspadura.

El grill estaba convertido en un campo de batalla donde yacían siete cuerpos destrozados por las ráfagas de fusil y 12 personas heridas que se arrastraban por el suelo rumbo a la puerta de salida para pedir ayuda.

Los comandos salieron con la certeza de haber cumplido su objetivo, pero esa misma noche se llevaron una gran sorpresa cuando una fuente fidedigna de Varela confirmó que los hermanos Londoño habían sobrevivido a la emboscada y estaban sanos y salvos.

Varela también supo que uno de Los Yiyos, John Jairo, había salido de la discoteca cinco minutos antes del ataque porque su compañera sentimental lo llamó por teléfono y le puso una cita urgente en otro lugar de la ciudad.

Los Londoño entendieron que se habían convertido en objetivo de alguien, pero no sabían de quién o por qué.

Con base en algunas fuentes de la Policía de Cali, los medios de comunicación locales informaron que este nuevo acto de barbarie era una retaliación entre bandas de narcotraficantes del norte del Valle, que habían comenzado una guerra interna. Los mismos voceros citados por los periodistas señalaron que la matanza no era un caso aislado de violencia y que estaba relacionada con una inminente división en la organización de Diego Montoya, que había perdido a varios de sus hombres.

En la clandestinidad, Varela sabía que Capachivo se preparaba para atacarlo; también sabía que entre ellos no había diferencias, que usaban los mismos métodos. Varela sabía que Capachivo tenía un ataque entre manos porque a los dos les gustaba pegar primero.

35

El Paraíso

Para Varela, lo más importante era identificar quién sería el primer objetivo de Montoya y no tardó en concluir que se trataba de Lorena. Sin pensarlo dos veces, salió a visitarla hasta las lejanas tierras del cañón de Garrapatas.

Varela arribó a la hacienda El Paraíso, a orillas del río Sipi sobre las 11 a.m. del segundo sábado de octubre de 2003. Las cuatro camionetas Toyota todo terreno parquearon a un costado de la casa y Varela bajó, saludó amablemente a los encargados de la seguridad y continuó raudo por el corredor de la casa hacia la piscina, en cuya orilla se encontraba ella, tomando el sol en un diminuto vestido de baño.

—Lorenita, ¡cómo estás de bella! —saludó el capo guardando por un momento la respiración. Luego se agachó y le dio un largo y apasionado beso.

—Lorena, mi amor, tienes que tener mucho cuidado porque ese viejo, Don Diego, está emputado; hasta que no acabe con él es mejor que no estés aquí.

—¿Qué es lo que pasa, Varelita? —preguntó Lorena.

—Hace como dos meses me reuní con él en el Magdalena Medio para intentar dejar las cosas claras; no pudimos ponernos de acuerdo porque él quería que le devolviera todas estas tierras y las cosas de Miguel Solano. Mejor dicho, Lorenita, se me salió de las manos ese viejo y hasta que lo mate no quedo tranquilo.

—¿Tú no le habías dicho que no se metiera en lo que a él no le importa?

—Sí, pero él sigue pensando que tú y yo tuvimos que ver en la muerte de Iván; además, como tú eres mi mujer, cree que le quitamos abusivamente las propiedades a la familia Urdinola. Me dijo que esa familia era como su familia, que Iván era como su papá, que gracias a él tiene todo lo que tiene, que Iván fue el que le enseñó a vivir en este negocio y que le maté a ese hijueputa de Miguel. Además, dice que mis muchachos se repartieron las propiedades de Miguel. Está salido de la ropa y como tiene el respaldo de los grupos del Magdalena Medio, el del tal Botalón, y de Capachivo, que le dijo que él me mataba 70 veces, pues se me salió de las manos. La verdad, Lorenita, no quiero que estés aquí por ahora; vete que yo te visito, no te preocupes, arregla tus cosas y sal mientras soluciono esto.

—Tienes que prometerme que no me vas a dejar sola, que me vas a visitar.

—Claro, mi amor, te lo prometo; ah, una cosa más: llévate a tu familia contigo y al mochito Arcángel.

—Pero por qué a Arcángel. Él es amigo de Diego de toda la vida, han crecido juntos en este negocio; no entiendo qué tiene qué ver él en esto.

—Lorenita, en estas guerras no hay amigos; aquí o se está de un lado y se empuñan las armas o se está del otro; el que no tenga posición definida es el primero en ser atacado; te puedo asegurar que Diego cree que El Mocho está conmigo y Capachivo le va a tirar; seguramente el primero en morirse será ese Mocho, que es una hueva; todo el día no hace sino jugar fútbol y como ahora anda con su nueva noviecita, Diego lo mata rapidito; además, tú sabes, Lorenita, que es más peligroso un gusano de guayaba que ese Mocho. A mí me estorba aquí y no tengo tiempo para ponerme a cuidarlo; ese Mocho no se cuida ni él sólo; si te lo llevas contigo me haces un favor grandísimo; llévatelo con novia y todo lo que quiera.

—Está bien, mi amor, soluciona esto rapidito para que podamos estar juntos.

—Te lo prometo, Lorenita.

—¿En qué posición está Rasguño en todo esto? —preguntó Lorena algo intrigada.

—A ver, lo que pase con Rasguño no me importa; seguramente Diego y Capachivo le tirarán porque creen que él está conmigo; además, Diego se enteró de que Rasguño sabía que yo pensaba matar a Miguel Solano y como no le avisó, Diego se emputó. Me imagino que Rasguño debe estar en Medellín, buscando que Carlos Castaño lo proteja, pero lo que no sabe es que Carlos tiene más problemas que Rasguño; Macaco y Don Berna no quieren ver a Carlos por haber dicho públicamente que se propone combatir a los narcotraficantes; no se me olvida que hace algunos años ese fariseo de Rasguño y el Iscariote de Carlos me querían matar y pensaban utilizar a Fernandito Henao, tu hermano, para que me pusiera una cita con ese fin; lo que pase con Rasguño no me importa, si Diego lo mata me hace un favor grandísimo; Rasguño cree que en Medellín está muy protegido. Pobre huevón, como están las cosas, no creo que Carlos Castaño dure mucho.

El fin de semana, Varela y Lorena departieron alegremente en la hacienda El Paraíso. Uno de sus mejores fines de semana.

36

De palo en palo

Gran parte de la familia Henao, con Arcángel a la cabeza, salió en desbandada con rumbo desconocido. Sus socios, lugartenientes y colaboradores quedaron sin protección y sus vidas en la cuerda floja por cuenta de la confrontación entre Diego Montoya y Varela.

Al mismo tiempo, en su escondite de Medellín, Rasguño recibía noticias de primera mano sobre lo que ocurría en Cali y sus alrededores, donde todos los días corrían ríos y ríos de sangre de los dos frentes de batalla. Los tentáculos de las organizaciones de Varela y Capachivo llegaron hasta los confines del norte del Valle, donde montaron estructuras de inteligencia para conocer los movimientos de uno y de otro.

Los conductores de taxi fueron blanco predilecto de la guerra. Si uno de ellos no aceptaba un soborno, era eliminado; si había sospechas de que alguno trabajaba para el otro bando, también era ejecutado. Si Varela mataba a un taxista, Capachivo hacía lo mismo. Ante el exterminio, voceros del servicio de taxis denunciaron los asesinatos ante las autoridades departamentales, pero estas optaron por decir en público que las muertes de conductores eran simples casos aislados.

Vivir en el Norte del Valle se volvió muy peligroso y por eso mucha gente decidió abandonar sus hogares como única medida posible para sobrevivir a una guerra en la se moría sin saber por qué.

De otro lado, Rasguño intentó en varias ocasiones comunicarse con Varela para estar al tanto de la situación, pero este no le pasó al teléfono y eso lo puso nervioso. El sospechoso silencio de Varela lo forzó a acercarse otra vez a Diego Montoya, cual pelota de ping pong que brinca de un lado al otro.

Rasguño intentaba hacer gala de ese arte nato que sólo él manejaba, para protegerse de los rayos solares en el árbol que más sombra le brindara. En el mundo del narcotráfico los capos identificaban a Rasguño por esa extraña manía. Montoya lo conocía a la perfección y por eso prefirió mantenerlo a distancia, pero aún así le hizo llegar un mensajito.

—Vea, Rasguño, usted entregó a Miguel Solano para que Varela lo matara; y como ahora no están Víctor (Patiño) ni Carlos (Castaño), que le brindaban la protección que usted necesitaba y como sabe que Varela le tiene su guardadito, ahora sí quiere brincar para el lado mío. No, Rasguño, está muy equivocado, siga como Tarzán, de palo en palo, de un lado al otro; eso es lo que usted sabe hacer mejor; eso sí, cuídese mucho porque si Varela no lo mata y yo me lo encuentro por ahí en el camino, lo parto. ¿Le quedó claro? ¿Le quedó claro?

Rasguño entendió que el rechazo de Varela y la amenaza de Montoya lo habían puesto en un grave riesgo. Al menor descuido sería atacado por uno de los dos capos. Ante esta nueva situación optó por jugarse una última carta: llamar a su socio Vicente Carrillo, el poderoso capo mexicano, para proponerle reactivar algunas rutas de tráfico de droga hacia México. Su idea era recuperar su desgastado bolsillo por el elevado costo que le implicaba su permanencia en Medellín bajo la protección de los empleados directos de Don Berna, a quienes les debía desembolsar mensualmente dos millones de dólares.

Muchas veces, Rasguño se veía a gatas para cumplir su compromiso y por eso creía que la única opción por ahora sería reactivar el trasiego de drogas. La incertidumbre era tal que Rasguño pasaba meses enteros entre una casa del barrio Laureles y un apartamento en El Poblado; entre una finca en Bolombolo y otra en Sopetrán, la Pintada o Copacabana... de ahí a Medellín, Itagüí y Envigado. En fin, Rasguño se la pasaba de un lado a otro, sin rumbo fijo y aun cuando se movía constantemente, hasta cierto punto sus desplazamientos se volvieron rutinarios. La escasez de dinero lo forzó a reducir el número de escoltas y a transportarse en taxi, acompañado por una o dos personas. Poco a poco empezó a entender que su imperio se caía a pedazos y que su localización por parte de sus enemigos era cuestión de días.

El panorama de Rasguño empeoró aún más cuando las autodefensas —ahora al mando de Don Berna, Macaco, Vicente Castaño y Mancuso— le retiraron el apoyo porque incumplió con el pago de su millonaria cuota. De la misma manera, Carlos Castaño, quien estaba igual o más arrinconado que Rasguño, hacía esfuerzos desesperados por sacar del medio a Macaco para retomar el control de su organización.

En su refugio, a Rasguño sólo le quedaban dos opciones: entregarse voluntariamente a las autoridades colombianas y terminar extraditado a Estados Unidos, o llamar nuevamente al barón de la droga mexicana, su socio y amigo Vicente Carrillo, para que lo protegiera en tierra azteca. Rasguño sólo disponía de unos cuantos días para tomar una decisión.

37

Judas Iscariote

Las labores de inteligencia de Capachivo dieron frutos finalmente. Desde Armenia, un antiguo colaborador suyo le reportó que había logrado ganarse la confianza de José Manuel Puello, el mismo que entregó a Miguel Solano para que Varela lo asesinara en Cartagena. Puello no imaginaba que su suerte estaba echada y que el destino le marcaba un final muy parecido al de su gran amigo Miguel, al que entregó sin escrúpulo alguno.

El informante de Capachivo señaló los movimientos, los carros, las casas y las identidades de los colaboradores de Puello y se comprometió a ponerlo en bandeja de plata a cambio de una jugosa bonificación en efectivo. Incluso, le aseguró a Capachivo que podía convencer a Puello de ir, solo, al reconocido restaurante La Fogata, en Armenia, con la disculpa de que en ese lugar le presentaría a una aspirante a modelo, con sueños de figurar, pero Puello con ansias de enamorar.

Pactada la cita, esta se llevó a cabo el 12 de diciembre de 2003 a eso de las 2 p.m. El primero en llegar fue el informante, que dejó su vehículo en las afueras del restaurante y luego se sentó en la barra donde pidió un whisky. En ese instante llamó Puello y confirmó que en 15 minutos llegaría. El informante se comunicó de inmediato con Capachivo y le reportó la hora de llegada de su víctima.

El reloj marcaba las 2:10 p.m. El informante pidió otro vaso de licor, convencido de que ese segundo trago le ayudaría a manejar la embarazosa situación en la que se encontraba y le ayudaría a calmar en algo la extraña sensación nerviosa que recorría su cuerpo.

A los pocos minutos divisó la camioneta Land Rover verde de Puello, que antes de parquear miró hacia los lados para asegurarse de que no hubiera extraños en el lugar. El informante también se cercioró de que Puello no estuviera acompañado y de inmediato llamó al celular de Capachivo para confirmarle que las cosas estaban a pedir de boca.

El informante se levantó de la barra y le pidió a uno de los meseros que lo condujera hasta la mesa que había reservado con anticipación. Levantó el brazo para que Puello lo identificara y con la mano señaló el lugar donde lo esperaba. Puello respondió de igual manera y cuando ingresaba al restaurante tropezó con el dueño del lugar, que lo saludó amablemente como si se tratara de un cliente frecuente. Una hermosa joven lo condujo a la mesa donde estaba sentado el informante.

—¿Ya llamaste a la modelito? ¿Qué dijo? ¿Se demora en llegar? —le dijo el ansioso Puello al informante sin ocultar su gusto por las modelos.

—Claro, ya hablé con ella, estará aquí en 20 minutos. Está ansiosa de que usted sea su representante.

Mientras esperaban la llegada de la invitada, los dos comensales hablaron de sus actividades en el narcotráfico, al tiempo que pidieron media botella de whisky. Puello esperaba que le presentaran a la mujer de sus sueños pero el informante pretendía presentarle un camino más rápido para llegar al cielo. Mientras el mesero regresaba con el trago, el informante le pidió a Puello que lo disculpara un minuto para ir al baño. Desde allí llamó a

Capachivo y le preguntó cuánto tiempo más tardaría porque su situación se hacía más y más incómoda.

Capachivo respondió que en cinco minutos estaría allí y de inmediato ingresaría al concurrido restaurante para eliminar a Puello, pero antes necesitaba saber el sitio exacto de la mesa y la ropa que llevaba puesta. El delator contestó que estaban sentados en la cuarta mesa sobre la izquierda después de la entrada.

—Ahí sólo estamos sentados él y yo. Chepe está vestido con blue jean y camisa blanca. Si no ha llegado, en cinco minutos lo llamo de nuevo.

El informante regresó a la mesa para acompañar durante sus últimos cinco minutos de vida a Puello y le dijo que mientras estaba en el baño la modelo lo había llamado, que le confirmó que en breve llegaría al lugar y que estaba ansiosa por conocer a su nuevo representante. Puello reaccionó eufórico y ordenó una nueva tanda de tragos dobles.

En ese instante y premeditadamente, el informante se excusó de haber olvidado su teléfono celular en el baño y le dijo a Puello que lo excusara de nuevo para recuperar su teléfono mientras el mesero llegaba con el pedido. La excusa de la pérdida del celular funcionó: el informante aprovechó para salir por la puerta de atrás del restaurante y en la calle llamó de nuevo a Capachivo.

—Señor, señor, ¿dónde está?

—Aquí, mijo, ¿no me ve?, tengo el lugar rodeado; ese hp de Chepe no se me escapa; desde aquí lo veo, está sentado solito en la mesa, muchas gracias, mijo.

—Señor, no se olvide mi regalito, dígale a Don Diego (Montoya) que cuente conmigo en todo lo que le pueda ayudar.

—Se lo voy a decir, no se preocupe que seguro le agradecerá este detalle; bueno, mijo, aléjese tranquilo mientras yo hago mi trabajito y después lo llamo —respondió Capachivo.

En cuestión de segundos, cuatro hombres en un taxi estacionaron al lado de la salida de emergencia del restaurante, al tiempo que cuatro hombres más, a bordo de una camioneta Toyota, estacionaron en el parqueadero principal del restaurante; y sobre la acera del frente pararon dos potentes motocicletas con dos hombres cada una por si Chepe lograba escapar a la emboscada.

Tres hombres de Capachivo bajaron del taxi, abrieron la cajuela y les confirmaron a sus compinches que tenían los fusiles AR-15 preparados. Otros cuatro hicieron lo mismo y pusieron una especie de santo y seña para entrar al mismo tiempo al restaurante. En ese mismo instante, Puello miraba algo extrañado hacia el baño y no veía rastro alguno de su acompañante.

De repente, los siete sicarios irrumpieron velozmente por entre las mesas y empezaron a gritar que nadie se moviera. Ante la amenaza de los cañones, varias mujeres empezaron a gritar, mientras Puello, nervioso, miraba de un lado a otro buscando a su amigo.

Puello se percató de que los sicarios caminaban rumbo a su mesa y que apuntaban los fusiles hacia él. En un momento de lucidez intentó pararse de su silla para correr pero la primera ráfaga lo impactó por la espalda y la fuerza de los impactos fue tan fuerte que lo arrojó a cuatro metros de su mesa, donde quedó tendido en el suelo, herido mortalmente.

Puello dirigió su mirada hacia el sicario que le acababa de descargar la primera ráfaga y le suplicó con la mirada que se apiadara de él. Pero no fue así. El sicario cambió el proveedor del fusil por uno nuevo, se acercó a un metro del rostro de Puello, apuntó a la cabeza y apretó el gatillo. Todo había terminado.

De los adeptos a la versión *light* del *crossover* no quedaba nada. Fernando Henao estaba preso en una cárcel de Estados Unidos; Miguel Solano había sido asesinado por intentar el *crossover*; y Puello Chepe había sido ajusticiado por traidor. Al final de esta parte de la guerra, Diego Montoya había emparejado el marcador uno a uno.

La guerra estaba lejos de terminar.

38

Guerra de alta intensidad

La guerra entre los carteles había dejado decenas de muertos a finales de 2003 y Wílber Alirio Varela, *Jabón*, comenzaba a irritarse. El capo se vio obligado a presionar al ex coronel Danilo González, aliado en sus actividades ilegales, para dar un golpe contundente contra la organización de su archienemigo Diego León Montoya, *Don Diego*.

El año estaba por terminar y Varela sentía que Montoya tomaba un segundo aire. Consideró entonces que lo más importante era eliminar la columna vertebral de su organización a través de la identificación de los jefes de su estructura financiera y militar. Con ello, pensó, el imperio de su opositor se derrumbaría como un castillo de naipes.

Varela, amparado en el ex oficial, que tenía información privilegiada de los organismos de seguridad sobre la ubicación de Montoya, lo persiguió por cielo y tierra. Sin embargo, Montoya no se quedaba atrás. Podía desaparecer de cualquier lugar sin dejar rastro, gracias a la información que le suministraban los miembros de la Fuerza Pública que estaban a su servicio. Al mismo tiempo y en medio de la guerra, Montoya organizaba reuniones clandestinas con el investigador cubano-americano Leef Fernández para buscar una rápida negociación con las autoridades estadounidenses.

Pero no sólo los capos eran quienes buscaban refugio en Estados Unidos para saldar sus culpas. A finales del 2003 era normal escuchar rumores sobre los constantes acercamientos de Danilo González con Vega, porque según él había llegado el momento de arreglar su situación jurídica con el gobierno norteamericano. Para lograr su objetivo, González ofrecía a cambio información importante sobre los capos del narcotráfico, así como rutas y reportes de inteligencia.

Mientras adelantaba su negociación, González debía continuar en la búsqueda para acabar con la organización de Diego Montoya y así terminar parcialmente con una guerra entre los capos que en ese momento dejaba más de 3.000 muertos. Las informaciones que recibía sobre la ubicación de Montoya le hacían pensar que para esa época este se movía por los lados del Magdalena Medio. De todas maneras, González sabía que los anillos de seguridad de los grupos de autodefensa en la zona, al servicio del capo, le impedirían llegar con facilidad hasta el sitio donde este se resguardaba.

Montoya decidió organizar una reunión secreta con su grupo más cercano en la mañana del 29 de diciembre de 2003, en una finca del Magdalena Medio. Ya reunidos, el capo habló sobre la seguridad de todos los miembros de su equipo y el aumento de las medidas preventivas contra posibles filtraciones que le permitieran a Varela realizar ataques contra su estructura.

González, que se las había ingeniado para trabajar también con miembros de la Fuerza Pública que seguían el rastro de Montoya, organizó en cuestión de horas un vasto operativo en la región para capturar al capo.

Pero no era fácil. Montoya tiene fama de ser hábil a la hora de huir de las autoridades. Antes de instalarse en cualquier lugar, así fuera por unas horas, estudia con rigor las vías de acceso, así como las posibles rutas de escape. En cada una de sus fincas o sitios de escondite ubica gente de seguridad con equipos de comunicación, dotados de helicópteros, botes y vehículos todo terreno dispuesto para una posible salida. Casualmente el sitio de la reunión era uno de sus refugios permanentes, lo que hacía que las previsiones fueran mayores.

Ómar García, *Capachivo*, o *Comandante Lucas*, quien para la época fungía como jefe de las autodefensas del Magdalena Medio, era el hombre encargado de organizar el sistema de seguridad de Montoya. De aspecto recio, alto, flaco, pelo castaño, ojos miel y una lealtad a toda prueba, Capachivo había definido las posibles rutas de escape ante una eventual incursión de las autoridades o de la organización de Varela. Para este caso una de las posibilidades era salir por el río Cocorná.

Otra variante era por tierra hasta alcanzar algunas de las carreteras destapadas que se comunicaban con pueblos vecinos. Para esto el jefe paramilitar había dispuesto veloces caballos pura sangre que permanecían listos para ese evento. La tercera ruta era a través del bosque que conducía hasta una carretera cercana.

En la planicie del sitio de la reunión, Montoya había ordenado levantar estacones de cinco metros de altura, simétricamente distribuidos, con el propósito de que los helicópteros Black Hawk no pudieran aterrizar en caso de un operativo. Gracias a esas medidas de seguridad, Montoya logró escapar al cerco montado por las autoridades. A su lado permanecía Capachivo, que portaba equipos de comunicación de alta frecuencia y quien recibía información constante de su grupo de seguridad sobre la ruta que debía emplear para que la fuga fuera efectiva.

Diego y Capachivo eran expertos empíricos en radiocomunicaciones y durante años se habían valido de ese sistema para impartir órdenes a sus enlaces, confirmar puntos de reunión, vigilar sus laboratorios y manejar el trasiego de droga a otros países. Debido a esa especialidad Montoya logró escapar. Antes de salir del lugar Montoya tuvo tiempo para despedirse de su hermano Juan Carlos y de su sobrino Juan Felipe Toro, *Pipe Montoya*. Los dejó en el lugar con la seguridad de que el operativo era en su contra y no contra personas de su familia.

Cinco minutos más tarde, los familiares del capo y su grupo de escoltas estaban cercados. Cuando sintieron el ruido de las aspas de los helicópteros, las seis personas que quedaban en el lugar corrieron hacia los vehículos, pero ya era tarde. Un comando de la Policía los esperaba afuera de la finca. En pocos minutos los comandos policiales lograron someter a todos los presentes, quienes fueron identificados por un extraño hombre encapuchado que se encontraba a bordo de un vehículo oficial. Los Montoya fueron esposados y separados inmediatamente del resto de los detenidos y luego conducidos a una ramada en el mismo lugar para un primer interrogatorio.

Sin rubor alguno y utilizando la típica característica de los narcotraficantes, Juan Felipe Toro ofreció por su liberación cinco millones de dólares, que fueron rechazados de manera tajante por los uniformados.

En otro punto, el ex coronel Danilo González hacía esfuerzos por darle alcance a Diego Montoya que huía de la persecución. La orden impartida por su jefe Wílber Varela era capturarlo o asesinarlo. Pero fueron insuficientes los esfuerzos y Montoya logró evadir tanto a las autoridades como al comando ilegal montado por González.

Mientras las autoridades reportaban la captura del hermano y del sobrino de Diego Montoya, González enviaba mensajes desconsoladores a su jefe Wílber Varela.

—Varelita, casi lo agarramos. Diego se nos escapó por el monte con guardaespaldas y con Capachivo. Tienen gente de la región que les ayudan. Tal parece, tiene dos o tres lanchitas en el río y según cuentan, hasta una avioneta acuática para huir. Yo lo tengo rodeado, allá se quedó mi gente, ellos van a terminar el trabajo, no se preocupe que estoy en eso —explicó González y Varela quedó satisfecho.

Mediante el sistema de estafetas, Montoya reagrupó su organización y en breve, con el apoyo de Arnulfo Triana, *Botalón*, logró replegar a González y a su grupo, que tuvieron que regresar a sus lugares de origen. De todas maneras y aunque logró huir del cerco de las autoridades, Montoya sintió una baja sensible en su organización puesto que la captura de su hermano y de su sobrino, quienes manejaban la estructura económica y logística del cartel, menguaba su capacidad.

39

Como caído del cielo

Dos semanas después de la captura de su hermano y de su sobrino, Diego Montoya organizó una respuesta. De la misma forma como Varela había penetrado en la organización entregó la ubicación de sus familiares, Montoya hizo lo propio, con la diferencia de que su venganza estaría dirigida a que las autoridades dieran con el paradero de uno de los hombres más cercanos a su enemigo. Para eso contó con el apoyo de Nelson Urrego, otro reconocido narcotraficante del Valle, que desde años se había radicado en Ciudad de Panamá donde vivía como un rey después de huir de la confrontación en Colombia. Era enero de 2003.

Urrego utilizó los datos confiables de un informante que le indicó que en la noche del jueves 8 de enero Arcángel de Jesús Henao Montoya, *El Mocho*, principal socio de Wílber Varela, llegaría hasta un reconocido restaurante brasileño de la capital panameña, donde compartiría una cena con su familia y en especial con su hermana Lorena.

Henao creía estar a salvo en ese país en donde se había establecido años atrás huyendo de una orden de captura con fines de extradición. Allí se movía bajo el amparo de una identidad falsa de ciudadano panameño, y se hacía pasar como un prestante ganadero de la región de El Chepo, zona fronteriza con Colombia, ubicada a dos horas de la capital panameña. Además, tenía como lugar de residencia, un apartamento a su nombre, en la exclusiva calle 50, corazón del poderoso sistema bancario, de Ciudad de Panamá.

La familia Henao arribó al restaurante a la hora prevista y allí se encontró con la figura afable de Urrego, quien había llegado al lugar dos horas antes con varios de sus familiares. Arcángel Henao se percató de la presencia de Urrego y lo saludó con alguna reserva. Sin embargo, Urrego rompió el hielo al invitar a los Henao a que se sentaran con él.

En cuestión de minutos las dos familias departían al son de una gran variedad de carnes y finas botellas de vino Faustino VII. Al mismo tiempo, contaban historias del narcotráfico y sacaban a colación los más gratos recuerdos de sus vidas en el Valle del Cauca. La noche terminó en medio de copas e infidencias. Pero los dos capos hablaron de su mutuo desacuerdo con la guerra que vivían los dos carteles de la droga en Colombia. Se prometieron que desde Panamá utilizarían sus buenos oficios para detener la cruda ofensiva de los narcotraficantes Wílber Varela y Diego Montoya que ya dejaba decenas de muertos.

Al término de la reunión, las dos familias se prometieron un futuro encuentro, y cancelaron la jugosa cuenta del restaurante en partes iguales. Arcángel Henao, su hermana Lorena y los demás miembros de su familia se despidieron con abrazos de Urrego quien señaló que había sido una noche excepcional. Ya fuera del sitio, Urrego le dio instrucciones a uno de sus informantes para que siguieran de cerca el rastro de la familia Henao y estableciera su lugar de residencia.

Doce horas después del encuentro, los hombres de Urrego informaron la ubicación exacta de las residencias y de las fincas de recreo de Arcángel Henao y del resto de sus familiares. Los datos fueron entregados a Diego Montoya en Colombia, que aún no se reponía de la captura de su hermano y de su sobrino en una finca del Magdalena Medio.

Sin perder tiempo, Montoya, que contaba con algunos aliados en el país vecino, les aportó la información sobre los lugares por donde se movían los Henao. Estos a su vez tenían el encargo de transmitir esos datos a la Policía Técnica Judicial panameña (PTJP) que, de la mano de la DEA, podía dar un gran golpe al corazón del narcotráfico asentado en su país.

Con la información en la mano, los agentes de la DEA apostados en Ciudad de Panamá organizaron la operación de captura, no sin antes comunicar el plan a sus pares en Nueva York. Allí hablaron con el agente Romedio Viola, un curtido oficial que trabajaba para la Agencia Federal de Aduanas, hoy conocida como ICE y quien había estructurado años atrás un complejo expediente en contra de Arcángel Henao.

Viola pidió autorización a su jefe directo para viajar a Panamá, pero sus jefes impidieron el viaje porque debían agotar el engorroso trámite de pedir autorización para capturar a un narcotraficante extranjero en el istmo. Viola no quiso esperar las 72 horas que podría demorar ese permiso y autorizó a los agentes de la DEA de Panamá para proceder con la captura.

Horas más tarde, seis oficiales de la DEA, y 30 hombres de la Policía local armaron la más grande operación de que se tenga noticia en el vecino país. Otros efectivos de la DEA apoyaban el operativo desde una oficina central donde rastreaban con satélites las comunicaciones y la ubicación exacta de los Henao. Los registros indicaban que se encontraban en la finca La Porcelana, del distrito de El Chepo, en la zona de Torti, a dos horas de Ciudad de Panamá.

Arcángel Henao había pasado desapercibido en esa zona del país, donde se creía que se dedicaba al negocio de la venta y compra de ganado. Lo que nunca sospecharon sus vecinos y clientes y socios de su nueva profesión era que se trataba de uno de los más poderosos narcotraficantes colombianos.

A las 4 a.m. del sábado 10 de enero, partió de Ciudad de Panamá el operativo que tenía como fin la captura del capo. Dos horas después, apoyados por un helicóptero, vehículos todo terreno y varias motocicletas, los oficiales de la DEA y los uniformados rompieron la paz de la región. En la entrada de la hacienda La Porcelana se encontraba un hombre de seguridad de Henao, que al percatarse de la presencia de los agentes corrió hacia la vivienda para avisarle a su jefe.

Arcángel Henao y su familia no entendían lo que ocurría, pero ya no había nada qué hacer. Desde una de las ventanas, uno de los uniformados apuntaba a la frente de Henao y no le dio tiempo de reaccionar. Ancízar, hermano de Arcángel, permitió el ingreso de los oficiales, que en segundos inundaron la propiedad.

Por primera vez en su larga carrera delictiva Henao se sentía derrotado. Adormilado todavía, el capo se tiró de su cama, caminó con las manos en alto por uno de los corredores de la casa, y gritó:

—No nos maten. Yo soy El Mocho, soy el que ustedes buscan.

Paradójicamente, Montoya descansó al saber que el operativo era adelantado por agentes de la DEA y por uniformados panameños y no por una fuerza de asalto organizada por la estructura de Diego Montoya. Mientras tanto, en la vivienda eran capturadas las hijas del capo y su hermana Lorena, de quien se sospechaba había servido para esconder buena parte de la fortuna de su esposo, el confeso narcotraficante Iván Urdinola Grajales.

Esa misma mañana, el reporte de la captura de Henao y de su familia recorría los pasillos de las agencias federales y de las principales cadenas de noticias a nivel mundial. Ya en una celda, Henao le pidió a un oficial de la policía panameña que le ayudara a agilizar una reunión con los agentes de la DEA.

El lunes 12 de enero, mientras el agente Viola aceleraba los documentos para formular el pedido de extradición a Estados Unidos, Henao se entrevistó con agentes federales y les reveló sus más íntimos secretos porque estaba seguro de que recibiría visa abierta para él y su familia.

Un día después, y al cabo de una extenuante jornada de interrogatorios, los agentes de la DEA le pidieron firmar un documento en el que autorizaba su extradición voluntaria.

— ¿Esta firma voluntaria tiene algún beneficio? —preguntó el capo después de estampar su firma.

—Claro, usted acaba de comprar una franquicia del cartel de los sapos —respondió el agente federal.

Tres días después, el 15 de enero, Henao fue conducido al aeropuerto Tocumen de Ciudad de Panamá donde lo esperaba un avión de la DEA al mando del oficial Lou Maggioni. El detenido se percató de que la aeronave no era lo suficientemente amplia para trasladar al resto de su familia a quienes les habían prometido que viajarían con él a Estados Unidos.

En el trayecto a Nueva York, Henao cruzó algunas palabras con Maggioni, a quien le confesó gran parte de sus secretos del bajo mundo del narcotráfico. No obstante, Henao tuvo la claridad mental para concluir que la persona que lo había delatado era su supuesto amigo Nelson Urrego.

La aeronave aterrizó al filo de la medianoche en el aeropuerto Mc Artur de Long Island, donde nevaba fuertemente. Henao fue recibido por el agente Romelio Viola, que en su oficina tenía un expediente lleno de testimonios y grabaciones, suficientes para llevar a juicio a quien había perseguido durante varios años.

Henao fue conducido a la prisión del MDC —Metropolitan Detention Center— en Brooklyn. Al día siguiente un oficial se presentó en su celda, rotulada con el número 16.

—Vengo a que firme la aplicación para ver si alcanza a clasificar al cartel de los sapos, porque a estas alturas del partido no se requiere la cooperación de todos los narcos —dijo el uniformado en tono ofensivo.

Sobre las 10 a.m. del 16 de enero, Henao fue presentado ante el Juez en el distrito de Long Island donde se encontró frente a frente con la inteligente, talentosa, estudiosa y preparada fiscal Bonnie Klapper, del distrito este de Nueva York.

Dos días después fue conducido a la Fiscalía en Brooklyn para entrevistarse con agentes y fiscales americanos a quienes les dio detalles de su vida y la manera como sobrevivió a la pobreza de su infancia. Reveló su participación en actividades de narcotráfico y quiso sensibilizar a sus interlocutores sobre sus obras filantrópicas en su natal Valle del Cauca. También dijo haber entregado dinero a políticos de renombre en su país, lo mismo que el haber compartido su fortuna con futbolistas y empresarios.

Entre tanto, Lorena, la hermana de Henao, afrontaba serios problemas en Panamá porque las autoridades le decomisaron documentos que demostraban que desde ese país sobornó a autoridades judiciales en Colombia, para obtener decisiones a su favor. Días más tarde fue expulsada de Panamá y conducida a la cárcel del Buen Pastor de Bogotá.

La familia Montoya era considerada como una de las más importantes en la industria del tráfico de drogas. La única mujer identificada dentro de la organización era Lorena, esposa del segundo al mando del cartel de Cali, Iván Urdinola, quien fue capturado, curiosamente, en una finca de nombre La Porcelana, el 26 de abril de 1992. Diez años más tarde murió de un infarto en la cárcel y Lorena empezó a manejar su fortuna y su ejército privado.

Así terminó la suerte de la familia Henao Montoya. Fue la respuesta de Diego Montoya al ataque de Wílber Varela, que no solamente marcó el final de la carrera criminal de una familia considerada como la más importante en el mundo criminal, sino que es un episodio más de la guerra que se desató entre el fragmentado cartel del Norte del Valle.

40

El que a hierro mata a hierro muere

De regreso en Colombia, Wílber Varela se percató de que a él también lo grababan, lo seguían y lo infiltraban. Por eso ordenó extremar las medidas de seguridad y autorizó un proceso de contrainteligencia sobre los propios miembros de su organización. El encargado de esa operación era Ramón Quintero, dueño de la más completa red de comunicaciones y tecnología con la que contaba este grupo delincuencial. Así, Varela pudo dar órdenes desde su búnker para el movimiento de dinero y operaciones de rastreo y de seguimiento. Al mismo tiempo, se dedicó a despachar cocaína a cualquier parte del mundo.

Estos reportes de inteligencia trajeron consigo un descubrimiento grave. Al poco tiempo de estar interceptadas las comunicaciones y los correos electrónicos de la organización, Quintero empezó a sospechar que Luis Alfonso Ocampo Fómeque, *Tocayo*, hermano medio de Víctor Patiño y uno de los miembros más importantes del grupo, podría estar colaborando con agentes norteamericanos para el desmantelamiento de esa sólida organización.

Quintero le comentó sus sospechas a Juan Carlos Ramírez Abadía, *Chupeta*, y los dos decidieron extremar la contrainteligencia. Sólo necesitaron una semana para confirmar lo que presumían. Ocampo mantenía comunicación constante con su hermano Víctor, preso en Miami, y recibía constantes órdenes de las autoridades de Estados Unidos.

Ese descubrimiento fue entregado a Varela, que entró en una especie de sinsalida. Ocampo era su amigo desde la adolescencia, su compañero de mil batallas, su perro guardián, su incondicional aliado en la guerra contra el cartel de Cali, y ahora debía ser eliminado. Varela no tuvo más opción que darle la espalda ante su innegable colaboración con Estados Unidos.

—No soy capaz de matar a mi amigo, no cuenten conmigo ni con mi gente, pero los entiendo, hagan lo que tengan que hacer, yo no me meto —le dijo Varela a Chupeta, que no veía otra opción que actuar contra Tocayo.

Ramírez le encargó a Quintero la misión y este a su vez reclutó a un teniente de apellido Rodríguez para seguirle los pasos al traidor. Pero no era fácil porque Ocampo tenía un complejo aparato de seguridad que lo ponía a salvo de asaltos y amenazas. Con apenas saber leer y escribir, había crecido en el mundo de la delincuencia y del crimen organizado al lado de Víctor, su hermano mayor, pionero de la disidencia del cartel de Cali, en los años noventa. Con ello se ganó un lugar destacado en la mafia de la época.

El domingo 8 de febrero de 2004, Ocampo se encontraba departiendo alegremente con cinco familiares y siete escoltas en una finca en Cartago, Valle, cuando recibió una llamada de Juan Carlos Ramírez, para invitarlo a una pelea de gallos, tan común en el gremio del narcotráfico, La fiesta sería en la finca Alejandría, de propiedad de Ramón Quintero, en la región conocida como Gota de Leche, cerca de Buga.

Tocayo dijo que confirmaría su asistencia, pero no lo hizo. Caída la noche recibió una nueva llamada de Ramírez, quien le informó que Varela asistiría a la cita. Ocampo no tuvo otra opción que aceptar la invitación, entre otras cosas porque uno de sus sobrinos, aficionado a las peleas de gallos, le insistía en que fueran al lugar.

Sobre las 8:15 p.m., Ocampo salió rumbo a Buga, escoltado por tres camionetas en las que iban su hija, su novia Mónica, tres sobrinos, su abogado Henry Escobar y siete de sus escoltas. Ocampo conducía una de las camionetas, vestido con un pantalón de corte militar, camisa negra y zapatos de suela baja. Sobre su pierna derecha descansaba un fusil de asalto R-15.

El capo se veía feliz. Mientras conducía, escuchaba música de carrilera y bebía aguardiente. Al mismo tiempo, Rodríguez y Quintero organizaban un grupo de asalto. Estaba compuesto de cinco comandos de seis miembros cada uno, ubicados estratégicamente en el parqueadero de la finca para atacar a Ocampo apenas llegara. Entre el grupo de asaltantes estaba el teniente Rodríguez y el ex capitán de la Policía Pedro Nel Pineda, *Pispis*, quien había escalado en forma vertiginosa en la organización.

Cuando Ocampo se encontraba a diez minutos del sitio, se comunicó con Ramírez para avisarle que arribaría en breve. A la propiedad se llegaba por una angosta carretera que trepaba un poco hacia la montaña, desde donde se podía observar cualquier movimiento. Apenas vieron a los visitantes, dos hombres ubicados en un cerro dieron la señal de alerta. Eran las 10:14 p.m.

Las camionetas cruzaron la puerta de la finca. Ocampo, seguido por su grupo de escoltas, fue el primero en parquear. Pero no había apagado las luces del vehículo cuando el grupo de sicarios abrió fuego. Algunos de los ocupantes se tiraron al piso mientras las balas impactaban la lámina de las camionetas y los vidrios volaban por los aires. Ocampo y algunos de sus hombres abrieron las puertas y respondieron a la agresión. En el interior de las carros yacían algunos cuerpos inmóviles, mientras las nuevas ráfagas de fusil seguían haciendo estragos en su humanidad.

El intercambio de disparos duró más de diez minutos, hasta que a Ocampo y a sus escoltas se les acabó la munición. El teniente

Rodríguez y uno de sus sicarios caminaron hasta los vehículos. Allí encontraron algunos sobrevivientes, que se arrastraban por el suelo intentando ponerse a salvo.

No lejos de allí, Ocampo, herido en sus dos piernas, y tres de sus escoltas, fueron sorprendidos cuando intentaban huir del cerco por entre los arbustos. Sin embargo, fue capturado, junto con sus hombres y conducido al interior de la vivienda. Allí los esperaban Rodríguez, Quintero y Pineda, quienes habían preparado un salón de tortura con cables eléctricos, taladros, bolsas plásticas, motosierra y baldes con agua.

Al llegar al salón, esposados de pies y manos, fueron arrojados al suelo. Acto seguido Rodríguez y sus socios descargaron su furia contra su ex socio. Lo golpearon en la cara y en el cuerpo mientras lo obligaban a revelar los secretos de sus vínculos con la justicia norteamericana. Ocampo dirigió su mirada hacia el umbral de la puerta, con la esperanza de que su amigo Varela lo rescatara de la penosa situación. Pero estaba equivocado.

Los detenidos fueron sometidos a las más degradantes torturas que un ser humano pueda recibir. Les sumergieron la cabeza en el agua, les aplicaron choques eléctricos en los testículos, apagaron cigarrillos en sus pechos y con un taladro perforaron sus rodillas. Todo esto ante la mirada atónita de Ocampo, que pensaba que en breve sería sometido a los peores vejámenes.

Entre tanto, el encargado de aplicar los métodos de presión apretó el acelerador. Prendió su motosierra y les amputó un brazo a cada uno de los escoltas de Ocampo. Los dos hombres vieron caer sus brazos al suelo y la sangre se regó por todo el lugar. Para terminar con la faena, los desafortunados escoltas fueron degollados.

El turno era para Ocampo. Fue torturado mediante la técnica de ahogamiento con bolsa. Era la misma práctica utilizada por él años atrás cuando sometía a sus enemigos. Su rostro era sumergido varias veces en un recipiente hasta cuando parecía que iba a morir ahogado. Luego le aplicaron choques eléctricos y como si fuera poco le trajeron los cuerpos de sus familiares, incluidos el de su novia y su hija, para que observaran mientras lo mutilaban. Ocampo no aguantó y mientras se desvanecía reveló sus relaciones con la justicia estadounidense. De paso aceptó ser un soplón.

—Deshágganse de él. Descuarticen ya a este hijueputa —sentenció Chupeta.

Así ocurrió y los 13 cuerpos mutilados fueron empacados en bolsas de polietileno y arrojados a las aguas del río Cauca.

Algunos documentos encontrados en los vehículos revelaron los nombres de testaferros, abogados y algunas propiedades que Ocampo y sus hombres no habían confesado. El siguiente paso fue repartirse el botín y la caleta de 50 millones de dólares que Ocampo confesó tener en un apartamento de Cali.

Tres días después de este hecho sangriento, Deisy, madre de Ocampo, una caleña de avanzada edad, se comunicó con allegados y colaboradores de su hijo para establecer su paradero. Pero nadie le dio razón de él. Por eso se acercó a una estación de Policía cercana para denunciar la desaparición de su hijo.

Mientras tanto, Wílber Varela no se reponía del duro golpe por la muerte de su entrañable amigo. Ocampo era su condiscípulo, su leal servidor en épocas de guerra, su caballito de batalla, su socio en el envío de grandes toneladas de cocaína al exterior.

Rodríguez se comunicó por teléfono con él y le confirmó la noticia sobre el asesinato de su otrora amigo. Varela prefirió no escuchar el relato de los hechos y colgó el teléfono. Un día después el capo se comunicó con la madre de Ocampo y en tono pausado pero violento le dijo:

—No busque más a su hijo. Él esta muerto por traidor. Le recomiendo que se vaya de Cali. Desocúpeme la ciudad si quiere vivir. Para mí, usted es persona no deseada. Sus hijos Víctor y Luis Alfonso son unos sapos. Víctor está abriendo la boca en Estados Unidos denunciándome. Busque a su hijo en el río Cauca.

La adolorida madre fue en busca de su hijo. Allí, en medio del dantesco espectáculo de cuerpos mutilados, reconoció el rostro de Ocampo. Lo encontró gracias a una enorme melena que tenía el día de su muerte. Con la ayuda de la Policía llevó los restos para el reconocimiento a la morgue de Tuluá. Las autoridades tomaron fotografías de los restos, que luego fueron a parar a manos de Víctor Patiño en la cárcel de Miami. El capo rompió en llanto y juró vengar la muerte de su hermano.

41

La muerte del doble agente

En la Cárcel Federal de Miami, Víctor Patiño Fómeque afrontaba impotente el desplome del imperio que montó en Colombia. En un acto de desesperación optó por jugarse la última carta. Con su puño y letra redactó una especie de denuncia pública que intentó hacerle llegar al presidente de Colombia Álvaro Uribe Vélez. En la misiva Patiño mencionaba los vínculos de oficiales y de la clase dirigente con el narcotráfico. En forma más extensa se refirió al coronel Danilo González.

González presumía que las agencias estadounidenses se comunicarían con él antes de pedirlo en extradición. Su presunción se basaba en que ya había hecho contactos con agentes de la DEA en Bogotá, a quienes les hizo creer que les daría la ubicación exacta de tres norteamericanos secuestrados por las FARC. Sin embargo, González no calculó hasta dónde lo podría llevar su condición de doble agente.

La carta de Patiño decía en sus apartes más importantes:

Doctor Uribe, acudo a usted como mandatario de mi país, a las autoridades nacionales e internacionales, para denunciar al cartel del narcotráfico más poderoso del mundo, con quienes delinquí por muchos años, hasta que puse fin a mis actividades, y protegidos, entre otros, por el coronel Danilo González, el capitán Pedro Pineda, *Pispis*; el ex teniente Jorge Rodríguez, *Teniente*; y el doctor José Ignacio Londoño, *El Tigre*. Ellos son conexión de la corrupción política más grande de la historia de Colombia. Estos personajes son patrocinados por los más grandes jefes del narcotráfico como Gabriel Puerta, Juan Carlos Ramírez, *Chupeta*; Hernando Gómez, *Rasguño*; Wílber Varela, *Jabón*; y Julio López, *Julito*. Esta organización está matando, secuestrando y desapareciendo a personas ajenas al narcotráfico que en alguna oportunidad legalmente prestaron algún servicio a mi familia.

Patiño agregó en su mensaje a Uribe que la DEA tenía suficiente información para formalizar el pedido de extradición del coronel González.

En efecto, el agente de la DEA Loug Maggioni tenía un archivo ultrasecreto contra González que incluía el testimonio de varios informantes. Y concluía que desde 1998, cuando se retiró de la Policía, comenzó a trabajar, por un lado con las agencias federales americanas y por el otro con la cúpula del narcotráfico de Colombia. Este doble juego había superado el nivel de tolerancia del oficial Maggioni.

Con esa doble condición, González había acrecentado su poder económico y sicarial y se había convertido en un hombre que hacía temblar a los más poderosos.

El temor a que González se hiciera del lado de los estadounidenses hizo que la cúpula de la mafia tomara la decisión de eliminarlo. Pero antes lo utilizarían para dar de baja a Wílber Varela. Así mataban dos pájaros de un sólo tiro. La orden debía ser ejecutada por el capitán en retiro Pedro Pineda, *Pispis*, Gildardo Rodríguez, alias *El Señor de la Camisa*.

González desconfiaba de cualquier persona. Caminaba mirando para todos lados y sólo frecuentaba los lugares de su completo dominio. Era tal su delirio de persecución que se había distanciado de su esposa e hijos y había redoblado la vigilancia en torno a sus padres.

Presionado por las órdenes que acababa de recibir, Pineda se comunicó con González para invitarlo al día siguiente, marzo 24 de 2004, a departir en una finca a escasos 45 minutos de Bogotá. Allí aprovecharían para analizar el conflicto propio del narcotráfico.

González aceptó la invitación y llegó a la finca de Pineda a las 8:30 p.m. de ese día. Estaba acompañado por diez escoltas, todos ex miembros de la Policía. El derroche de licor y finos platos no se hizo esperar. El ambiente era de gran cordialidad y cuando el trago comenzó a hacer efecto entre los invitados, Pineda abrazó a Danilo y le dijo:

—Danilo, todos los problemas que tenemos son ocasionados por Varela. ¿Por qué no lo entregamos y así nos quitamos toda esta calentura de encima y quedamos como unos reyes?

—¿Cómo se te ocurre? Yo, Danilo, no entrego a un amigo y Varela es mi amigo —respondió González, incómodo.

Pineda intentó cambiar de tema escudándose en el licor que había ingerido, pero González sabía que la propuesta de traicionar a Varela era real. En medio de miradas inquisitivas de parte y parte se retiraron a sus dormitorios y esa misma noche Pineda comprendió la magnitud de la tarea encomendada.

Al día siguiente, sobre las 9 a.m., las caravanas de González y Pineda emprendieron regreso a Bogotá. El día era soleado, de aspecto primaveral. Los dos grupos se dividieron porque González debía cumplir una cita en el norte de Bogotá con su abogado Gerardo Candamil, quien lo asesoraba en sus continuas reuniones con Baruch Vega, buscando un arreglo con la justicia americana, lo cual a la larga se convertiría en un beneficio de reducción de sentencia en el caso criminal que pesaba sobre Baruch en una corte federal.

González estaba perturbado porque si no arreglaba su situación, lo más seguro era que pasara el resto de su vida en una prisión norteamericana. No hacía mucho tiempo había intentado hacer contacto con ex fiscales y ex senadores norteamericanos e incluso se habría reunido en la isla de Aruba con Baruch.

No lejos del punto de reunión de González, Pispis y El Señor de la Camisa estudiaban paso a paso los detalles de la operación para eliminarlo. Debía ser ese mismo día y no podía fallar. La operación había sido montada velozmente porque todo indicaba que muy pronto González abordaría un vuelo comercial para entregarse en una corte de Estados Unidos.

A las 10 a.m., González ingresó a la oficina de su abogado donde estudiaron los pros y los contras de la decisión. Hicieron algunas llamadas a amigos en común y planearon los pasos a seguir. A pocas cuadras, Pineda y Rodríguez ajustaban detalles de la operación.

Sobre la 1 p.m., González, su conductor y el abogado Candamil fueron a un centro comercial cercano para almorzar. Minutos más tarde, el ex oficial recibió en su celular una nueva llamada de Pineda.

—Danilo, ¿dónde estás? necesito contarte algo —le dijo.

—Estoy almorzando, pero si quieres nos encontramos a las 2 p.m. en la oficina de Candamil.

A la 1:48 p.m., González regresó a la oficina de Candamil en el segundo piso del edificio Ana María II, en la calle 78 con carrera 18. Allí, sentado en un cómodo sillón, continuó puliendo los detalles de su posible sometimiento a la justicia.

Doce minutos después, Pineda y Rodríguez llegaron al lugar y le pidieron a un grupo de escoltas de González que fueran a retanquear los vehículos porque saldrían nuevamente para la finca. A los demás les dijeron que ubicaran al mayor Edwar Iván Bohórquez, ex miembro de la Policía Judicial y al capitán Néstor Camelo Lizarazu, porque ellos y González necesitaban reunirse nuevamente.

Era lógico que los escoltas de Danilo no pusieran en duda la palabra de Pineda, puesto que este fungía como amigo personal de su jefe y compañero de farra la noche anterior.

—No se preocupen que yo me quedo con Danilo —les dijo Pineda.

Acompañado por El Señor de la Camisa, Pineda llegó a la puerta principal del edificio y usó el citófono para anunciarse. Se identificó y la puerta se abrió. Al mismo tiempo sacó del bolsillo izquierdo su celular, se comunicó con otro grupo de sicarios y les ordenó asesinar a Bohórquez y a Camelo apenas aparecieran.

Luego de impartir instrucciones, Pineda continuó, tomó el ascensor hasta el segundo piso y una vez allí adentro desenfundó su pistola Piettro Beretta 9 milímetros. Tocó el timbre y en ese instante González se levantó del sofá para abrir la puerta de acero.

Pineda se apresuró a golpear violentamente la puerta y al otro lado González cayó al suelo. De repente se escucharon tres detonaciones que provenían de la pistola de El Señor de la Camisa. Candamil saltó por encima de un mueble y se resguardó debajo de su escritorio, mientras Pineda era el que apuntaba ahora sobre la humanidad de González, quien desde el suelo intentaba alcanzar su pistola Glock 9 milímetros. Acto seguido, Pineda descargó por completo el proveedor de su arma sobre el ex oficial.

De esta manera, Pineda se anotó un golpe enorme. A la misma hora fueron asesinados Bohórquez y Camelo, que trabajaban para González.

Lejos de allí, Diego Montoya, el temido jefe del narcotráfico, esperaba complacido a Pineda en una finca del Magdalena Medio. Allí le entregaron una gruesa suma de dinero por su trabajo y el reconocimiento por haber eliminado a un posible soplón de la mafia.

Al día siguiente, el abogado Candamil tomó un vuelo de American Airlines, en el aeropuerto Eldorado con rumbo a Miami. Allí llegó y se puso en contacto con las agencias federales, que escucharon de viva voz el relato sobre la muerte de González y sobre algunos otros secretos de Wílber Varela.

Candamil, que en un principio creyó tener el apoyo de los agentes federales, pronto quedó a su suerte. Perseguido por Varela partió rumbo a Suiza donde hoy se encuentra exiliado. No sólo es buscado por Varela sino por los hombres que aún trabajan para Rasguño.

La conmoción que suscitó la muerte de González en el narcomundo fue más allá de lo presupuestado. Pineda se escondió en el Magdalena Medio, se reorganizó al lado de Diego Montoya y desde ahí continuó la guerra entre los jefes del narcotráfico que hoy deja más de 3.000 muertos.

Danilo González había pasado los últimos siete años de su vida de sitio en sitio, de finca en finca, de pueblo en pueblo, con un campo de acción por todo el país. Al morir, amasaba una fortuna gigantesca conseguida en sus alianzas con los narcos, en un país donde la realidad es peor que la fantasía.

Este ex coronel espió para los narcos, para la DEA, para el Gobierno, para la guerrilla, para los ex policías, para Varela y para todo el mundo. Indudablemente era el gran maestro de maestros.

42

Colombianos perseguidos por gringos

En su refugio de Medellín, a Rasguño le llegó la información en el sentido de que Víctor Patiño había escrito una carta llena de detalles que luego envió al despacho del presidente Álvaro Uribe. Rasguño sabía que las acusaciones ponzoñosas contenidas en el mensaje de Patiño también iban dirigidas contra él porque conocía perfectamente a Varela y sus redes sicariales y a Diego Montoya, que día a día reclutaba más y más narcos para su organización.

Rasguño sentía que todos los cañones apuntaban hacia él y por eso creyó que había llegado el momento de las acciones desesperadas. Para ello citó en una finca de su propiedad en Bolombolo, distante 60 kilómetros de Medellín, a sus más cercanos colaboradores, entre ellos Johny Cano, *Johnny*; Jaime Maya Durán, Orlando Sabogal Zuluaga, Alberto; y José Aldemar Rendón, *Mechas*, y les pidió establecer contactos con las autoridades para su posible entrega a la justicia.

El capo les explicó a sus hombres que el panorama estaba muy complicado y mucho más con el envío de la carta de Patiño a Uribe en la que según él los mencionaba a todos. Luego de discutir el asunto por largo tiempo, accedieron a indagar en la Fiscalía pero con el compromiso de que el sometimiento a la justicia se hiciera en grupo y con la condición de que no serían extraditados a Estados Unidos. El asunto fue tan rápido que Rasguño redactó un comunicado a la opinión pública que el domingo 14 de marzo fue a parar a la redacción de un noticiero local con el sugestivo título de "Colombianos perseguidos por los gringos, Copergrin".

De la noche a la mañana, estos narcotraficantes se habían convertido en víctimas de los estadounidenses. Para rematar, el comunicado contenía varias perlas: que no existía una guerra interna entre los carteles; que las muertes y ejecuciones en el Valle eran hechos aislados; que las retaliaciones y asesinatos obedecían a una estrategia de las autoridades norteamericanas para forzarlos a enfrentarse; y que estaban dispuestos a rendir cuentas ante las autoridades del país con la veeduría de la Iglesia.

El mensaje de Rasguño a la opinión pública dejó en evidencia su capacidad para tirar la piedra y esconder la mano. Estaba tan convencido de las ventajas de involucrar a la Iglesia en sus planes que intentó acercarse a los obispos del norte del Valle y les hizo llegar una carta con destino al presidente Uribe en la que dejaba constancia de su buena voluntad para someterse a la justicia colombiana, pero con la condición de que el Gobierno garantizara que él y sus subalternos no serían extraditados.

Pero nada de esto le funcionó a Rasguño: el Gobierno no le hizo caso a su carta y rechazó de plano el contenido del comunicado de Copergrin.

43

De visita en la Isla

Atemorizado por la reacción del Gobierno, Rasguño decidió desinformar a la opinión pública sobre su paradero. Algunos medios de comunicación especularon sobre su posible secuestro, tortura y muerte en una finca de Antioquia a manos de Diego Montoya. Otras versiones indicaban que las FARC lo habían secuestrado junto con su chofer y con su enfermera en La Línea. Las versiones tenían como único propósito despistar a los enemigos de Gómez para ganar un poco de terreno y escapar a Venezuela por tierra.

Cuando llegó a Caracas, Rasguño se comunicó con Vicente Carrillo, jefe del cartel de México y le solicitó gestionar un pasaporte y un carné electoral falso, y que se los hiciera llegar de manera urgente a Venezuela.

Por aquellos días el capo mexicano se perfilaba como el mejor aliado de Rasguño. Sin embargo, Carrillo frecuentaba con más intensidad los enlaces de Diego Montoya, quien le proveía grandes cargamentos de cocaína.

Fue precisamente uno de esos enlaces quien supo que Carrillo había obtenido una identificación falsa para Rasguño con el nombre de Arturo Sánchez Cobarrubia. Esos datos no tardaron en llegar a la Policía colombiana que, desde hacía muchos años, estaba tras la pista del narcotraficante.

Mientras eso ocurría en Colombia, el 29 de junio de 2004 Rasguño salió desde Maracaibo, Venezuela, hacia La Habana. El capo pasó sin problema alguno los controles migratorios del aeropuerto cubano.

Un día después, alertada por Interpol, que había recibido los datos de la Policía colombiana, las autoridades de la isla constataron que el mafioso caminaba sin apremio alguno por las calles de La Habana.

Finalmente, el viernes 9 de julio, diez días después de haber arribado a la Isla, Rasguño se dirigió al aeropuerto José Martí, para tomar un vuelo de Mexicana de Aviación rumbo a Cancún, pero fue detenido cuando realizaba los trámites de inmigración.

Ese mismo día, Rasguño fue recluido en los calabozos de una estación de Policía y sólo 48 horas después el régimen de Fidel Castro les confirmó la captura a las autoridades colombianas.

Sin perder tiempo, el capo puso a prueba su poder económico y ofreció millonarias sumas a funcionarios del gobierno cubano para que no accedieran a las pretensiones de Estados Unidos, que lo querían extraditado de inmediato. Al mismo tiempo, una comisión salió de Colombia rumbo a La Habana con el propósito de repatriarlo.

Pero se encontraron con la negativa de las autoridades locales, que tuvieron la osadía de prohibirle la entrada al país a investigadores estadounidenses y en especial a Romedio Viola, el mismo que años atrás había acusado a Rasguño en la Corte Este del Distrito de Nueva York.

Dos años más tarde, Rasguño fue deportado a Colombia después de cumplir una pequeña condena por falsedad en documento privado. Pero el capo no quería quedarse en Colombia. Su intención era llegar pronto a Estados Unidos para saldar sus deudas, lo que ocurrió finalmente en julio de 2007.

44

Caín y Abel

Por otro lado y contrario a lo que se podría esperar, las autodefensas tampoco le daban tregua a Carlos Castaño. Con él sucedía lo mismo que con los narcotraficantes del Norte del Valle, envueltos en intrigas, conflictos internos, delaciones, orgullo, dinero y traición.

Las AUC tenían en mente un cambio en su política de guerra. Carlos Castaño, su jefe natural, quería adelantar un acuerdo de paz y sometimiento voluntario con el Gobierno para la devolución de dinero y las tierras y confesar lo que hubiera que confesar. Y lo más importante, desarticular esa máquina de muerte de la organización. En suma querían contar toda su verdad, hacer justicia y reparar a sus víctimas.

Carlos Castaño tenía un problema adicional porque los nuevos comandantes eran reconocidos narcotraficantes a quienes Vicente Castaño les había vendido una especie de franquicia paramilitar en varias regiones del país.

Estos connotados narcotraficantes aportaban el dinero para el crecimiento desmedido de las autodefensas. Carlos Castaño se había retirado prácticamente del comando general de su fuerza y ahora quienes decidían la suerte del proceso eran los jefes manchados con la aureola del narcotráfico.

Algunos de estos comandantes habían escapado de la Operación Milenio en 1999. Los primeros en comprar franquicias fueron los hermanos Miguel Ángel y Víctor Manuel Mejía, *Los Mellizos*, socios incondicionales de Carlos Mario Jiménez, *Macaco* y Diego Murillo, *Don Berna*.

La negociación con el Gobierno tenía con los pelos de punta a los comandantes de las AUC y los roces y choques entre ellos eran el común denominador. Los más reacios a negociar eran precisamente quienes tenían como negocio la venta y distribución de cocaína pues veían que su rentable negocio se iría al piso.

En un nuevo intento por organizar al grupo irregular, Salvatore Mancuso citó a una reunión en la hacienda La 15, en el departamento de Córdoba, cerca de Montería y considerada terreno neutral para todos los comandantes porque fungía como santuario de los grupos de autodefensa. Al llamado de reunificación acudieron Don Berna, Gordolindo, Ernesto Báez y el propio Carlos Castaño, entre otros.

Sobre las 8 p.m. del sábado 10 de abril de 2004, los comandantes estaban sentados en un gigantesco comedor en el que rompieron el hielo con un juego de cartas mientras brindaban con finos licores.

Al poco tiempo el licor comenzó a hacer estragos en Castaño, quien empezó a hablar más de la cuenta. El jefe paramilitar se sentía desplazado y sin fuerzas para continuar con un proceso al que muy pocos querían aportarle. Castaño comenzó la discusión con el argumento de que los comandantes se le habían salido de las manos. De repente golpeó la mesa con su puño izquierdo, se paró, miró a sus compañeros y les dijo:

—Ustedes, el Estado Mayor, valen nada. Paso por encima del que sea y voy a negociar con el Gobierno colombiano el proceso de verdad, justicia y reparación. Después de eso me voy para donde los gringos y les cuento toda la verdad.

Castaño, que se ufanaba de ser el dueño absoluto de su ejército de autodefensas, desconoció el poder infinitamente superior de los demás jefes, incluso el de su hermano Vicente.

La actitud de Castaño desconcertó a sus compañeros, que muy pronto acabaron con el rato de esparcimiento. Los invitados se fueron de la hacienda con más preguntas que respuestas acerca del futuro del paramilitarismo.

Al día siguiente, domingo 11 de abril, los comandantes, sin Castaño, se reunieron en otra finca para informarle a Macaco lo que había ocurrido la noche anterior.

Al mismo tiempo y cuando se recuperó del guayabo, Castaño comprendió que había sido imprudente y que su posición le podría traer problemas. Sus comentarios no habían sido bien recibidos y por eso ordenó extremar las medidas de seguridad. También entendió que mientras permaneciera en la misma región con los demás jefes paramilitares debería permanecer alerta y con los ojos bien abiertos.

Mientras tanto Don Berna y Mancuso le dijeron a Macaco que era necesario indagar un poco más sobre la posible negociación que Castaño estaba adelantando con Estados Unidos. Esa misma tarde Mancuso ordenó interceptar las comunicaciones, los correos electrónicos, las frecuencias de radio y las líneas de algunos cercanos colaboradores de Castaño, incluida la de su inseparable estafeta John Henao.

Según ellos, Castaño estaba en la tónica de acabar las masacres y los vínculos con el narcotráfico para sacarle provecho a una negociación con el país del Norte. De la misma manera, Castaño pretendía salvar su responsabilidad ante el país y el mundo entero y esconder los actos de barbarie cometidos durante la guerra que emprendió años atrás. Sabía que su grupo estaba desprestigiado y era despreciado en el mundo entero.

Días más tarde, las interceptaciones arrojaron los primeros resultados. Mancuso recibió decenas de conversaciones en las que se evidenciaba que los acercamientos de Castaño y las autoridades estadounidenses estaban más adelantados de lo que se creía.

Muy pronto supieron que Castaño era asesorado por Joaquín Pérez, un reconocido jurista de Miami con buenos contactos en la DEA. En una de las conversaciones, Pérez le decía a Castaño que el gobierno norteamericano se equivocaba al darle excesiva publicidad a su situación legal y que la solicitud de extradición expedida en su contra lo debilitaba frente a los demás jefes paramilitares.

En otra comunicación, Castaño se contactaba con oficiales de la Policía colombiana para ponerlos al tanto de la idea de combatir a los jefes de su organización dedicados al narcotráfico y así depurar a las autodefensas. Castaño sabía que la pelea era muy larga, desgastante y complicada.

Por esos días Castaño estaba agotado por el conflicto interno de su organización y por sus problemas familiares. Pero prosiguió en su empeño de dar muestras de buena voluntad. Por un lado, a las autoridades colombianas les entregaría las coordenadas de Carlos Mario Jiménez, *Macaco*, reconocido como el más grande narcotraficante vestido de paramilitar. Por el otro, proponerle al gobierno estadounidense su sometimiento voluntario a cambio de beneficios.

Esta fue la gota que derramó la copa de Mancuso y de Diego Murillo. El 14 de abril, luego de descubrir el plan de Castaño, los dos jefes paramilitares abordaron un helicóptero con destino al campamento donde se movía Carlos Mario Jiménez, al sur del departamento de Bolívar. Hasta allí llegó Ernesto Báez quien después de los saludos de rigor comenzó a escuchar las conversaciones interceptadas a Castaño.

De allí surgió el plan siniestro de darle muerte a Carlos Castaño, que se había convertido en una especie de piedra en el zapato para el resto de las Autodefensas. No había que perder tiempo. La primera fase sería definir quién podría llevar a cabo la misión.

No era fácil porque Castaño desconfiaba hasta de su propia sombra y no sería una presa dócil. La primera decisión era advertir sobre el plan a Vicente Castaño para que este definiera del lado de quién se encontraba, si de su hermano Carlos o de una organización a la que él mismo le introdujo el fuerte brazo del narcotráfico.

Mancuso, Don Berna y Macaco citaron a Vicente Castaño a una reunión extraordinaria en una finca de propiedad de Mancuso en Córdoba.

Una vez reunidos, Mancuso sacó de su maletín de campaña las grabaciones con las evidencias en contra de Carlos Castaño. Al escuchar las conversaciones, Vicente Castaño quedó mudo y no pudo musitar palabra alguna. Jiménez lo increpó para que tomara alguna posición con respecto de las grabaciones que acababa de oír. Hábilmente, Vicente hizo gala de su arte para manejar situaciones adversas. Además sabía la borrasca de nieve que le caería encima si se ponía de parte de su hermano porque seguramente correría la misma suerte.

En ese momento los cuatro hombres le dieron vida al plan para ejecutar a Carlos Castaño. Vicente, hombre sin principios ni moral, entendió que los narcotraficantes a quienes les había vendido franquicias para camuflarse como autodefensas eran quienes decidían la suerte de su hermano.

Por las venas de Vicente corría hielo y no tuvo más opción que alinearse con el Estado Mayor de las AUC. Macaco le pidió a Vicente que se comunicara con su hermano y coordinara una reunión lo antes posible. Así lo hizo. Mientras tanto, Macaco instruía a Ignacio Roldán, *Monoleche*, escolta personal de Vicente, para integrar un grupo de asalto que terminara con la vida de Carlos.

Sobre las 5:45 p.m. timbró el teléfono celular de Vicente. Al otro lado de la línea estaba su hermano Carlos, con quien intercambió algunas palabras y planearon una reunión para el día siguiente a las 2 p.m. en la tienda Rancho al Hombro de la vereda El Encanto, en San Pedro de Urabá.

Carlos le confirmó a su hermano que a esa misma hora, en el mismo lugar, se encontraría con Kenia, su esposa, y aprovecharían para hacer una pequeña reunión familiar.

Luego de terminar la llamada, Vicente les transmitió a los demás jefes su conversación con su hermano y les reveló la ubicación en la que estaría al día siguiente. Era cuestión de tiempo y los jefes paramilitares sabían que el plan sería de fácil ejecución. Los comandos encargados de eliminarlo irrumpirían en el sitio, arrasarían con todo y no dejarían ni huellas ni testigos.

De tiempo atrás, Carlos Castaño, consciente del peligro que corría al hacer contactos con la justicia estadounidense, había preferido evitar contactos frecuentes con su esposa. Desconfiaba hasta de sus propios amigos, se movía de un lugar a otro constantemente y a la única persona a quien le respondía las llamadas era a su hermano Vicente. Además, lo perturbaba la enfermedad de su hija Rosa María, una menor de tres años de edad que había nacido con el síndrome del maullido del gato, una extraña enfermedad que afecta el aparato sicomotor y el lenguaje.

A la mañana siguiente, viernes 16 de abril de 2004, sobre las 10 a.m., Carlos recibió una llamada de su esposa, que le informó que esa tarde su hija Rosita tenía confirmada una cita médica en Montería y por eso no podía asistir al encuentro con Vicente. Entonces optaron por adelantar su encuentro para las 12:30 del mediodía.

A las 11:30 a.m., desde un lugar desconocido partieron el comandante Carlos Castaño y algunos escoltas rumbo a la vereda El Encanto. Diez Kilómetros antes de llegar al sitio, Castaño dispuso que parte de sus hombres hicieran una especie de retén a un lado del camino con el propósito de proteger su vida y la de su esposa en caso de una emboscada. El jefe paramilitar continuó su recorrido con diez de sus hombres y llegó al lugar a la hora prevista.

Al llegar al sitio, Castaño y dos de sus hombres ingresaron a una humilde vivienda. Este era el sitio que él frecuentaba para conectarse a la Internet, enterarse de lo que ocurría en el mundo y escribir y recibir correos electrónicos. Cinco minutos después arribó su esposa a bordo de una camioneta Toyota. Como de costumbre, Castaño la esperaba impecablemente vestido. Al verse se entregaron mutuas manifestaciones de cariño.

Kenia le preguntó el avance de una cirugía reconstructiva que Castaño se había realizado dos semanas atrás. Se trataba de un procedimiento en el brazo derecho que había resultado lesionado cuando el jefe paramilitar descendía de una lancha en la que se transportaba a orillas del río Sinú. Tres años atrás, Castaño había recibido un impacto de bala en la misma zona que ahora se había operado. Ahora, para evitar dolores y reforzar su resistencia a esos repetitivos golpes, el médico que lo operó le había inmovilizado el brazo.

Al mismo tiempo, Castaño recibía por parte de su esposa los reportes médicos de la enfermedad de su hija. El jefe paramilitar concluyó que Estados Unidos sería el único sitio donde los avances científicos podrían ayudar al normal crecimiento y desarrollo de su pequeña. Kenia también estaba entusiasmada con la idea, a la que le añadió que en el exterior podrían llevar una vida feliz, por fuera del azaroso mundo de la guerra. Castaño repetía que todo eso se haría en cuestión de meses.

Paralelo a este encuentro, hacia la 1 de la tarde partía de la Hacienda La 15 un comando de 30 francotiradores dirigidos por Ignacio Roldán hacia la vereda donde ya se encontraba Castaño. Los asaltantes iban armados con fusiles de asalto AK-47 y granadas de alto impacto. Otro comando de 30 hombres sería repartido en la periferia para apoyar la fuga de Roldán tan pronto como fuera ejecutado el asesinato.

Sobre la 1:10 p.m., la esposa de Castaño partió del lugar rumbo a Montería para cumplir con su cita médica y Castaño quedó a la espera de la llegada de su hermano Vicente.

La brisa de Córdoba soplaba suavemente los pastizales que rodeaban la pequeña vereda. Hacia la 1:40 p.m. a diez kilómetros de la vereda, el retén de seguridad de Carlos Castaño detuvo la marcha de cuatro vehículos en los que se transportaban su hermano y su escolta personal. Vicente bajó el vidrio de su camioneta, saludó a los hombres del retén y les pidió que se comunicaran con su jefe para informarle sobre su arribo. Así lo hicieron y Carlos autorizó el paso de la caravana.

Cuando los comandos pasaron el primer obstáculo, Vicente tomó una desviación que lo conduciría de regreso a la hacienda La 15 donde lo esperaban Mancuso, Macaco y Don Berna. Mientras tanto, Carlos miró el reloj militar que llevaba puesto en la muñeca izquierda. Era la 1:50 p.m. Acto seguido continuó pulsando teclas en la computadora en la que navegaba en la red.

A tres kilómetros de allí los comandos seguían avanzando. Desde el primer vehículo Roldán alertó a sus hombres por radio para que se prepararan para el combate. Los francotiradores se pararon en el platón de las camionetas, chequearon que la primera bala estuviera en la recámara de sus fusiles lista para abrir fuego, Los primeros en atacar serían los francotiradores situados en la parte posterior de las camionetas, mientras el resto de sicarios apoyarían el asalto desde la parte baja.

Castaño continuaba navegando en la Internet, mientras los diez hombres que lo acompañaban se encontraban dispersos en un perímetro de 30 metros. Cuando el reloj marcó las 2 p.m., Carlos divisó desde la ventana de la humilde vivienda los vehículos en los que debía llegar su hermano.

Volteó su mirada hacia la computadora para desconectarse de la Internet cuando de repente escuchó la primera detonación. Inmediatamente se arrojó al piso mientras las balas impactaban las paredes de la vivienda. El estruendo de las granadas y los gritos de su escolta que le avisaba que los estaban emboscando, hizo que Castaño desenfundara su pistola Glock 9 milímetros. Dos de sus escoltas se replegaron en la vivienda desde donde respondían al ataque.

Afuera, sus hombres intentaban resistir, pero uno a uno fueron cayendo por los impactos de fuego de los francotiradores. Los comandos avanzaban hacia la humilde vivienda y remataban con plomo a los heridos de la escolta de Castaño que se encontraban a su paso. Dos de ellos permanecieron inmóviles boca abajo fingiendo estar muertos.

Carlos y sus dos hombres seguían repeliendo el ataque, hasta que tomaron la decisión de salir a rastras por la parte trasera de la improvisada trinchera. Pero los francotiradores se percataron de que de la rústica casa habían salido tres fugitivos que corrían velozmente para intentar ganar la carretera.

En ese momento y en un acto heroico, uno de los escoltas del jefe paramilitar se tiró al suelo y comenzó a disparar, mientras su jefe y su compañero ganaban terreno. Sin embargo, Roldán y sus hombres lograron repeler el repentino ataque y dieron de baja al valiente paramilitar. Simultáneamente, dos de los escoltas de Castaño huían por entre los matorrales.

45

El salón de las torturas

Roldán y sus hombres perseguían a Carlos y su escolta que trataban de huir. Levantaron sus armas y dispararon a matar. Una de las balas atravesó el hombro izquierdo de Carlos Castaño. El jefe paramilitar intentó incorporarse, pero inmediatamente observó que los cañones de los fusiles estaban a dos metros de distancia. Monoleche se acercó y lo golpeó con la culata del fusil, lo escupió en la cara y con otro de los asaltantes lo agarró a puntapiés.

El otro sicario era un hombre apodado Móvil Cinco, que había comandado uno de los grupos que irrumpieron esa tarde en la vereda donde se encontraba el líder paramilitar. Roldán y Móvil levantaron a Castaño del suelo, lo esposaron de pies y manos y a punta de empujones lo llevaron hasta una de las camionetas. Los demás miembros del grupo atacante buscaron desesperadamente a Kenia, que hacía mucho tiempo había desaparecido. No obstante, creían que aún se encontraba en la zona y pretendían eliminarla.

Al no encontrarla, Móvil le preguntó a Castaño por ella. Resignado a su suerte, el jefe paramilitar no respondió a la pregunta y Roldán le propinó varios golpes para hacerlo hablar. Entonces Monoleche y sus hombres se alejaron del sitio y llevaron a Castaño hasta una finca de su propiedad conocida como El Policía, cerca de Montería.

Allí llegaron hacia las 3:15 p.m. Roldán autorizó registrar el inmueble con el propósito de encontrar a la esposa de Castaño. Pero no estaba. En cambio hallaron a John Henao, leal servidor del líder paramilitar, a quien después de propinarle varios golpes, lo esposaron y lo llevaron hasta la camioneta donde se encontraba su jefe.

Los dos capturados fueron conducidos a la vereda El Tomate, donde existía un centro de entrenamiento y capacitación antisubversiva de las AUC. Conocido también como Cecas, el lugar se había hecho famoso como centro de torturas a donde llevaban a los principales enemigos de la organización para sacarles sus más íntimos secretos. Eran las 4:30 p.m.

Una vez en el sitio, Castaño y Henao fueron amordazados y sujetados con las esposas a los barrotes de las celdas. Castaño era consciente de que le esperaban métodos de presión salvajes que él ya conocía.

A esa misma hora, lejos de allí, los dos escoltas de Castaño que habían sobrevivido al ataque tomaron rumbos diferentes. Ayudados por moradores de la región, El Tigre, como le llamaban a uno de ellos, fue a parar a la vereda Necoclí, muy cerca de donde ocurrió el asalto. El otro escolta, conocido como Vladimir Rojas, *La Vaca*, llegó a hasta el corregimiento Chigorodó. Una vez a salvo reportaron los hechos a la esposa de Castaño, que sin pensarlo dos veces salió con su hija Rosita, su enfermera y sus dos escoltas rumbo a Montería.

Mientras tanto, en la finca donde Castaño y su hombre de confianza eran torturados, se vivían momentos espantosos. Mientras el jefe paramilitar resistía todo tipo de vejámenes, Henao pedía que acabaran con su vida. Roldán rasgó la ropa de Castaño y acto seguido le aplicó choques eléctricos por todo el cuerpo. Posteriormente le cubrió la cara con una bolsa plástica y cuando

Castaño se sentía morir, su verdugo le retiraba la bolsa para que respirara de nuevo.

Por el lado de Henao las cosas se ponían peores. Móvil le preguntaba por el paradero de la esposa de Castaño y como este no respondió le arrancó una oreja con un filoso cuchillo. Luego le rociaron alcohol en la oreja cercenada y le cauterizaron la herida con una plancha caliente. Durante esa tarde y la madrugada del 16 de abril, Castaño y su fiel servidor fueron sometidos a los métodos más crueles acostumbrados en ese entonces por los paramilitares.

Al día siguiente, la esposa de Castaño le reveló a la prensa la desaparición del jefe paramilitar y aseguró que dos escoltas que se encontraban con él y que habían sobrevivido al ataque podían confirmar lo que ella decía. El Gobierno ordenó el traslado a Bogotá de uno de ellos, mientras el otro sobreviviente, que conocía perfectamente los métodos de presión de las AUC, prefirió alejarse por completo del panorama nacional y desde un extraño lugar hoy guarda silencio.

Las cosas para Castaño en el lugar donde lo torturaban se agravaron con la denuncia de su esposa. En la tarde del sábado, Roldán y Móvil, agobiados porque no podían conseguir su objetivo, decidieron poner el cuerpo de Henao en una guillotina. Segundos más tarde su cabeza rodó por el suelo.

Los servicios de inteligencia al interior de las autodefensas confirmaron que el Gobierno colombiano ya tenía conocimiento de los hechos. Desde el comando central, Mancuso, Don Berna y Macaco autorizaron a Roldán a aplicar métodos más severos para que Castaño soltara cualquier dato que tuviera qué ver con su posible negociación con Estados Unidos.

Carlos fue sometido nuevamente a la bolsa plástica y lo amenazaron con cortarle una de sus orejas. Más tarde, ante el silencio del jefe paramilitar, uno de los torturadores le arrancó un dedo de su mano derecha, después parte de una oreja y luego la otra. Perdió el conocimiento. Sin mostrar un sólo rastro de piedad, Roldán prendió una motosierra y la descargó sobre Castaño, que cayó al suelo desangrado. Estaba muerto.

Culminada la tarea, Monoleche ordenó empacar los restos en bolsas plásticas negras y las condujo hasta un lugar cercano. Una vez allí los enterró. Era el mismo sitio donde años después, con base en su testimonio a fiscales de Justicia y Paz de Roldán, la Fiscalía habría de descubrir los restos del jefe paramilitar.

Así murió el gran jefe paramilitar. Implacable y carismático, Castaño despertó todo tipo de sentimientos. Con su cruel muerte murieron las posibilidades de esclarecer cientos de asesinatos de la historia reciente del país.

Pocos días después y luego de permanecer oculta en varias casas de Montería, Kenia Gómez llegó a Bogotá con su pequeña hija y encontró una mano amiga que la ayudó a salir del país. De Bogotá fue enviada a Costa Rica, a la espera de que el gobierno estadounidense le concediera un asilo político, como tal parece que ocurrió porque hoy vive en Nueva York con su hija Rosita. Su vida llena de lujos terminó y hoy deambula de un lado a otro en la gran manzana.

De nada sirvieron las duras críticas de algunos sectores de la prensa, de la casa de Nariño, del comisionado de Paz y de la opinión pública sobre el procedimiento de los nuevos jefes paramilitares. Mancuso, Macaco y Don Berna, así como el mismo Vicente Castaño, negaron su participación en los hechos.

A los pocos días, presionados por un sector de la prensa, los jefes de las AUC aceptaron que sí hubo un enfrentamiento por equivocación con la escolta del comandante Castaño, pero que fue sólo eso: "una pequeña escaramuza y nada más".

Así terminó la vida de Carlos Castaño. Un hombre que llegó a ser el amo y señor de las Autodefensas Unidas de Colombia y que puso de rodillas a decenas de colombianos, entre ellos campesinos, ganaderos y comerciantes, que trataron en algún momento de hacerle oposición.

Un hombre que desconfiaba de su propia sombra, pero que fue ultimado por los amigos a quienes les confió buena parte de su organización porque tenían la certeza de que su jefe se entregaría, más temprano que tarde, a la justicia norteamericana.

46

El cartel de las autodefensas

Carlos Castaño era un amigo generoso, pero a la vez un hombre implacable que no sabía perdonar a sus enemigos. Era un individuo de sentimientos extremos. Podría pasar de ser un cálido y amoroso padre cuando se encontraba al lado de su hija, a un temido y peligroso hombre de guerra cuando trataba de imponer sus condiciones y caprichos.

Castaño despertó simpatías en un país tan pasional y desequilibrado como él. Igualmente, sabía que encarnaba un personaje despreciado por todos los crímenes cometidos por su organización.

Nació el 15 de mayo de 1965 en Amalfi, noreste de Antioquia, de la unión de su madre Rosa Maria Gil y su padre Jesús Antonio Castaño. Fue un personaje importante en la historia del país. Creó un grupo que tenía como eje principios filantrópicos, pero pasó a asesinar hacendados, ganaderos, industriales, comerciantes, periodistas, campesinos y gente del común.

Trabajó y se enfrentó a Pablo Escobar y a su máquina de muerte; arrinconó a la guerrilla colombiana. Dejó huérfanos y viudas regadas por todo el país. Cultivó, procesó, exportó y vendió cocaína en grandes cantidades. Secuestró políticos y dirigentes del país; entrenó y organizó escuadrones de la muerte. Ocupó primeras páginas de periódicos a nivel mundial y espió para el Gobierno y para los narcos.

Aunque se involucró con el narcotráfico, es innegable que tenía claro en su mente una ideología contrainsurgente que pronto se desbordó en barbarie. Contrario a la actividad de su hermano Vicente que vendía franquicias de las AUC al narcotráfico y hacía de esto un negocio personal, Carlos adquiría armamento y preparaba a sus hombres para la lucha antisubversiva. Claro está que lo hacía con el dinero que le dejaba el narcotráfico.

Castaño seguía fiel al objetivo primordial de las Autodefensas creadas por su hermano Fidel de la mano del mayor del Ejército Alejandro Álvarez Henao y de Henry Pérez. Pero con el paso de los años, esas autodefensas, que en un principio tenían como meta responder a las agresiones de la guerrilla en distintas zonas del país, pronto pasaron a cumplir operaciones sicariales y de narcotráfico al lado de Pablo Escobar, entonces jefe del cartel de Medellín. Pero algo ocurrió y se volvieron luego contra el poderoso narcotraficante.

Estratégicamente, para sobrevivir se entregaban al mejor postor. Se aliaron al cartel de Cali y por último al cartel del Norte del Valle. Unos años después entendieron que no necesitaban de esas alianzas y fundaron el cartel de las Autodefensas, con sus respectivos capos en el negocio de las drogas: Salvatore Mancuso, Carlos Mario Jiménez, *Macaco*, Diego Murillo, *Don Berna*, y Vicente Castaño, *El Profe*.

Con este repentino cambio de ideología, muchos se preguntaban quién en realidad era el jefe verdadero de esta organización. La respuesta parece simple. El trono lo tenía quien lograra consolidar su ala financiera y su capacidad militar a costa del narcotráfico, como en efecto sucedió.

¿Qué habría pasado si Castaño hubiera contado toda su verdad?, ¿qué habría sido del país y el mundo entero si hubiera vivido cinco años más?

47

La narcoagenda

Desde la muerte de Carlos Castaño y hasta antes de ser recluidos en la cárcel de Itagüí, en Antioquia, las autodefensas habían perdido el norte. Cada uno de los jefes tenía agenda propia y en cada región cometían toda clase de delitos sin rendirle cuentas a nadie. Se convirtieron en un ejército de narcotraficantes y se especializaron en el lavado de dinero. Desaparecido Carlos Castaño, los demás comandantes tenían abierto el salvoconducto para asesinar a cualquiera de sus integrantes que quisiera imponer los principios ideológicos de las AUC sobre el narcotráfico.

Hoy todos los comandantes cargan sobre sus espaldas un pedido de extradición a Estados Unidos, bajo cargos de narcotráfico: Carlos Mario Jiménez, Macaco; Diego Murillo Bejarano, Don Berna; Salvatore Mancuso, Ramiro Vanoy, Rodrigo Tovar Pupo, *Jorge 40*; Javier Zuluaga Lindo, *Gordo Lindo*; Vicente Castaño y los hermanos Víctor y Manuel Mejía Múnera.

Por eso, y con la persecución de la justicia norteamericana respirándoles encima, los jefes paramilitares se apresuraron a entrar en un proceso de paz con el gobierno del presidente Uribe, el cual expediría la ley de Justicia y Paz que los exoneraba en principio de ser extraditados a Estados Unidos.

En medio del proceso de paz, los grupos de autodefensa se dividieron en dos frentes; por un lado, Carlos Mario Jiménez y Diego Murillo, encomendaron a Rogelio Aguilar, *El Flaco*, el manejo de las temidas oficinas de Itagüí y Envigado en Antioquia. Se trata de una especie de sucursal del narcotráfico desde donde se maneja toda la red de sicarios al servicio de los jefes del paramilitarismo de esa región del país. Por otro lado, *Jorge 40* y Salvatore Mancuso tomaron el control de la costa caribe para acrecentar sus riquezas con el narcotráfico. Los demás jefes paramilitares se repartieron el resto del país.

Lo cierto es que con todo este embrollo de situaciones y de la creación de nuevos grupos de autodefensa dedicados de lleno al narcotráfico, la muerte de los principales líderes del grupo rebelde aún no se resuelve. Es posible que la responsabilidad por la muerte de Carlos la tenga su hermano Vicente, como también tendrá la respuesta del paradero misterioso de su hermano Fidel.

La realidad del conflicto nos ha convencido de que nada de lo que podamos imaginar es increíble. ¿Qué pueden hacer las leyes en Colombia donde el dinero es rey? Y en ese mundo de conspiraciones cualquier cosa puede pasar.

Se puede engañar todo el tiempo a una parte del pueblo y a todo el pueblo una parte del tiempo. Pero no se puede engañar todo el tiempo a todo el pueblo.

48

Rocketeer Influenced and Corrupt Organizations

"Rico"

Desde Estados Unidos llegaban noticias desalentadoras con las que no contaban los narcotraficantes en Colombia. Luego de un año de maratónicas jornadas y operaciones encubiertas, se lograba acusar, de manera individual, a cada uno de los grandes capos del cartel del Norte del Valle, bajo la ley Rico —Rocketteer Influenced & Corrupt Organizations —que les concede atribuciones a los fiscales americanos para que puedan acusar, juzgar y condenar al jefe o cabecilla de una organización narcoterrorista, por cualquier delito cometido contra el gobierno norteamericano.

Esta sería, desde ese momento, la consigna del Departamento de Justicia de Estados Unidos en su política de lucha contra las mafias colombianas. De igual forma, todos los miembros de una misma organización, llámense recolectores, procesadores, transportistas y comercializadores del alcaloide, se considerarían culpables del mismo delito. Además, la ley Rico facultaba a los fiscales para juzgar a sus procesados por delitos cometidos 20 años atrás.

Después de muchas reuniones con informantes y una labor conjunta entre la DEA, las cortes de Nueva York y Miami y las agencias FBI e ICE, finalmente, el 29 de abril de 2004, el Departamento de Justicia acusó formalmente a los líderes del cartel del Norte del Valle, no sólo por el delito de narcotráfico, sino también por conspiración para el lavado de dinero.

La misma justicia estadounidense resaltó que no sólo serían los narcotraficantes de los carteles colombianos los únicos procesados en su país. También serían juzgados los grupos al margen de la ley como los paramilitares y la guerrilla, especialmente las FARC, que ya se advertían comprometidas con el tráfico de drogas.

Así lo resaltó el procurador general de Estados Unidos John Ashcroft dirigiéndose en una rueda de prensa a los cabecillas de estos grupos. "Donde quieran que estén los encontraremos y los castigaremos. De algo pueden estar seguros los narcotraficantes con esta política antiterrorista del gobierno norteamericano: Demorita habrá, pero rebajita, ninguna", concluyó Ashcroft.

El agente de la DEA Lou Maggioni trabajó de la mano con los más importantes informantes para configurar sus expedientes. Al cabo de varios años logró abrir la compuerta para que Estados Unidos arrancara en firme el proceso judicial contra todos los narcotraficantes de Colombia.

Esa puerta de ahora en adelante se abría de par en par, con la seguridad para el agente de judicializar hasta al más incrédulo de los narcotraficantes. De esta manera, el delito de narcotráfico, que era juzgado de manera individual, fue evolucionando con los años hasta convertirse en un delito colectivo. Y la ley Rico lo llamó conspiración.

La razón de esos cambios se sustentaba en el hecho de que el delito de narcotráfico, basado en una cadena de situaciones, no podía ser cometido por una sola persona. Al mismo tiempo, el gobierno estadounidense ofreció pagar cinco millones de dólares a quien entregara información que condujera a la captura de Juan

Carlos Ramírez, Wílber Alirio Varela, Diego Montoya Sánchez, Gabriel Puerta Parra, Carlos Alberto Rentería.

El primero en caer víctima de la persecución fue Gabriel Puerta, el 7 de octubre del 2004, en el municipio de La Vega, Cundinamarca. A esto se le sumó que los narcotraficantes comenzaron a ofrecer gruesas sumas de dinero a quien brindara información sobre la ubicación de otro capo y así permitir su captura.

Esto hacía más estresante el fenómeno del narcotráfico, pues se convertían en los únicos delincuentes del mundo por cuya cabeza pagan en forma simultánea la justicia norteamericana, los narcotraficantes, las autoridades colombianas y los afectados por la guerra.

49

En esta esquina, Los Machos; en esta otra, Los Rastrojos

La guerra en el norte del Valle no paraba. Diego Montoya y Wílber Varela comprendieron que la lucha sería larga. Por eso optaron por ocupar terrenos donde sus grupos se hacían más fuertes y desalojar otros en los que se consideraban vulnerables.

Poco a poco. Varela se apoderó con sus hombres del cañón de Garrapatas y, por derecho propio, de las rutas del narcotráfico por las costas de Chocó, en el océano Pacífico. Ese terreno inhóspito e inexpugnable se convertiría de ahora en adelante en santuario de protección tanto para él como para sus hombres.

Por su parte Varela se hizo dueño de algunos municipios del Valle del Cauca y Nariño e hizo presencia en algunas ciudades del Eje Cafetero como Pereira, Armenia y Manizales, así como en algunas zonas de la costa atlántica desde donde despachó barcos repletos de cocaína.

A medida que pasaba el tiempo y los intentos de acercamiento de los narcotraficantes con el Gobierno no prosperaban, Varela y Montoya comprendieron que era necesario utilizar los mismos métodos de las autodefensas creando escuadrones de la muerte para que se enfrentaran a las fuerzas regulares del Estado.

En ese sentido armaron campesinos, recolectores de café y cortadores de caña y los instruyeron militarmente bajo las órdenes de antiguos oficiales del Ejército y de la Policía. Con ello pretendían presionar al Gobierno y conseguir el mismo trato que se les daba a las autodefensas. Varela armó 700 hombres bajo el mando de Diego Restrepo y las denominó Rondas Campesinas Populares, RCP.

No lejos de allí, Diego Montoya hacía lo mismo. Reunió a más de 3.000 hombres en una organización denominada Autodefensas Unidas del Valle, AUV. Este grupo fue concebido con las mismas características de las Autodefensas Unidas de Colombia e incluso utilizaban las mismas prendas de vestir.

Los narcotraficantes del Norte del Valle no entendían por qué el Gobierno les daba un trato preferencial a los paramilitares si la mayoría de ellos mantenían intacto su esquema ligado al narcotráfico.

Varela y Montoya no estaban dispuestos a perdonar que mientras ellos eran perseguidos por la justicia local y de Estados Unidos, Mancuso, Macaco, Don Berna y los hermanos Mejía Múnera, entre otros, hablaran de paz en una mesa de negociaciones y terminaran disfrutando las mieles de la victoria mientras traficaban como locos.

Afanados por el asedio de los organismos de inteligencia norteamericano, los dos capos agruparon a sus hombres y los organizaron en cinco frentes. Montoya integró a su grupo a Pedro Pineda, *Pispis*, a Omar Varela García, *Capachivo*, Gildardo Rodríguez, *El Señor de la Camisa*, y a otros conocidos como Rebusque, La Iguana y su hermano Eugenio.

Por otra parte, Varela hizo lo propio y reunió a Julito, al Cabezón, a La Remáquina, a Rastrojo y a Combatiente. Todos amigos y cercanos colaboradores del capo en el crimen organizado.

Armadas las estructuras, Varela y Montoya creyeron que era el momento propicio para retomar la confrontación entre ellos. Si Varela concentraba su estrategia en adelantar tareas de inteligencia que permitieran dar pasos en firme, Montoya respondía con los crímenes indiscriminados a personas que pertenecieran al servicio de su archienemigo. La vendetta era terrible y familias enteras sufrían las consecuencias de esta guerra.

Esas retaliaciones no se limitaban a los dos bandos. Desde ese momento, los narcotraficantes de cualquier organización que incumplieran una cita, que no se reportaran a tiempo, que tuvieran acercamientos con el Gobierno o con la justicia de Estados Unidos, eran marcados con el inri de la sospecha y tarde o temprano terminaban muertos. Cualquier método de presión, de intimidación o delación, valía en esta confrontación.

A mediados de mayo de 2004, un helicóptero al servicio de Diego Montoya, inundó los pueblos del norte del Valle con millones de hojas volantes firmadas por un grupo denominado Los Machos. "Cuide sus hijos. Los niños buenos se acuestan temprano, los malos los acostamos nosotros", decía el comunicado. De esa manera nacía un nuevo grupo al servicio de este narcotraficante.

La respuesta de Varela no se hizo esperar y a la semana siguiente una avioneta de fumigación a su servicio regó por la misma área miles de panfletos firmados por otro grupo denominado Los Rastrojos. Los panfletos decían: "Para un macho, otro más macho".

Por esos mismos días, apoyado en la tecnología virtual, Varela creó una página de Internet a la cual se podía acceder con la dirección www.denunciapublica.net. Desde allí denunció abiertamente a Montoya y mostró algunas fotografías de él que ni siquiera los organismos de seguridad del Estado tenían en sus archivos. La guerra era como para alquilar balcón.

Al enterarse de esto, Montoya intentó bloquear la página virtual de Varela, pero no pudo. Por esa razón creó un portal similar cuya dirección www.lapruebainminente.8m.net, era visitada de manera frenética. En ella se denunciaba, entre otras cosas, que Varela era un ex sargento de la Policía, que contaba con el respaldo de buena parte de esa institución.

A esta altura del conflicto no importaba el resultado. Lo cierto es que muy pocas personas sobrevivirían a esta guerra de carteles. Más de 3.000 registraban los organismos de seguridad y hoy, aun cuando Montoya fue capturado, la guerra seguramente no parará.

50

El reencuentro

En Miami la situación para algunos narcotraficantes parecía aclararse y con eso se demostraba que efectivamente el sometimiento era la única alternativa viable para enmendar el tortuoso camino que el destino, la sociedad y la falta de oportunidades les habían impuesto.

Desde un centro de reclusión en el Estado de Pensilvania, El Médico fue trasladado de regreso a la cárcel federal de Miami donde terminaría por pagar su condena. Allí se encontró con La Flor. En ellos primó la lealtad a un convenio de sometimiento a la justicia que habían pactado años atrás. Luego de un fuerte abrazo y vestidos con su uniforme carcelario, vinieron las mutuas confesiones:

—¿Qué hubo, marica, qué haces aquí? —preguntó algo sorprendido El Médico.

—Pues hace unos días fui a la Corte a recibir una reducción de sentencia —contestó su interlocutor.

—Y ¿cómo te fue?

—Muy bien. Sólo que se presentó un pequeño inconveniente. El día que acudí a la Corte el fiscal le pidió al juez que me diera 30 días para entregarme y el juez lo negó. Allí mismo salieron los marshalls, me esposaron y me metieron de una vez al edificio federal —relató La Flor.

—¿Cómo están las cosas en la calle? —indagó El Médico, desinformado.

—Muy duras. Todo el mundo dice que las cosas están peor que al principio. Que no se puede confiar en nadie y lo malo es que muchas de las cosas que están pasando nos las achacan a nosotros.

—¿Cómo así que a nosotros? —preguntó El Médico.

— Sí, viejo. Dicen que todo eso de los arreglos, que era una maravilla, se dañó por nosotros —repicó La Flor.

—¿Por nosotros? Si eso era una robadera de plata. ¿Por qué la gente es insidiosa, si vos sabés que lo único que hicimos fue creer que este proceso valía la pena y evitar que Baruch Vega y el gordo Leef robaran a todo el mundo y evitar la captura de todos en Panamá.

—Viejo, así fue, esa es la verdad. Pero así es la gente. Una cosa sí te puedo decir. Aún con todo el dolor que hemos pasado, creo que valió la pena, aún tenemos esa luz que ilumina al final del túnel y mientras no se apague de ahí nos vamos a agarrar. Todavía nos espera un largo camino, pero sólo el tiempo dirá si esta fue nuestra mejor decisión —dijo La Flor.

Así transcurrió el reencuentro de aquellos dos amigos, que tuvieron el valor de enfrentar en una corte federal sus acusaciones. Luego de algunos días, los dos terminaron en la misma unidad compartiendo celda. Fueron más que amigos, fueron hermanos. Pero el destino se encargó de separarlos el 14 de junio de 2005, cuando El Médico fue trasladado de nuevo a un centro de detención migratorio, tras haber cumplido buena parte de su condena. Luego de varios meses de periplo por diferentes centros de deportación norteamericana recuperó su libertad.

51

El traslado

El 6 de enero de 2006, La Flor fue sacado del FDC de Miami para ser trasladado de prisión. El anuncio lo tomó por sorpresa porque debería abandonar los cuatro muros que con el transcurrir de los meses se habían convertido en su hogar y a los cuales se había acostumbrado.

Extrañaría todo: los amigos, los barrotes, la caja donde guardaba sus pocas pertenencias, compartir con los demás un puñado de arroz, el recipiente en el que comió tantas veces y el colchón.

Custodiado por seis oficiales del BOP, abandonó la prisión. Uno de los oficiales sacó una cadena como para amarrar elefantes, la pasó por la cintura y luego por dos de los eslabones a la altura de su ombligo introdujo una pequeña caja negra con cara de candado y por esta, a su vez, pasó las esposas que sujetaron ambos brazos a la altura de las muñecas. Luego sacó una cadena de 30 centímetros de largo con grilletes al final de ambas puntas que fueron a parar a la altura de sus tobillos y asegurados con una llave. Cuando ya estaba completamente inutilizado, el oficial le ordenó que abordara el bus que lo transportaría al aeropuerto internacional de Miami.

Tras pasar exitosamente los obstáculos que encontró en el camino, La Flor entró en el bus rodeado de barrotes azules y dos mallas atrás y adelante que los mantenían separados de las puertas trasera y delantera.

Una vez entró al vehículo se hizo en el tercer asiento del lado derecho donde se encontró con un preso de origen cubano. En ese instante aparecieron más de 20 mujeres vestidas y ama- rradas exactamente igual a como estaban los ocupantes del bus. De repente apareció una oficial con cara de travesti que se hizo al volante del bus, al tiempo que otros dos uniformados cerra- ron las rejas dentro del bus, uno por delante y otro por detrás. Una vez acomodados empuñaron un enorme *shot gun* y tomaron posición de combate.

Mientras ellos eran grandes, fuertes, saludables, estaban sueltos y armados, la Flor estaba sin desayunar, en medias, flaco, acabado, esposado de las manos... Al cabo de unos minutos la caravana llegó al aeropuerto internacional de Miami y La Flor observó un avión 747-200, blanco como la nieve de matrícula N850B. Luego se percató de que dicha aeronave era custodiada en círculo por 15 oficiales del United States Marshall's Services con enormes fusiles en sus manos.

A eso de la 1 de la tarde La Flor escuchó su nombre y res- pondió con su número, caminó hacia delante y como pudo bajó los escalones del bus hasta tocar tierra. Observó el cielo y pensó que el sol resplandeciente de esa hora era más apropiado para estar en la playa con una nevera llena de cerveza que preso y a punto de ingresar al infierno.

El efímero sueño de La Flor fue roto de repente por el grito de un oficial que le dijo que abriera las manos y luego de revisarlo de arriba abajo le señaló las escalinatas del avión. En las prime- ras sillas iban las mujeres, pero no tuvo el valor, la fuerza, ni la voluntad de observarlas al rostro y transmitirles algún gesto de optimismo. En pocos segundos el avión estaba lleno de presos del sistema federal americano, pero ninguno, incluido La Flor, sabían para dónde los llevaban.

52

United States Penitentiary
USP

El avión de Convict Air, la aerolínea menos costosa del mundo porque cuando se es preso se puede volar gratuitamente, encendió sus potentes motores, y tras cinco horas de vuelo y una parada técnica en el aeropuerto de Jacksonville, aterrizó en el aeropuerto de Atlanta, Georgia.

Cuando escuchó su nombre, como pudo La Flor desabrochó su cinturón y apoyó sus manos sobre el asiento para incorporarse; luego avanzó despacio hacia delante y al llegar a la puerta sintió el rigor del intenso frío.

Abordó el bus que lo esperaba en tierra y debido al cansancio recostó la cabeza sobre los barrotes mientras avanzaban por vías desconocidas rumbo al castillo de Drácula, como cariñosamente los presos del sistema federal americano llaman la prisión de Atlanta. A eso de la media noche fue sacado de una celda para una entrevista con el médico. Luego, el mismo procedimiento con el consejero de la prisión y sus preguntas de rutina: ¿Necesita

separación? ¿Tiene alguna enfermedad contagiosa? ¿Ha coopera-
do con el gobierno? ¿No es peligroso para usted vivir con otros
presos? La Flor respondió No en todo momento.

Una vez terminada la entrevista uno de los guardias le ordenó caminar por entre un largo pasillo hasta que se encontró con
un enorme cajón plástico de donde sacó un paquete envuelto a
manera de burrito mexicano. Más adelante observó un grupo de
presos que luchaba sobre una pirámide de colchones destruidos,
tratando de quedarse con el menos dañado. La Flor luchó como
una fiera contra los demás presos hasta hacerse a un pedazo de
bulto con aspecto de estropajo.

Con su paquete debajo del brazo, La Flor llegó a su celda.
Cuando cruzó la puerta se encontró con dos pintorescos presos
de origen mexicano que en forma amable le señalaron el rincón
que se convertiría desde ese momento en su espacio. Al cabo
de una larga charla con sus compañeros comprendió que en ese
sitio de reclusión los minutos serían horas, las horas días y los
días semanas.

53

Reflexión

Unos meses después de este doloroso periplo, La Flor regresó al FDC de Miami para ser presentado en la corte y recibir una nueva sentencia. Ese mismo día salió de la prisión con un rumbo incierto, tan incierto como desde ahora se dibujaba su vida. Estaba sólo y ya no lo acompañaba nadie.

Un hombre al que desde años atrás tenía identificado como un agente federal, caminó hacia él y le preguntó:

—La Flor era como te conocían, ¿verdad, muchacho? —indagó el agente.

La Flor asintió con la cabeza, desconfiado.

—Bueno, comprendo tu silencio, tu nombre real es lo de menos. Lo que importa ahora es lo que quiero decirte, la verdad lisa y escueta, clara como el agua, sin tapujos ni rodeos, de frente como debes mirar ahora, con la cabeza en alto después de cumplirle a la justicia de los hombres. Yo sé de tu vida presente y pasada, hasta la de aquella época en que ganabas dinero a montones, de un modo poco habitual. Lo que sé de memoria es cómo terminaron esas leyendas. ¿Has oído hablar de grandes barones de la droga como El Mexicano, Pablo Escobar, Fabio Ochoa, Orlando Henao el capo de capos con quien compartiste tantos años, Efraín Hernández, los hermanos Castaño, Iván Urdinola y tantos otros buenos y malos que tú conociste?

—¿Qué quiere decir usted? —le preguntó La Flor a aquel señor que caminaba ahora a su lado.

—¿Sabes, hijo? Unos eran buenos y otros eran malos, muy malos, pero el individuo que a mí me parece bueno, a otros les puede parecer malo. Esto es algo supremamente difícil de entender. En esta misma prisión vi a uno de ellos, que tenía encima muchos asesinatos. Era Nicolás Prieto, un sujeto con la sangre como hielo, cruel y despiadado, me consta. Sin embargo, cuando lo traté en la cárcel, ya preso, me pareció un hombre bueno. Yo lo acompañé a la corte el día de su sentencia, y lloró en mi hombro como si fuera un niño. Estaba tan arrepentido de cuánto mal había hecho que de haber estado en mis manos lo habría perdonado. Al cabo de algunos años murió en la cárcel.

—¿Era un gran narcotraficante y además asesino? —replicó La Flor.

—Sí, era un asesino. Nicolás Prieto me contó toda su vida y es curioso ver cómo se parecen entre sí las vidas de los hombres. Este hombre emprendió la senda del mal por causa de la miseria en la que vivía y de una injusticia que un día cometieron con él. He escuchado muchas historias de las muertes y vendettas al interior de los carteles y ni siquiera con estas canas que tengo en el pelo puedo alcanzar a entender lo que se debe sentir.

—Indudablemente es muy desagradable —reflexionó La Flor.

—Por supuesto es muy desagradable. Lo peor, muchacho, es que en ese mundo uno se acostumbra a todo, a lo agradable y a lo desagradable. Otro, como Gustavo López, además de narcotraficante era un gran criminal con la pistola en la mano. Se enfrentaba a cualquiera, yo lo conocí en este país y casi me toca presenciar cuando lo mató otro narco al que consideraba su amigo. A traición, naturalmente. ¿Sabes qué le dijo Gustavo al asesino? —continuó el agente.

—¿Qué?

—Gustavo López dijo textualmente: "Gracias, amigo, me has quitado un peso de encima". Las personas que pasaban por ahí en ese momento oyeron y algunos de ellos me contaron. Era cierto, aquel narcotraficante vivía amargado por el peso de su conciencia. Como le ocurría a mi amigo Carlos Prieto, la muerte fue la liberación para ellos. Con esto quiero decirte que es fácil rodar por una pendiente sin fondo, pero lo difícil y valeroso es salirse de ella. Ahí radica la diferencia. Cuando un hombre trafica con otro o con un grupo de personas desencadena una gran cantidad de circunstancias, inclusive las vendettas entre estos y la muerte de sus rivales. Parece como si una maldición de magia negra los persiguiera desde el momento en que empiezan a ascender.

—Será porque así lo vivieron ellos. A mí también me tocó vivir circunstancias que no afectaron mi espíritu.

—Por eso estás libre, muchacho. Eso se dice fácilmente, hijo, pero en ese mundo lo difícil es cumplirlo. Mucha gente que estaba contigo en la prisión te ha visto salir. Esa gente se lo dirá a otros, luego esos otros a otros y así empiezas a sonar nuevamente en la calle como si fueras una leyenda. Luego, algún resentido vociferará sobre ti o intentará eliminarte por la espalda. Tendrás que hacer algo o él te matará, y no creo que tú seas de los que huyen, ¿comprendes?

—¿Qué quiere usted decirme con todo esto? —preguntó La Flor.

—Te estoy dando un consejo, muchacho. Sencillamente te he explicado cómo murieron Carlos y Gustavo. Te puedo explicar muchas cosas más de individuos que rodaron por la pendiente del narcotráfico hasta terminar envueltos en las armas y quiero también enseñarte el modo de escapar y no reincidir en ese fatídico destino, que quizás la vida te tenga deparado.

—¿Hay un modo?

—Sí, naturalmente. Te puedo contar muchas historias de hombres que lograron escapar a su destino fatal. Diego Castro, Ramón Zapata, Jorge Serguera y muchos más, pero te voy a contar la historia de Manuel Puentes, un hombre que en un momento de su vida se dedicó al narcotráfico. Manuel era un hombre de armas tomar, valiente como él sólo... empezó como tú y terminó inmiscuyéndose en un problema que no le pertenecía. Manuel Puentes era un diablo con un arma en la mano, sacaba y tiraba de un modo increíble. Le tenía un miedo infinito a la muerte y por tanto no les daba oportunidad a sus enemigos. Luchó en todas las guerras del narcotráfico y un día se encontró un oficial federal que le dijo: "No tengo las suficientes pruebas para llevarte ante un juez pero las conseguiré... más temprano que tarde. Vas mal, has contado con suerte y un día caerá el otro lado de la moneda porque tu fama corre muy aprisa". Manuel, un tanto asustado, preguntó qué podía hacer para evitar que eso sucediera. El oficial respondió: "Pon tu sagacidad y experiencia al servicio de la ley. Ganarás poco dinero pero tu conciencia dormirá tranquila. No es lo mismo involucrarse en el narcotráfico por necesidad, capricho o conveniencia".

—Dígame una cosa, señor, ¿no es usted el oficial que le dio ese consejo a Manuel Puentes? —preguntó La Flor, sagaz.

—No. Yo fui quien lo recibió. Mi nombre era Manuel Puentes.

54

Los caídos

Después de que La Flor recobró su libertad, sucedieron muchos acontecimientos que estremecerían el ya agitado narcomundo y evidenciarían, una vez más, que el narcotráfico es el mayor proveedor de muertes en nuestro país.

En septiembre de 2005 y víctima de las balas de Varela cayó Pispis, aliado del bando de Diego Montoya. Luego, el 15 de enero de 2007, el hermano consentido de Montoya, su mano derecha, fue capturado en una finca de El Dovio, Valle, cuando estaba reunido con varios abogados estadounidenses, entre ellos Irwin Lichter y Joaquín Pérez, con quienes discutía los términos de su entrega a la justicia de Estados Unidos.

Pero el cálculo falló y como no contaba con que los organismos de inteligencia colombiana hicieran su trabajo, bajó la guardia. Las autoridades le cayeron en la finca gracias a información suministrada por delatores que señalaron el sitio exacto de la reunión. Como si fuera poco, su selecto de grupo de escoltas entrenado en Israel se esfumó apenas llegaron las patrullas.

Otra historia inconclusa es la de Hernando Gómez Bustamante, *Rasguño*, extraditado a Estados Unidos el 19 de julio de 2007, cuatro meses después de su deportación de Cuba. El capo fue presentado en una corte donde la fiscal Bonnie Klapper —quien lo persiguió por más de 12 años— lo acusó de narcotráfico.

Tras unos meses de reclusión en la celda de castigo de una prisión en Brooklyn, Rasguño decidió contar todo y delató a quienes en algún momento hicieron parte de su estructura mafiosa. Esta confesión no le garantiza ningún tipo de beneficio por cooperación, pero sí evidencia que el cartel de los sapos es el más sólido de los carteles.

Por el lado de Chupeta las cosas fueron parecidas. Por más de tres años las autoridades le perdieron el rastro pero el mismo informante que señaló el lugar de las caletas con dólares entregó fotos y datos precisos que confirmaron que el narco se había modificado la cara para burlar a la policía y vivía en una urbanización de lujo en las afueras de Sao Paulo.

Hasta que finalmente el 7 de agosto de 2007 las autoridades siguieron a la esposa de Chupeta y de esta manera lograron llegar a la guarida del capo, que no opuso resistencia y fue conducido a una prisión brasileña desde donde hoy busca desesperadamente ser extraditado para ingresar al único cartel que sobrevivió: el de los sapos.

El último de estos grandes capos que terminó tras las rejas fue Diego Montoya, quien no contaba con que el informante que dio pie a su captura tenía visa americana. El segundo hombre más buscado por el FBI cayó en el Valle en una operación del Ejército.

Pasados los días mi teléfono no paraba de sonar. Todo el mundo quería saber si yo sabía algo sobre lo que estaba ocurriendo en Mérida, Venezuela: narcos, ex narcos, policías, ex policías, chismosos... todo el mundo.

Como si fuera una premonición sobre el futuro de Varela, el universo parecía haberle jugado una mala pasada.

Desde algún lugar de su querido Valle del Cauca, un sector del gremio al que tanto le sirvió se confabuló en su contra para decretar su muerte. Ahora en ausencia de Diego la importancia de Varela como cabeza del enfrentamiento con la organización rival pasaba a un segundo plano. Sus hombres sabían que si querían ascender en la pirámide del narcotráfico deberían eliminarlo.

Hasta Mérida, Venezuela, viajaron Combatiente y Diego Rastrojo, el 28 de enero del 2008, con el pretexto de poner al tanto a su jefe sobre los últimos acontecimientos. Un día después, Varela, zorro como él sólo, los citó en un hotel en las afueras de la ciudad, pero no contaba con que sus lugartenientes habían escogido el camino más corto: traicionar a su jefe.

Combatiente y Rastrojo cumplieron la cita, y cuando todo parecía normal, Combatiente pidió permiso para usar el baño. Pocos minutos después salió decidido. Varela, sentado en el sofá de la sala, le daba la espalda. Sólo bastaron segundos para que los primeros impactos de la nueve milímetros de Combatiente penetrara la humanidad de su jefe. Rastrojo hizo lo propio con el escolta de Varela, mientras Combatiente remataba sin piedad al hombre herido de muerte. Cuatro disparos dieron blanco sobre su cabeza. El todopoderoso pasaba a la historia.

Hombres leales a Varela juraron vengarse, mientras los conspiradores les declaraban la guerra. Una guerra como las tantas que han acabado con cientos de vidas desde hace décadas. Otra guerra tan inútil como la que libraron Diego Montoya y Varela, que hoy están fuera del negocio.

Conclusiones

El narcoterrorismo sigue alimentando el derramamiento de sangre en el mundo entero y deja una estela de terror a su paso. Padres sin hijos, viudas y huérfanos ayudan a cultivar en nuestras generaciones la semilla del odio y la sed de venganza... generación tras generación.

¿Cuándo dejaremos de ser simples terrenales para convertirnos en ciudadanos de bien con la esperanza de ser aceptados en un mundo global donde el ciudadano que comete un delito contra los principios de la gente es denunciado?

La segunda y tercera generación de narcotraficantes no aprendió de los errores del pasado porque el perfil de estos delincuentes es cada vez más bajo y su capacidad mental más reducida.

Esta historia demostró que el *crossover* era un fiasco, un globo hábilmente inflado por ciertos personajes que al primer pinchazo se desinfló por completo. El tal *crossover* era un lucro personal para algunos narcotraficantes, que se aprovecharon de la mentalidad corrupta que manejan los narcos.

El mundo del narcotráfico sataniza, maldice, amenaza y elimina a los delatores. El gremio del narcotráfico no maneja principios y la amistad vale muy poco.

El mensaje para los narcotraficantes en la presidencia actual es equivocadísimo porque el Gobierno acomodó las leyes a los caprichos de las autodefensas. No se puede reprochar que los narcotraficantes armen ejércitos privados si entendieron que es la única opción viable para que el gobierno les preste atención. Además siendo justos, no hay ninguna diferencia entre Varela o Macaco o entre Diego Montoya y Don Berna.

Las autodefensas encontraron a su mejor aliado en el presidente con más aceptación y popularidad. El presidente Uribe conocía a los comandantes de las autodefensas desde la época en que fue gobernador de Antioquia, desde donde fomentó y patrocinó las famosas Convivir.

El gobierno colombiano no suspende las extradiciones de nacionales a las cortes americanas para demostrar su buena voluntad en la lucha contra el narcotráfico. De esta manera justifica la ayuda astronómica que brinda Estados Unidos. El único detalle es que las agencias federales están cansadas de que a sus cortes lleguen narcotraficantes de poca monta, mientras los grandes capos siguen en el país intentando pasar como autodefensas.

Es vergonzoso lo que hace el Gobierno al reinsertar asesinos, narcotraficantes, delincuentes y concederles perdón por los horrendos y abominables crímenes. Los dirigentes de las autodefensas son hombres sin escrúpulos, amantes del poder y del dinero. Es lógico que las organizaciones al margen de la ley quieran firmar la paz con el Gobierno colombiano en estas condiciones.

La lucha de los capos se trasladó a las selvas del Chocó. Los Machos y Los Rastrojos combaten hombro a hombro por el control de tan importante región geográfica, con salida directa al océano Pacífico y por ende a costas vírgenes.

Paralelo a esto las autodefensas luchan por reinsertarse a la vida civil y completar así su metamorfosis en una fuerza política. Los narcos, por el contrario, en desbandada, llegando a las cortes americanas, listos a denunciar a sus ex aliados para intentar su ingreso al más sólido de los carteles: el de los sapos.

La pregunta es: ¿qué demuestra esta historia? Nada, porque alrededor del narcomundo todo sigue igual. Lo único para resaltar es que muy pocos se han atrevido a denunciar a estas organizaciones narcoterroristas.

Es cierto que el narcotráfico es el peor enemigo de la sociedad colombiana, pero también es cierto que todas las bellaquerías que ocurren en mi país se las achacan a los narcotraficantes. ¡Qué bueno fuera que los altos funcionarios oficiales, que se enriquecen a costa del narcotráfico, también pagaran por sus crímenes. El país sólo cambiará el día que empecemos a llamar las cosas por su nombre.

Viendo las cosas por dos ángulos diferentes, podríamos decir que el reto de acabar con el narcotráfico es más difícil de lo que parece. Mientras el pueblo siga siendo hijo de la pobreza, la corrupción, el desempleo, la falta de oportunidades y encuentre en el narcotráfico la única oportunidad de salir de la miseria, los tentáculos del delito y la bacteria del narcotráfico los contagiará sin remedio.

Por otro lado, mientras no exista una verdadera voluntad de las grandes potencias para combatir, educar y controlar a sus millones de adictos, los países del cono sur seguirán viviendo el derrame de sangre y los conflictos propios de la chequera del terrorismo. Hasta que esto no suceda la cocaína seguirá siendo la reina de todos los males.

Comentarios

Cuando empecé a escribir esta historia, algunos me decían loco, irresponsable y ególatra. Al tiempo, mis detractores hicieron conciencia de la realidad. Uno de ellos dijo: "Quizás no logres mucho y finalmente las cosas no cambien, pero sentarás un precedente grandísimo y mañana me sentiré orgulloso al reconocer que tuviste las pelotas que yo no tengo ni el miedo que yo hoy siento. Te apoyo".

No han sido fáciles los últimos años de mi vida. Fui reprochado, recriminado, señalado y acusado por muchos amigos que me consideraron objeto de vergüenza por haber reconocido mis errores, por atreverme a luchar contra los carteles de la droga con los que en otro momento delinquí.

Todos esos que decían llamarse mis amigos cuando se sentían orgullosos de mí por amasar fortunas mal habidas, hoy me rechazan y me señalan. Nadie me perdona el hecho de buscar en mi sometimiento una opción diferente de vida.

Aún así quiero que sepan que a muchos los llevo en mi corazón, que los extraño, que los recuerdo y les agradezco los bellos momentos compartidos.

También quiero que tengan claro que no me arrepiento porque creo que tuve el valor de denunciar a los criminales de mi país. Allí, donde la irracionalidad supera la conciencia ciudadana, escogí el camino que indicaba la estrella que brilló en mi interior.

Quisiera algún día volver a Colombia, caminar por las calles de mi país, visitar a mis amigos de infancia, encontrarme con los compañeros del colegio, volver a pisar las aulas de mi universidad, sentarme a comer un mango donde mi negra Bertha en Cali, saborear un chocolate en el estadero Los Ranchos del kilómetro 18 en la vía a Buenaventura, visitar la basílica del Señor de los Milagros en Buga y decirle: "regresé, aquí estoy", disfrutar de una corrida en la plaza de toros Cañaveralejo, montar a caballo el 25 de diciembre en la apertura de la feria de mi ciudad y rematar en la de Manizales. Caminar tranquilamente por el parque de Usaquén en el norte de Bogotá y comprarme alguna baratija los domingos en el mercado de las pulgas, comer en uno de los restaurantes de Juan del Mar en La Heroica, asistir al reinado de belleza en Cartagena, tomar un vuelo rumbo a San Andrés y ver el amanecer en el bar de Kela, montar en un carro en Medellín y dar la vuelta por los pueblos del oriente, celebrar mi cumpleaños en Andrés Carne de Res y aprender a cocinar en Harry Sazón. ¡Cuántos sueños!

Quizás no alcance a conocer un país mejor cuando esté viejo, Desde algún lugar les voy a contar a mis nietos que ahí está mi legado, que lo intenté. Usted, que está sentado frente a este escrito, quizás me pueda ayudar con un granito de arena a construir un mundo mejor.

Ojalá algún día las madres recuperen a sus hijos desaparecidos en este conflicto, los hijos a los padres, los hermanos a sus hermanos, los amigos a sus amigos y yo a muchos de los míos, entre ellos a mi gran amiga, Adriana Villegas, a quien quiero rendirle un gran homenaje.

La alegría de su rostro contagiaba a todos los que tuvimos la fortuna de compartir con ella tantos momentos bellos. Donde estés quiero que sepas que tu recuerdo siempre habitará en mi corazón y fuiste en gran parte inspiración en mi vida. Mi error lo pagué con humillaciones, indignidad, dolor, sufrimiento, cárcel y dinero. Le cumplí a la justicia de los hombres. A todo aquel a quien pude haber hecho daño u ofendido le pido perdón. Lo único que quiero es vivir. Tengo dos hijos maravillosos por educar y enseñarles que la vida está llena de cosas bellas, para que no repitan mi historia.

Sin duda, aún quedan verdades ocultas al interior del narcotráfico. Datos manipulados a la opinión pública que les haría sospechar que lo que narro no es real. Muchas historias quedaron en el aire, sin indagar. Hechos que condujeron a nuevas alianzas en los carteles, hechos que generaron nuevas confrontaciones, hechos que podrían cambiar en algo el curso de la historia, hechos que en determinado momento encendieron nuevas guerras y nuevas esperanzas de humo blanco; hechos que hacen parte de esta nueva historia...

Agradecimientos

Para escribir este libro fue indispensable nutrirme de fuentes reales. A todos ellos mis agradecimientos. Intenté honestamente comparar la secuencia cronológica de los hechos que se plantean y formarme además un juicio propio, tratando de escapar a los peligrosos extremos de la paranoia y la ingenuidad.

Un agradecimiento especial al agente Romedio Viola, aquel que un día me encontró en una celda temblando de frío y se quitó su suéter para arroparme. Ese día entendí que los oficiales federales que luchan contra las drogas son seres humanos como cualquier otro, con fortalezas y debilidades.

A la fiscal Bonnie Klapper, que me ayudó y me dio la oportunidad de rehacer mi vida. A la madre de mis hijos, que un día me escribió una carta que decía: "Si has luchado tanto para llegar a la meta y llegaste hasta aquí, no desfallezcas, son los últimos metros para ganar nuestra carrera". Aquella noche entre mis cuatro muros, comprendí que no era sólo mi lucha, era la de todos los que me ayudaron. No tengo cómo pagarles.

Con mi sometimiento a la justicia y con este libro deseo rendirles un homenaje a mis padres, a mis hermanos, a la dueña de los pucheros, a la inigualable madre de mis hijos que siempre me acompañó por este doloroso camino. A mi luchador de zumo, a mi palillo, a una hermosa ardilla que anda por ahí, al monstruo, y a todos los que me colaboraron.

Sólo espero que el día que me muera por esto o alguna otra cosa, en el epitafio de mi tumba quiero las siguientes palabras: "Aquí yace el aventurero y soñador que como los de antes creció y vivió en este mundo y un día soñó con que su país fuera mejor".

A la memoria de las víctimas inocentes, a los secuestrados y desaparecidos y a los que luchan día a día rectificando el camino. También a aquellos que transitaron mi misma senda, hermanados en el dolor.

Índice